SÜDDEUTSCHLAND
ZUR RÖMERZEIT

Myriam Geidel

CURSUS LATINUS compactus

für Latein als zweite Fremdsprache

herausgegeben von Dr. Karl Bayer

TEXTE und ÜBUNGEN

I

von
Kurt Benedicter
Dr. Gerhard Fink
Manfred Keßler

unter Mitwirkung von

Hartmut Grosser
Dr. Friedrich Maier

C. C. BUCHNERS VERLAG · BAMBERG
J. LINDAUER VERLAG (SCHAEFER) · MÜNCHEN
R. OLDENBOURG VERLAG · MÜNCHEN

CURSUS LATINUS compactus für Latein als zweite Fremdsprache
herausgegeben von Dr. Karl Bayer und verfasst von einem Autorenteam:

Kurt Benedicter – Dr. Gerhard Fink – Hartmut Grosser – Rudolf Hotz
Manfred Kessler – Hubertus Kudla – Dr. Friedrich Maier – Konrad Raab

Konzeption, Texte und Übungsfolgen R I–V: Dr. G. Fink
Übungsteil einschl. V-Stücke: K. Benedicter
Wortschatzteil und Übungsfolgen W I–VI: M. Kessler

Umschlagbild – Rückseite: Siegel des Kaisers Friedrich I. Barbarossa
ROMA CAPVT MVNDI REGIT ORBIS FRENA ROTVNDI

3. Auflage – **Reformierte Rechtschreibung** – 3 5 4 3 2 1 2002 01 00 99 98
Die letzte Zahl bedeutet das Jahr dieses Druckes.

Alle Drucke dieser Auflage sind, weil untereinander unverändert, nebeneinander benutzbar.

C.C. Buchners Verlag ISBN 3-7661-**5351**-X
J. Lindauer Verlag ISBN 3-87488-**916**-5
R. Oldenbourg Verlag ISBN 3-**486**-**88506**-5
(die fett gedruckten Ziffern sind die jeweiligen Bestellnummern)

Anregungen erbeten an den federführenden Verlag J. Lindauer 80066 München Postfach 626

Zeichnungen: Christel Aumann, München

Gesamtherstellung: Graphischer Großbetrieb Friedrich Pustet, Regensburg
Printed in Germany

Der CURSUS LATINUS ist als Unterrichtswerk für Latein als 2. Fremdsprache konzipiert. Sein erster Band, im Jahre 1972 erstmals erschienen, wird hiermit in 4., als CLC 3. völlig überarbeiteter Auflage vorgestellt.

Zu den Absicherungen des Unterrichtswerkes gehört eine sorgfältige statistische Erhebung des Wortschatzes derjenigen Autoren, denen der Schüler im weiteren Verlauf des Kurses mit hoher Wahrscheinlichkeit begegnet. Der so gewonnene Wortschatz wurde in der vorliegenden 3. Auflage in der Weise ausgelichtet, dass nur solche Wörter und Wortverbindungen zum Lernen aufgegeben werden, bei denen die Notwendigkeit offenkundig ist.

Die dem Werk zugrunde liegende Erhebung auf den Gebieten der Nominalformen des Verbums und der Gliedsätze wurde durch eine weitere, alle Schulautoren umfassende Untersuchung ergänzt, die den Phänomenen der Kasuslehre gewidmet war. Die Ergebnisse dieser Untersuchung ermöglichten es, auf einen beträchtlichen Teil dessen zu verzichten, was die System-Grammatik der Systematik wegen registrieren muss.

Die Konzeption des vorliegenden Bandes kann folgendermaßen gekennzeichnet werden:

- Der jeweilige Stoff wird ausnahmslos in inhaltlich zusammenhängenden lateinischen **Texten** vorgestellt; die Zahl dieser Kapitel wurde auf 60 verringert.

- Ab Kapitel 9 sind in jedes Kapitel **Sentenzen** eingebaut, womit einem Wunsch zahlreicher Kollegen entsprochen wird. Die Sentenzen enthalten verbindlichen Wortschatz.

- Der **Übungsteil** ist jetzt auf der dem Text gegenüberliegenden Seite angeordnet, um den Überblick zu erleichtern. In ihm wird der jeweilige Stoff Lernschritt für Lernschritt trainierbar aufbereitet und in einer Vielzahl verschiedenster Übungen vertieft. Besonderen Wert legten die Verfasser auf eine erhebliche Erweiterung des angebotenen Textmaterials.
  Auch einfache deutsch-lateinische Übersetzungen sind in vielen Kapiteln enthalten; mit fortschreitendem Kenntnisstand werden sie – entsprechend dem Lernziel „Lektürefähigkeit" – zugunsten zusätzlicher Versionsübungen verringert.
  Texte, V-Stücke und Übersetzungen bieten zusammen ein breit gefächertes Angebot verschiedenster Themen.

- Nach jeweils etwa 10 Kapiteln ist eine **systematische Wiederholung** eingearbeitet, die von neuem Lernstoff und von neuen Vokabeln völlig frei gehalten ist. Sie soll der zusammenfassenden Wiederholung vor Schulaufgaben dienen. Im Übrigen wird großer Wert auf selbständiges Ableiten von Wörtern gelegt.

- Wichtig ist der Hinweis, dass Eigennamen in der Regel nicht in dem Wortspeicher bzw. in die Fußnoten aufgenommen sind; der Schüler soll bewusst dazu erzogen werden, das beigegebene **Eigennamenverzeichnis** zu benützen.

- In einem genau zugeordneten **Grammatischen Beiheft** sind die erarbeiteten Erkenntnisse unter den gleichen Signalmarken in Form von Regeln auffindbar,

Aus dem Zusammenwirken von Darbietungsteil und Übungsteil des vorliegenden Übungsbuches mit dem Grammatischen Beiheft soll dem Lernenden jene Sicherheit in Vokabelkenntnis, Formenlehre und Grundsyntax zuwachsen, die er für die Arbeit am zweiten und dritten Band, insbesondere aber für die Autorenlektüre benötigt.

Das Autorenteam hofft, dass der Band I in der vorliegenden sehr gestrafften Fassung von den Unterrichtspraktikern als wünschenswerte Fortentwicklung angenommen wird, und dass die Lernenden mit ihm gut zurechtkommen.

INHALTSVERZEICHNIS

TEXTE UND ÜBUNGEN

Der jeweils anfallende Stoff soll an den lateinischen **Texten** erarbeitet werden, die auch den gesamten Wortschatz enthalten:

L = Lesestücke: Zusammenhängende Texte, die den jeweiligen Grammatikstoff enthalten.

Se = Sentenzen: Sinnsprüche, Sprichwörter und Lebensregeln.

Den Texten sind folgende **Übungen** zugeordnet:

B = Bestimmungsübungen: Vorgegebene Formen sollen bestimmt und übersetzt werden.

E = Einsetzübungen: Zu den mit ________ bezeichneten Stellen sollen die jeweils richtigen Wörter bzw. Endungen benannt werden.

G = Grammatikübungen zum jeweils anfallenden Stoff. Die Regeln und Erklärungen finden sich im Grammatischen Beiheft.

K = Kombinationsübungen: Sinn- und Satzzusammenhänge sollen erkannt, Satzglieder richtig zugeordnet werden.

R = Repetitio est mater studiorum: Übungen zur systematischen Wiederholung im Rückgriff über mehrere Kapitel.

T = Transformationsübungen: An vorgegebenen Wörtern und Wortgruppen sollen die jeweils angegebenen Umformungen erfolgen.

Ü = Übersetzungen aus dem Deutschen ins Lateinische. – Die mit ° bezeichneten Wörter bleiben unübersetzt.

ÜV = Übungen zum Übersetzen, gemischt aus **Ü** und **V**, da darauf bezogen.

V = Versionen: Übungen zum Übersetzen aus dem Lateinischen. In diesen Übungen ist der jeweilige Grammatikstoff in knapper Form noch einmal enthalten.

W = Wortkunde- und Wortbildungsübungen, insbesondere auch zur Erklärung und Verdeutlichung von Fremd- und Lehnwörtern.

Z = Zusätzliche Übungen verschiedenen Inhalts.

Eigennamen werden nicht an der jeweils gegebenen Stelle erklärt, sondern im Eigennamenverzeichnis (S. 183 ff.).

Wörter, die beim Übersetzen nicht zu berücksichtigen sind, werden durch das Zeichen ° kenntlich gemacht.

1 Im Colosseum

L

Marcus hodie in Colosseo[1] est.
Ubi autem est Cornelia?
Marcus diu exspectat.
Tandem ridet; nam ibi Cornelia est, ibi sedet.
Etiam Cornelia gaudet et ridet.

1) in Colosseo: im Colosseum

V

Wo er nur bleibt?

1. Cornelia *sedet* et *exspectat*. – 2. Ubi Marcus *est*? Ubi *sedet*? – 3. Tandem Cornelia *gaudet* et *ridet*: – 4. Ibi Marcus *est*.

Information

Im Jahre 80 n. Chr. wurde in Rom das zwischen Palatin und Esquilin (s. Stadtplan im hinteren Buchumschlag) gelegene *Amphitheatrum Flavium* mit 100-tägigen Spielen eröffnet. Es hat seinen Namen nach der Kaiserfamilie der *Flavier*, die das Bauwerk errichten ließ. Später erhielt es nach einer vor dem Theater stehenden Kolossalstatue des Sonnengottes den Namen *Colosseum*. Diese Statue hatte ursprünglich den Kaiser Nero dargestellt.
Ein Amphitheater ist eine Anlage, in der die Zuschauer im Oval rings um den Kampfplatz *(arena)* sitzen. Das *Colosseum* ist das größte Bauwerk dieser Art aus römischer Zeit. Seine Arena misst 3 600 m^2. Es fasste 55 000 Zuschauer. Die Plätze waren über 66 Eingänge zu erreichen, deren Nummern mit den Nummern auf den Eintrittsmarken *(tesserae)* übereinstimmten.

Fragen zu den Abbildungen

1. Wie waren die Zuschauerplätze eingeteilt?
2. Auf welcher Unter-Konstruktion waren sie erbaut?
3. Wozu dienten die Gänge und Räume im Untergrund?
4. Wie viele Stockwerke hatte die Front des Colosseums?

Colosseum (Rekonstruktionszeichnung)

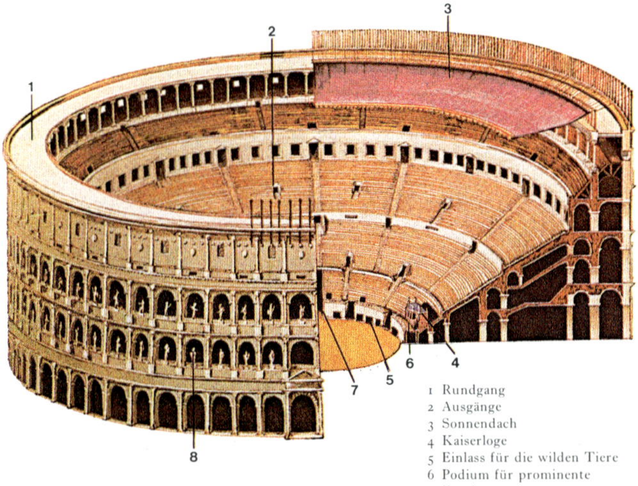

1 Rundgang
2 Ausgänge
3 Sonnendach
4 Kaiserloge
5 Einlass für die wilden Tiere
6 Podium für prominente Zuschauer
7 Einlass für die Gladiatoren
8 Nischen mit Statuen

1 G 1: Der einfache Satz: Subjekt – Prädikat
G 2: Verbum: Dritte Person Singular

G 1 Vergleiche die folgenden Sätze mit ihrer Übersetzung!

Marcus (in Colosseo) sede-**t**.	Marcus sitz**t** (im Colosseum).
et exspecta-**t**.	und warte**t**.
(Ibi) Cornelia es-**t**.	(Dort) is**t** Cornelia.
Gaude-**t** et ride-**t**.	**Sie** freu**t** sich und lach**t**.

1.1 Wie fragen wir nach dem **Subjekt** (Satzgegenstand) der Sätze?

1.2 Wie fragen wir nach dem **Prädikat** (Satzaussage) dieser Sätze?

G 2.1 Das Prädikat der Sätze in G 1 steht jeweils in der 3. Person Singular. Wie wird diese Person im Lateinischen ausgedrückt? Kannst du eine Gemeinsamkeit der Prädikate im Deutschen und Lateinischen entdecken?

2.2 Wie ist in den obigen Sätzen das Subjekt ausgedrückt? Wodurch unterscheiden sich der erste und der zweite Satz vom dritten?

W Beschreibe lateinisch, welche Tätigkeiten/Zustände durch die folgenden Skizzen dargestellt sind!

Ü
1. Dort sitzt Marcus; er wartet.
2. Wo ist Cornelia, wo sitzt sie?
3. Endlich lacht Marcus, denn dort ist sie.

Aufbauphasen des Colosseums

2 Überall Bekannte

L

Nunc Marcus et amica sedent et exspectant.
Cornelia narrat:
„Hodie etiam Tullia et Aemilia in Colosseo[1] sunt.
Ecce! Ibi sedent!“
Et amicus: „Ludus non solum me[2] delectat.
Hic sunt Lucius, Gaius, Titus.
Ecce! Nos[3] salutant.“

1) in Colosseo: im Colosseum 2) me: mich 3) nos: uns

Information

Bei den Römern gab es drei Arten von LUDI, nämlich *Wagenrennen* in der Rennbahn *(circus)*, *szenische Spiele* im Theater und *Gladiatorenkämpfe* im Amphitheater.
Seit dem Jahre 105 v. Chr. traten in der Arena Gladiatoren auf, die durch hartes Training auf ihr grausames Handwerk vorbereitet waren. Wer im Kampf unterlag, wurde fast immer getötet; nur ganz besonders tapfere Kämpfer wurden begnadigt. Man zeigte dann die Faust mit emporgerecktem Daumen; der gesenkte Daumen bedeutete den Tod.

Kampf mit Löwen und Bären

Fragen zu den Abbildungen

1. Welche weiteren, ebenfalls zum Programm von Gladiatorenspielen gehörenden Kampfarten kann man auf den Abbildungen erkennen?
2. Welche Arten von Tieren wurden bei solchen Kämpfen verwendet?
3. Worum ging es in dem Kampf zwischen Tieren und Menschen?

Exotische Tiere für die Arena

2

G 1: Dritte Person Plural (ā-/ē-Konjugation)
G 2: Erweiterter Satz: Adverbiale

G 1

Marcus sede**t**
et exspecta**t**.
Etiam Tullia
in Colosseo es**t**.

Marcus et Cornelia sede**nt**
et exspecta**nt**.
Etiam Tullia et Aemilia
in Colosseo su**nt**.

Wie viele Subjekte sind in den einzelnen Sätzen jeweils vorhanden? Welche Entsprechung besteht zwischen der Anzahl der Subjekte und der jeweiligen Form des Prädikats?

G 2

Welches Satzglied ergänzt in folgenden Sätzen das Prädikat?

Marcus **diu** exspectat.
Tandem ridet.
Ibi Cornelia et Tullia sunt.

E

Ergänze die Endungen!

1. Cornelius et Claudia diu exspecta___.
2. Ecce! Ibi Cornelia sede___.
3. Sed ubi su___ Marcus et Titus?
4. Marcus et Titus ibi sede___ et ride___.
5. Cornelia et Claudia gaude___ et saluta___.

T

Verwandle bei den folgenden Verbformen jeweils die Singularform in den Plural und umgekehrt! Übersetze sie dann!

sedent – est – gaudet – rident – narrat – sunt – salutat

Ü

Man wird ungeduldig

1. Titus und Paulus sitzen da° und warten. – 2. Sie freuen sich nicht; denn sie warten schon° lange. – 3. Aber Syrus und Barbatus sind noch nicht[1] im Colosseum[2]. – 4. Wo sind sie? – 5. Sieh da! Dort sind sie und grüßen.

1) noch nicht: nondum 2) im Colosseum: in Colosseo

3 Die Gladiatoren kommen!

L

Populus iam diu exspectat; itaque nunc clamat:
„Ubi sunt Syrus et Barbatus?“
„Fortasse adversarii hodie non pugnant!“
Subito tubae sonant[1]; populus tacet.
Syrus et Barbatus intrant, stant, salutant.
Nunc populus gaudet et clamat;
etiam Marcus vocat: „Instate[2] tandem!“
Amici et amicae rident.

1) sonat: er/sie/es ertönt
2) instate: stellt euch zum Kampf!

Information

Die Bewaffnung der Gladiatoren war sehr unterschiedlich:
die sog. *Samniten* kämpften mit einem Kurzschwert und deckten sich mit einem länglichen Schild;
die sog. *Thraker* trugen einen Rundschild und einen Dolch, ähnlich wie die gepanzerten und behelmten *Murmillonen*;
die sog. *Retiarier* führten ein Netz (lat. *rete*) und einen Dreizack als Waffen.
Auf der Abbildung rechts sehen wir einen Gladiatorenhelm; unten sind die einzelnen Stücke der Paradeausrüstung eines Gladiators abgebildet. Man erkennt Rundschild, Arm- und Beinschutz, Brustpanzer und zwei Arten von Stichwaffen.

Gladiatorenhelm

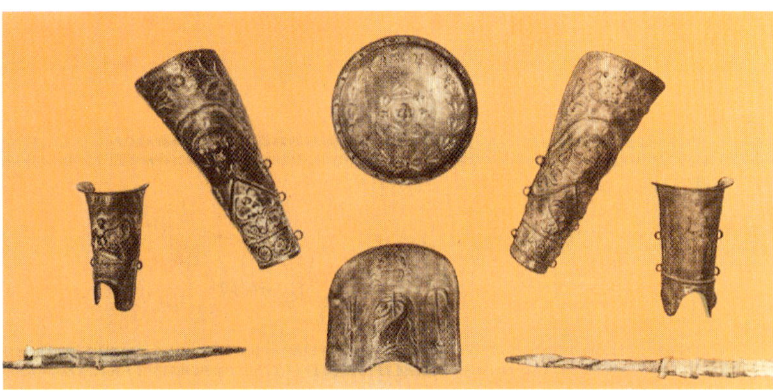

Gladiatorenausrüstung

3

G 1: Nominativ Singular und Plural der ā-/o-Deklination
G 2: Verbindung gleichwertiger Satzglieder

G 1 Vergleiche die linke Spalte mit der rechten!

Amic**a** narrat.	Amic**us** intrat.
Amic**ae** narrant.	Amic**i** intrant.

Wie enden also die Substantive auf -a (ā-Deklination) und -us (o-Deklination) im Nominativ Plural?

G 2 Übersetze die folgenden Sätze!

Marcus et Cornelia sedent, clamant, rident.
Cornelia, Tullia, Aemilia gaudent et rident.

Wie können gleichwertige Satzglieder im Lateinischen verbunden werden? Gib auch Beispiele aus 3 L!

T Setze 1–3 in den Plural, 4–6 in den Singular! Übersetze dann!

1. Tuba vocat. – 2. Ludus delectat. – 3. Amicae salutant.
4. Adversarii intrant. – 5. Amici in Colosseo sunt.

K Nur eine der drei jeweils in einer Klammer zusammengefassten Verbformen passt als Prädikat wirklich zu dem vorausgehenden Subjekt:

Barbatus	(intrant, pugnat, narrant)
Ludi	(sedent, gaudet, delectant)
Amicus et amica	(ridet, sunt, salutant)
Populus	(clamat, stant, pugnant)
Titus et Gaius	(gaudet, tacet, exspectant)

W Die fett gedruckten Fremdwörter sind von lateinischen Wörtern abgeleitet. Stelle eine Verbindung zwischen den Bedeutungen der lateinischen Stämme und denen dieser Fremdwörter her!

1. Ohne **Reklame** lässt sich das neue Waschmittel kaum verkaufen.
2. Die Regierung musste sich zu **unpopulären** Maßnahmen durchringen.
3. Bei der Geburt des Prinzen wurde **Salut** geschossen.
4. Gestern gab es auf dem Trachtenfest eine Riesen-**Gaudi**.
5. Der Lehrer erklärte im Steinbruch die einzelnen **Sedimente**.

Z Versuche entsprechend der Übung 1 W den Bedeutungsinhalt folgender Wörter in einfachen Skizzen darzustellen:

intrat – salutat – pugnat – clamat – ridet

Dabei brauchst du nicht eine so vollendete Leistung zu erbringen wie unser Zeichner in der Skizze rechts!

Cornelia non gaudet.

Ü 1. Marcus hält lange Ausschau, aber die Freundin ist nicht im Colosseum. – 2. Vielleicht ist Titus hier? – 3. Sieh da, er sitzt dort! – 4. Das Publikum schreit, denn die Gegner treten ein. – 5. Auch Marcus und Titus freuen sich.

4 Der Kampf

L

Iam Barbatus Syrum temptat.
Gladii crepant[1], populus adversarios incitat[2];
nam pugnae turbam delectant.
Etiam Marcus gaudet et clamat, nam ludos et pugnas libenter spectat.
Corneliam ludi non delectant; sedet et tacet.
Itaque Marcus amicam rogat: „Cur pugna te[3] non delectat?“
Cornelia non respondet.
Subito Syrus adversarium temptat, vulnerat, necat.
Turba clamat, sed Cornelia lacrimas non iam tenet.
Nunc etiam Marcum ludus non iam delectat.

1) crepat: er/sie/es klirrt   2) íncitat: er/sie/es feuert an   3) te: dich

V

Zu Besuch bei Claudius

1. Claudius *amicam* et *amicum* exspectat. – 2. Iam Marcus et Cornelia *hortum*[1] intrant. – 3. Claudius *amicos* salutat. – 4. Rogat: „Ubi sunt Titus et Tullia?“ – 5. Marcus respondet: „In Colosseo[2] sunt. – 6. Sed *Corneliam* ludi non delectant. – 7. In Colosseo[2] *lacrimas* non tenet; nam ibi adversarii pugnant.“ – 8. Claudius ridet: „Ecce, hic adversarii non pugnant!“

1) hortus: der Garten   2) in Colosseo: im Colosseum

Fragen zur Abbildung

1. Um welche Arten von Gladiatoren handelt es sich (↗ Information zu Text 3)?
2. Welche Aufgabe hat wohl die dritte Person zwischen den beiden Kämpfern?

Kampf zweier Gladiatoren

4 **G 1:** Akkusativobjekt
G 2: Akkusativ der ā-/o-Deklination

G 1

Claudius	Claudius erwartet
Marc**um** et Corneli**am**,	Marcus und Cornelia,
Tit**um** et Tulli**am** exspectat.	Titus und Tullia.
Amic**os** et amic**as** salutat.	Er (be-)grüßt die Freunde und Freundinnen.

Wie fragst du nach Marcum, Corneliam, Titum, Tulliam, amicos, amicas?

Über dem folgenden Satz sind die Wortarten, darunter die Satzglieder angegeben, welche diese Wortarten in ihm vertreten:

Wortarten:	Substantiv ↑	Substantiv ↑	Adverb ↑	Verbum ↑
	CLAUDIUS	AMICOS	LIBENTER	EXSPECTAT.
Satzglieder:	↓ Subjekt	↓ Objekt	↓ Adverbiale	↓ Prädikat

Merke: Wörter können sowohl nach ihrer Wortart bezeichnet wie auch als Satzglieder eingeordnet werden!

G 2 Suche aus 4 L (ggf. 4 V) alle Akkusative heraus!

Z Übersetze die folgenden Sätze!
Bestimme die Satzglieder!

1. Das Volk begrüßt Syrus und Barbatus.
2. Die Gegner betreten die Arena *(arena)*.
3. Nun kämpfen sie.
4. Sie halten die Schwerter fest° und schreien.
5. Plötzlich verwundet und tötet Syrus den Barbatus.

T Wandle bei folgenden Wörtern jeweils den Nominativ in den Akkusativ und dann den Akkusativ in den entsprechenden Plural um! Übersetze dann!

pugna – ludus – tuba – lacrima – populus – gladius

K Zwei von den folgenden sechs Sätzen sind bedeutungsgleich. Suche sie heraus!

1. Marcum Cornelia salutat.
2. Marcus Corneliam salutat.
3. Marcus et Cornelia salutant.
4. Cornelia Marcum salutat.
5. Corneliam et Marcum salutat.
6. Corneliam et Marcum salutant.

In welchen dieser Sätze scheint ein Subjekt zu fehlen?
Wo ist es versteckt?

5 Unterschiedliche Interessen

L

Marcus forum amat;
nam ibi tot[1] aedificia, templa, monumenta sunt.
Monumenta et templa et aedificia Marcus libenter spectat.
Imprimis autem rostra[2] Marcum invitant; ibi diu stat et auscultat[3].
Et Corneliam forum delectat, nam ibi tot[1] tabernae[4] sunt.
Tabernas[4] diu et libenter spectat.
Gaudet, cum aurum et argentum videt.
Marcus autem cogitat: „Cur Corneliam tabernae[4] invitant?
Cur gaudet et ridet, cum aurum et argentum spectat?
Certe argentum et aurum Corneliam delectant, certe dona exspectat!"

1) tot: so viele 2) rostrum: Schnabel, Rammsporn eines Schiffes; rostra: Rednerbühne auf dem Forum in Rom *(Ihre Mauer war mit erbeuteten Schiffsschnäbeln geschmückt.)* 3) auscultat: er/sie/es hört zu *(nämlich den Rednern, die zum Volk sprechen.)* 4) taberna: Laden

V **Man trifft sich auf dem Forum**

1. Cornelia amicas videt et salutat. – 2. Cornelia et amicae *forum* amant, imprimis tabernas[1]. – 3. Ibi *aurum* et *argentum* spectant; *aurum* et *argentum* amicas delectant. – 4. Ludos amicae non amant; populum autem ludi delectant. – 5. Iam tabernam[1] intrant; hic *aurum*, ibi *argentum* aptant[2]. – 6. Hodie rident et gaudent.

1) taberna: Laden 2) aptant: sie probieren an

Erläuterung zur Abbildung

1. Triumphbogen des Septimius Severus – 2. Goldener Meilenstein, von dem aus alle Straßenentfernungen gemessen wurden – 3. Colosseum – 4. Vestatempel – 5. Tempel des Castor und Pollux – 6. Saturntempel

Rekonstruktion des Forum Romanum

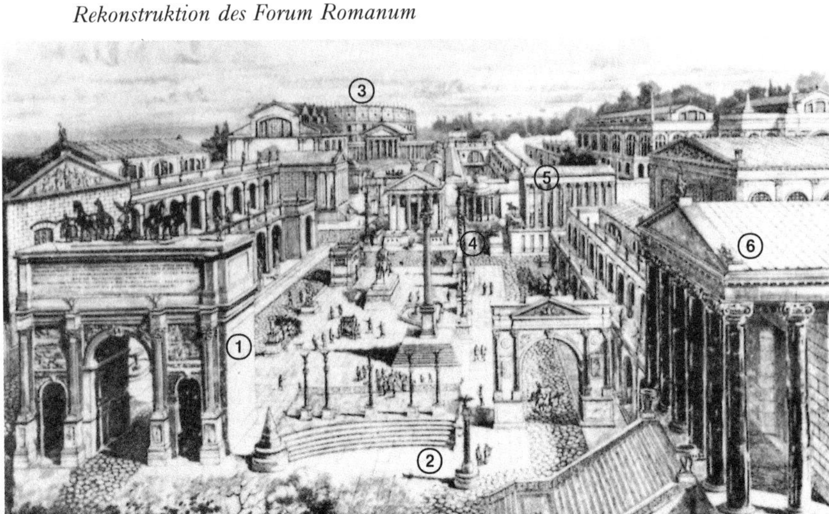

5 **G 1:** Neutrum (Nominativ und Akkusativ)
G 2: Beiordnende und unterordnende Satzverbindungen

G 1 Übersetze!

Don**um** Corneli**am** delectat. Sed Corneli**a** don**um** non exspectat.

Don**a** amic**um** delectant. Sed amic**us** don**a** non exspectat.

Welchen Unterschied in der Bildung des Nominativs/Akkusativs kannst du bei den Wörtern auf **-um** gegenüber denen auf **-a** und **-us** feststellen?

G 2 Rufe dir folgende Sätze aus unseren Texten in Erinnerung und übersetze!

① Marcus ridet, **nam** ibi Cornelia sedet.
Populus iam diu exspectat, **itaque** nunc clamat.
Turba clamat, **sed** Cornelia lacrimas non iam tenet.

② Cornelia gaudet, **cum** aurum et argentum videt.

Die zweite Satzhälfte ist jeweils durch ein Bindewort mit der ersten verknüpft. Wodurch unterscheiden sich die Bindewörter in den Sätzen der Gruppe 1 von dem in Satz 2?

T 1 Bilde zu folgenden Nominativen jeweils den Akkusativ im gleichen Numerus und übersetze sie!

tuba – templa – amica – ludus – dona – pugna – aedificia – lacrima – fora – monumenta

T 2 Bilde zu folgenden Akkusativen jeweils den Nominativ im gleichen Numerus und übersetze sie!

gladium – donum – aurum – ludum – argentum – amicum – lacrimas – dona – aedificium – populum – populos

Welche Besonderheit der Neutra haben dir die Übungen T 1 und T 2 aufgezeigt?

Z Wie heißt die Freundin des Titus?

Du findest ihren Namen, wenn du aus den folgenden Silben die gefragten lateinischen Wörter bildest und ihre Anfangsbuchstaben von oben nach unten liest.

ar – au – bi – dus –
ex – gen – i – in –
lu – men – mo – nu –
rum – spec – tant –
trat – tum – tum

1. Gold
2. sie erwarten
3. Denkmal
4. er tritt ein
5. Spiel
6. dort
7. Silber

Forum Romanum (heutiger Zustand)

Forum Romanum mit Kapitol (Rekonstruktion)

Erläuterung zur Abbildung

1. Jupiter-Tempel auf dem Kapitol
2. Burg *(arx)*
3. Saturntempel
4. Rednerbühne *(rostra)*
5. Senatsgebäude *(curia)*
6. Gerichtsgebäude *(basilica Iulia)*
7. Gerichtsgebäude *(basilica Aemilia)*
8. Vesta-Tempel
9. Tempel des Castor und Pollux
10. Triumphbogen des Septimius Severus

Vergleiche die obige Rekonstruktionszeichnung mit dem nebenstehenden Bild, das den gleichen Platz aus der gleichen Richtung zeigt!
Welche Gebäude sind noch ganz oder teilweise zu erkennen?
(Orientiere dich zunächst am Triumphbogen des Septimius Severus!)

6 Ein törichtes Vorurteil

L

Marcus magnas divitias non possidet,
multa dona dare[1] non potest.
Marcus non est Croesus[2]; sed Cornelia puella est, et
„puellae diu et libenter tabernas[3] spectant,
aurum et argentum amant, multa dona exspectant".
Haec[4] Marcus cogitat, sed stultus est;
nam Cornelia magna dona non exspectat.
Grata et contenta est, quod Marcus amicus bonus et fidus est,
quod non solum ludos, sed etiam theatra amat.
Nam theatra Corneliam imprimis delectant:
Gaudet et ridet, cum fabulas spectat,
et, cum populus clamat, clamat et Cornelia.

1) dare: geben 2) Croesus: Krösus *(König von Lydien. Sein Reichtum war sprichwörtlich.)*
3) taberna: Laden 4) haec: dies

Fleischerladen

Weinhandlung

Gemüseladen

6

G 1: Adjektiv als Attribut
G 2: Adjektiv (oder Substantiv) als Prädikatsnomen

G 1 Übersetze!

Wortarten:	Substantiv ↑	Adjektiv ↑	Adjektiv ↑	Substantiv ↑	Verbum ↑
	AMIC**US**	FID**US**	MAGN**AS**	DIVITI**AS**	POSSIDET.
Satzglieder:	↓ Subjekt	↓ Attribut zum Subjekt	↓ Attribut zum Objekt	↓ Akkusativ-objekt	↓ Prädikat

Vergleiche die Ausgänge der Adjektive mit denen der Substantive und versuche eine Regel zu finden! Verwerte dabei die Angaben über und unter den entsprechenden lateinischen Wörtern!

G 2.1 Grenze in beiden Sätzen Subjekt und Prädikat gegeneinander ab!

Amic**us** fid**us** intrat. Amicus fid**us est**.

Aus welchen Bestandteilen besteht das Prädikat im 2. Satz?

2.2 Übersetze die lateinischen Sätze!
Vergleiche die Bezeichnungen der Wortarten mit denen der Satzglieder!

Wortarten:	Substantiv ↑	Substantiv ↑	Hilfsverbum ↑	Substantiv ↑	Adjektiv ↑	Hilfsverbum ↑
	AEMILIA	PUELLA	EST.	CLAUDIUS	CONTENTUS	EST.
Satzglieder:	↓ Subjekt	↓ Prädikats-nomen	↓ Kopula	↓ Subjekt	↓ Prädikats-nomen	↓ Kopula
		Prädikat			Prädikat	

E **Cornelia sieht gerne Komödien**

1. Cornelia non solum mult___ tabernas[1], sed etiam theatra amat. – 2. Content___ est, cum fabulas bon___ spectat. – 3. Fabulae stult___ Corneliam non delectant. – 4. Sed gaudet et ridet, cum fabulas iocos___[2] videt. – 5. Marcus gaudet, quod amica content___ est, cum in theatro[3] sedet, quod non magn___ divitias amat, sed amicum fid___.

1) taberna: Laden 2) iocosus, -a, -um: heiter, lustig 3) in theatro: im Theater

Ü **Ein reicher Freund**

1. Claudius besitzt große Reichtümer. – 2. Sein° Landgut[1] ist auch° groß. – 3. Claudius lädt gerne gute Freunde ein. – 4. Marcus und Cornelia sind seine° treuen Freunde. – 5. Wenn sie das große Landgut[1] besuchen[2], erzählt Claudius viele Geschichten. – 6. Die Freunde aber sind dankbar und zufrieden.

1) Landgut: praedium 2) sie besuchen: visitant

7 Gute Freundinnen?

L

(CORNELIA wartet vor dem Theater des Marcellus auf Marcus. Da tauchen ihre Freundinnen TULLIA und AEMILIA auf . . .)

TU.: Cur hic sedes, Cornelia? Num Marcum exspectas?

CO.: Non erras; Marcum exspecto, sed iam timeo, quod cessat[1].
(Tullia et Aemilia rident)

CO.: Cur ridetis, amicae? Cur tam laetae estis?

AE.: Ridemus, quod tam stulta es, quod hic sedes et amicum exspectas.

TU.: Nos[2] numquam amicos exspectamus, nos[2] non tam stultae sumus. Amici nos[2] exspectant.

CO.: Libenter Marcum exspecto, quod amicus fidus et bonus est.

AE.: Amici fidi et boni rari sunt.
Fortasse Marcus iam aliam[3] amicam amat;
nam non solum ludi et forum et theatra Marcum invitant,
sed etiam formosae[4] puellae! *(Cornelia tacet)*

TU.: Cur taces, Cornelia? Num erro?

CO.: Certe erras, nam ibi Marcus stat, amicam exspectat!
Oh, quam laeta sum! – Hic sum, Marce, hic exspecto!

---

1) cessat: er lässt auf sich warten   2) nos: wir *(Nom.)*/uns *(Akk.)*   3) alius (*Fem.* alia): ein anderer   4) formosus, -a, -um: schön, hübsch

V **Theaterbesuch**

1. Aemilia: „Hodie te[1] *invito, Tite!*“ – 2. „Gratus *sum, Aemilia;* amica bona *es.*“ – 3. (*Später …*) Titus et Aemilia magnum theatrum *intrant.* – 4. Subito Titus *vocat*: – 5. „Ecce, ibi *sunt* Cornelia et Marcus!“ – 6. „Heus[2], *Cornelia;* heus, *Marce!* – 7. Gratum *est*, quod etiam vos[3] hic *sedetis.*“

---

1) te: dich   2) heus: hallo!   3) vos: ihr *(Nom.)*

Theater des Marcellus (Rekonstruktion)

7

G 1: Indikativ Präsens Aktiv – Vollständiges Konjugationsschema
G 2: Vokativ

G 1.1 Suche alle 7 L (ggf. 7 V) vorkommenden Verbformen (Singular und Plural) heraus und erstelle am Beispiel der ersten beiden vorkommenden Verben für die ā-/ē-Konjugation sowie für das Hilfszeitwort SUM das vollständige Konjugationsschema im Indikativ Präsens Aktiv! Überprüfe dein Ergebnis im GB!

1.2 Vergleiche die Konjugationsschemata miteinander und halte die Unterschiede fest!

G 2 Welche Aufgabe erfüllt in den folgenden Sätzen das Nomen (Namenwort)?

Cur hic sedes, Corneli**a**? — Cur ridetis, amic**ae**?
Hic sum, Marc**e**! — Ubi estis, amic**i**?

Wie endet der Vokativ? Wie ist er durch die Interpunktion gekennzeichnet?

T Dies ist eine Umwandlungsübung, bei der jede der angegebenen Verbformen mehrfach umgeformt wird und zwar so, dass sich jeweils die nächste Aufgabe auf die unmittelbar vorher gewonnene Form bezieht.

► Arbeitsbeispiel:

ROGO: Setze die Form in die 2. Person (rogas) → Plural (rogatis) → 3. Person (rogant) → Singular (rogat) → 1. Person (rogo)

GAUDEO: → 3. Person → Plural → 1. Person → 2. Person → Singular → 1. Person

SUM: → 2. Person → Plural → 1. Person → 3. Person → Singular → 1. Person

E Setze die Nomina amicus/amica/Marcus/Aemilia im richtigen Kasus und Numerus ein! Übersetze die Sätze dann!

Cur hic sedes, ______ ? — Num erratis, ______ ?
Cur taces, ______ ? — Cur gaudetis, ______ ?

K Verbinde je einen Satz aus der linken Reihe mit einem aus der rechten so, dass sich über die Konjunktion NAM ein guter Sinn ergibt! Übersetze die Sätze dann!

ⓐ Cornelia non respondet, — NAM ① pugnae delectant.
ⓑ Aemilia theatrum intrat, — NAM ② lacrimas non tenet.
ⓒ Magna turba in Colosseo est, — NAM ③ magnum praedium (*Landgut*) possidet.
ⓓ Claudius amicos invitat, — NAM ④ fabulas libenter spectat.

W Suche wie in der Übung 3 W die hervorgehobenen Begriffe aus ihren lateinischen Stämmen zu erklären!

1. In **Argentinien** gab es viele Silberbergwerke.
2. Den gefallenen Soldaten wurde ein **Monument** errichtet.
3. Um diese **Rarität** werden dich alle Sammler beneiden.

8 Marcus als Fremdenführer

L

Epicharmus et Demaratus amici Corneliae et Marci sunt.
Patria Epicharmi et Demarati Graecia est,
sed Graecos iuvat terras alienas videre,
templa dearum et deorum spectare,
monumenta clara visitare[1].
Itaque libenter antiqua aedificia Romae spectant –
et Marcus cuncta templa deorum,
cuncta monumenta populi Romani monstrare properat.
Marcum iuvat fabulas antiquas narrare;
neque amici doctrinam[2] Marci laudare dubitant.

1) visitare: besuchen 2) doctrina, -ae: *(umfassendes)* Wissen

V

Bei einer Stadtführung

1. „Hic videtis templum *Vestae,* ibi templum *Saturni,* amici.“ – 2. „Magnum theatrum ibi specto, Marce.“ – 3. „Non erras, amice; theatrum *Marcelli* est.“ – 4. „Iuvat non solum templa *deorum* et *dearum,* sed etiam aedificia antiqua *Romae spectare*!“ – 5. „Nunc, amici, aedificium clarum *monstrare* cogito.“

Information

Die nüchterne altrömische Bauernreligion, für die eine Vielzahl von Gottheiten eng begrenzter Zuständigkeit typisch war (es gab z. B. Götter für das Pflügen, Eggen, Düngen, Mähen, für Pferde, Rinder usw.), wurde schon früh durch Einführung auswärtiger Götter verändert.
Zu den altrömischen Gottheiten, die später mit griechischen gleichgesetzt wurden, gehören *Iuppiter, Iuno, Minerva, Mars, Vesta, Ianus, Saturnus* und *Vulcanus. Iuppiter* war der höchste unter den Göttern, der Göttervater; *Iuno* wurde als Göttermutter und Königin aller Götter verehrt. *Minerva* war ursprünglich Kriegsgöttin, sozusagen das weibliche Gegenstück zu *Mars;* als sie mit *Athene* gleichgesetzt wurde, erweiterte sich ihre Zuständigkeit auf Weberei und Wissenschaft. *Vesta* war die Göttin des Herdfeuers; in ihrem Rundtempel auf dem Forum hüteten sechs Vesta-Priesterinnen (die Vestalinnen) die heilige Flamme. *Ianus* beschützte den Anfang; der Januar ist nach ihm benannt. Sein „Tempel“ war eher ein Torbogen, der offen stand, solange das römische Volk Krieg führte, und nur bei völligem Frieden geschlossen wurde. *Saturnus* war der Herr der Saaten, des Ackerbaus, *Vulcanus* der Gott des Schmiedefeuers und der Schmiedekunst.

Erläuterung zur Abbildung

vorne: Minerva, Iuppiter, Iuno

hinten: Hercules, Bacchus, Ceres, Mercurius

Trajansbogen von Benevent (Reliefplatte)

8

G 1: Genitiv – Genitivattribut
G 2: Infinitiv als Subjekt und Objekt

G 1.1 Templum < **de-ae** / **de-i** > clarum est. Der Tempel < **der Göttin** / **des Gottes** > ist berühmt.

Templa < **de-arum** / **de-orum** > clara sunt. Die Tempel < **der Göttinnen** / **der Götter** > sind berühmt.

Wie endet der Genitiv in der ā- bzw. o-Deklination? Wie fragt man danach?

1.2 ① Templa **clara** / ② Templa **fori** } amicos delectant. Die **berühmten** Tempel / Die Tempel **des Forums** } erfreuen die Freunde.

Welches Wort übernimmt in ①, welches in ② die Funktion des Attributs? Bestimme jeweils Wortart und Kasus!

G 2 Vergleiche die lateinischen Sätze mit ihrer Übersetzung!

① Amicum **invitare** iuvat.	Es macht Freude den Freund einzuladen.
② Syrus non dubitat Torvum **temptare.**	Syrus zögert nicht Torvus anzugreifen.

2.1 Welche Verbform liegt in den fett gedruckten Wörtern vor?

2.2 Welche Funktion als Satzglied hat diese neue Verbform in ①, welche in ②?

E Setze in den folgenden Text passende Genitivformen ein! Verwende dazu die Wörter aedificium, deus, dea, divitiae, populus Romanus, templum, Vesta!

1. Fabulae ________ et ________ Romanos imprimis delectant. – 2. Tullia et Cornelia templum ________ intrant. – 3. Nam iuvat ibi copiam[1] ________ spectare. – 4. Divitiae ________ magnae sunt. – 5. Etiam adversarii ________ magnificentiam[2] ________ laudant.

1) copia, -ae: Menge, Fülle 2) magnificentia, -ae: Pracht

Z Vergleiche die beiden folgenden lateinischen Sätze mit ihrer deutschen Übersetzung!

Amici mult**a** rogant.	Die Freunde fragen **viel.**
Marcus cunct**a** narrare non potest.	Marcus kann nicht **alles** erzählen.

Bestimme die Formen MULTA und CUNCTA nach Kasus, Numerus, Genus! Welcher Unterschied besteht hier zwischen Latein und Deutsch?

Ü 1. Wenn Freunde Marcus bitten, zählt er gerne die Tempel und Denkmäler Roms auf *(enumerat)*. – 2. Er beeilt sich alle Gebäude zu zeigen. – 3. Deshalb loben die Freunde den Marcus. – 4. Sie freuen sich wenn er ihnen° viel erzählt.

9 Auf dem Kapitol

L Marcus Epicharmo et Demarato hodie Capitolium monstrare studet. „Ecce! Hic populus Romanus summo deo immolat[1], ibi Minervae et reginae[2] deorum." Tum Epicharmus: „Capitolio igitur unus deus et duae[3] deae praesident[4]!" Et Marcus: „Non erras, amice! Hic feminae multum valent. Itaque Marcus Porcius ‚Romani', inquit, ‚cunctis populis imperant, Romanis autem feminae imperant – et Romani feminis parent'." Tum Demaratus: „Paret igitur et Marcus Corneliae!" Amici Graeci valde rident et gaudent; tandem etiam Marcus ridet.

1) immolare: opfern 2) regina, -ae: Königin 3) duae *(Nom. Pl. f.)*: zwei
4) praesidere: Schutz gewähren

Se Aut amicus aut inimicus!
Cuncta deo debemus.

V **Demaratus stellt Marcus unangenehme Fragen**

1. „Cur Romani *cunctis populis* imperare student? – 2. Cur numquam contenti sunt? – 3. Num Graeci *Romanis* imperare cogitant? – 4. Iam multae terrae *populo Romano* parent, quod multum valet. – 5. Num cunctas terras tenere studetis?" – 6. Marcus *amico* respondere non potest.

Information

Auf dem kapitolinischen Hügel stand der Jupiter-Tempel, in dem die Götterdreiheit *Iuppiter (Optimus Maximus), Iuno* und *Minerva* verehrt wurde. Damit war das Kapitol der religiöse Mittelpunkt Roms, während das Forum der Mittelpunkt des politischen Lebens war.

Kapitol, vom Tiber her gesehen (Rekonstruktion)

9

G 1: Dativ
G 2: Dativobjekt

G 1

Marcus < **amic-ae** / **amic-o** > templa monstrat. Marcus zeigt < **der Freundin** / **dem Freund** > die Tempel.

Marcus < **amic-is** / **amic-is** > templa monstrat. Marcus zeigt < **den Freundinnen** / **den Freunden** > die Tempel.

Wie endet der Dativ in der ā- bzw. in der o-Deklination?
Welche Besonderheit ist für den Plural festzustellen?

G 2 Welches Satzglied vertritt der Dativ? Vergleiche folgende Darstellung!

Wortarten:	Substantiv ↑	Substantiv ↑	Substantiv ↑	Verbum ↑
	MARCUS	AMICIS	COLOSSEUM	MONSTRAT.
Satzglieder:	↓ Subjekt	↓ ______?	↓ Akkusativ-objekt	↓ Prädikat

B 1 Ordne die folgenden Dativ-Formen nach Deklinationen (ā-/o-Deklination; bei der o-Deklination ist zwischen Maskulina und Neutra zu unterscheiden)!

puellae – divitiis – aedificiis – gladiis – foro – fabulae – magnis donis – amico fido – amicae – feminis laetis – magno gladio

Bei welchen Wörtern könnte auch ein anderer Kasus als der Dativ vorliegen? Übersetze die Wörter!

B 2 Oft verwechselt man, durch Fehler der Umgangssprache verleitet, sogar im Deutschen Dativ und Akkusativ. Zur Einübung der richtigen Formen bilden wir von den Substantiven (bzw. Substantiv-Adjektiv-Verbindungen) in B 1 jeweils Dativ und Akkusativ, Singular und Plural lateinisch und deutsch!

▶ Arbeitsbeispiel:	AMICO FIDO	dem treuen Freund
	AMICUM FIDUM	den treuen Freund
	AMICIS FIDIS	den treuen Freunden
	AMICOS FIDOS	die treuen Freunde

K Ordne den folgenden Satzanfängen jeweils einen passenden Dativ aus dem Angebot im Kasten rechts zu! Übersetze!

1. Romani ______ magna dona debent.
2. Populus Romanus ______ imperat.
3. Marcus et Cornelia ______ fabulam narrant.
4. Romani ______ numquam parent.
5. Syrus ______ gladium monstrat.

adversariis – Barbato – cunctis populis – Demarato et Epicharmo – deis

10 Opfer und Feste

L

Postea amici Graeci cum Marco in foro pompam[1] exspectant.
In Via Sacra[2] stant, aedificia clara spectant, multa rogant.
Iam magna pompa[1] ex templo Vestae appropinquat[3],
et Marcus amicis de deis et templis et sacrificiis Romanis narrat.
Epicharmus autem:
„Romani“, inquit, „deos et deas magna cum diligentia curant;
in aris deorum multas hostias[4] immolant[5];
certe Romani deos non minus timent quam servi dominos.“

1) pompa, -ae: Festzug, Prozession
2) Via Sacra: Heilige Straße
3) appropinquare: (näher)kommen
4) hostia, -ae: Opfertier
5) immolare: opfern

Se

Amicus amico!
Cum deo!

Information

Festzüge *(pompae)* und Opfer *(sacrificia)* spielten im Leben der Römer eine große Rolle. So wurden beispielsweise die Wagenrennen im *Circus Maximus* stets mit einer *Pompa*, einer richtigen Prozession, eingeleitet. Diese nahm ihren Ausgang vom Kapitol, zog durch einige Stadtviertel und endete auf der Rennbahn des Zirkus vor der Ehrenloge.
Auch bei Beerdigungen wurde der Tote in feierlichem Zug zum Grab vor der Stadt geleitet, wobei der Zug der von Schauspielern mitgetragenen Wachsmasken der Ahnen *(pompa imaginum)* von großer Bedeutung war.
Für die Opfer verwendeten die Römer meist Rinder, Schafe oder Schweine. Den Göttern wurden männliche, den Göttinnen weibliche Tiere geopfert. Die Opferungen erfolgten unter der Leitung eines Priesters, der von Dienern, meist Sklaven, unterstützt wurde.

Prozession mit Opfertier

10 G 1: Ablativ – Vollständiges Deklinationsschema
G 2: Ablativ im Präpositionalgefüge

G 1 Das Lateinische kennt auch noch einen sechsten Fall, den Ablativ. Er steht u. a. in Verbindung mit Präpositionen.

Cum amic**o** Corneliam exspecto.	Ich warte **mit** dem Freund auf Cornelia.
Cur **in** vi**a** stas?	Warum stehst du **auf** der Straße?
Marcus **de** de**is**/**de** de**is** narrat.	Marcus erzählt **von** den Göttern/Göttinnen.
Feminae **ex** templ**o** properant.	Die Frauen eilen **aus** dem Tempel.

Wie endet der Ablativ für die ā-/o-Deklination im Singular, wie im Plural? Wo besteht die Gefahr einer Verwechslung mit dem Dativ?

G 2 Die Verbindung einer Präposition mit einem Nomen (hier: Ablativ) nennt man **Präpositionalgefüge.** Durch Vergleich der beiden folgenden Sätze kannst du erkennen, welches Satzglied durch das Präpositionalgefüge vertreten wird.

1. Amici **ibi** stant. – 2. Amici **in via** stant.

Beachte: Bei Präpositionalausdrücken nicht abfragen, sondern den gelernten Kasus setzen (↗ Wortspeicher 10)!

T Bei der folgenden Umwandlungsübung bezieht sich die jeweils nächste Aufgabe auf die unmittelbar vorher gewonnene Form (vgl. 7T).

FEMINA: → Plural → Ablativ → Dativ → Singular → Ablativ → Genitiv → Plural

GLADIUS: → Ablativ → Plural → Dativ → Singular → Genitiv → Akkusativ → Plural → Nominativ

TEMPLUM: → Akkusativ → Plural → Ablativ → Genitiv → Singular → Ablativ → Dativ → Plural

ÜV **Unmenschliche Gladiatorenkämpfe**

1. Heute sitzen die Freunde wieder° im Colosseum und betrachten die großen Spiele. – 2. Von *(= aus)* ihren° Sitzplätzen *(subsellium, -i)* aus° bemühen sie sich alles *(Pl.)* zu beobachten (= betrachten). – 3. Titus streitet (streiten: *litigare*) mit den Freunden über Syrus und Barbatus. – 4. Aber° Syrus und Barbatus treten nicht ein.

5. Hodie *in Colosseo* Ursus *cum adversario Graeco* pugnat. – 6. Iam *e porta*[1] arenam[2] intrant, populum salutant. – 7. Ursus rogat: „Cur temptare dubitas, Graecule[3]? – 8. Cuncti Graeci ignavi[4] sunt! – 9. Libenter *cum adversariis ignavis*[4] pugno; nam ignavos[4] vulnerare et necare iuvat.“ – 10. Subito Graecum *magna cum diligentia* temptat; populus gaudet et clamat.

1) porta, -ae: Tor 2) arena, -ae: Arena 3) Graeculus, -i: „Griechlein“ 4) ignavus, -a, -um: feige

11 Angst vor den Göttern

L

Sed Marcus: „Certe deos magnā diligentiā curamus,
deos multis sacrificiis placamus.
Certe ceteros populos diligentiā superamus!
Neque tamen timidi sumus,
nam deos non timemus, sed amamus.
Graeci autem deos fabulis irrident;
pro veris deis scurras[1] habent!“
Demaratus autem respondet:
„Cur Graecos vituperas, Marce, quod deos fabulis irrident?
Certe veri dei irā vacant, certe bonis iocis gaudent et rident!“

1) scurra, -ae: Hanswurst, Clown

Se

Vera non cunctis grata.
Vinum bonum deorum donum.

Theateraufführung (Mosaik)

V **Weinkenner unter sich**

1. Claudius vina bona *e Graecia* importat[1]. – 2. Libenter igitur *cum amicis fidis de vinis* disputat[2]. – 3. Hodie Claudius Epicharmo et Demarato multa narrat: 4. *„Magnā diligentiā* vina Graeca curo; nam bona sunt. – 5. Sed etiam vina Italiae amo, imprimis Falernum[3]. – 6. Ecce, hodie amicos Graecos *vino Falerno*[3] delecto!“ – 7. Cuncti *vino bono* gaudent; postea deos *sacrificio* placant.

1) importare: einführen 2) disputare: diskutieren
3) Falernum (vinum): Falernerwein *(eine sehr geschätzte Weinsorte aus dem nördlichen Campanien)*

11 G 1: Ablativ: Die wichtigsten Sinnrichtungen
G 2: Gliedsatz – Satzgefüge

G 1 Wir haben in 10 L den Ablativ in Verbindung mit Präpositionen kennen gelernt. Erschließe aus den folgenden Beispielsätzen die wichtigsten **Sinnrichtungen** des „bloßen Ablativs" (d. h. des Ablativs ohne Präposition)!

Romani deos magn**a** diligenti**a** curant.	Die Römer kümmern sich **mit** großer Sorgfalt um die Götter.
In templis deos don**is** placant.	In den Tempeln besänftigen sie die Götter **mit** Geschenken/**durch** Geschenke.
Dei don**is** gaudent.	Die Götter freuen sich **über** die Geschenke.
Itaque ir**a** vacant.	Deshalb sind sie frei **von** Zorn.

Wie hast du nach den einzelnen Sinnrichtungen gefragt?

G 2 ① **Nunc** / ② **Cum aurum videt,** } Cornelia gaudet. — Jetzt / Wenn sie Gold sieht, } freut sich C.

Welches Satzglied vertritt bei ② der mit CUM eingeleitete Gliedsatz?

B 1 Nachstehend findest du in drei Gruppen Deklinationsformen zum Adjektiv verus, vera, verum. Ordne jede Gruppe so, dass die Abfolge der Formen vom Nominativ Singular bis zum Ablativ Plural stimmt! Achtung: Der Vokativ ist nicht berücksichtigt!

① veris – veram – verarum – verae – veris – vera – veras – verae – vera – verae
② veri – veris – verum – vero – veros – vero – verus – veris – verorum – veri
③ vera – verum –veris – vero – verorum – veri – verum – vera – vero – veris

B 2 Im Folgenden findest du einige mehrdeutige Formen. Bestimme sie nach der Zahl der angegebenen Möglichkeiten und übersetze sie!

amicae fidae (3) – deis veris (4) – amici boni (2) – adversario timido (2) – dona grata (2)

Z Übersetze!

1. Marcus cum Demarat**o** templum intrat. – 2. Sacrifici**o** deos placant. – 3. Demaratus sacrificium magn**a** diligenti**a** curat.

In allen drei Sätzen konntest du den Ablativ durch MIT übersetzen. Wodurch unterscheiden sie sich dennoch?

Ü **Demaratus übt Kritik an Rom**

1. „Wir[1] Griechen freuen uns, dass wir nicht mehr mit den Römern kämpfen. – 2. Schon lange sind wir frei von Hass[2]. – 3. Aber die Römer bemühen sich eifrig° alle Völker zu überwinden, allen zu befehlen. – 4. Warum seid ihr nicht mit° eurem° Vaterland *(bl. Abl.)* zufrieden? – 5. Warum quält[3] ihr die übrigen Völker durch eure° Oberherrschaft[4]? – 6. Ihr besitzt doch° ein großes Land und große Reichtümer!"

1) wir: nos 2) Hass: odium, -i 3) quälen: vexare 4) Oberherrschaft: imperium, -i

RI REPETITIO GENERALIS PRIMA

W 1 Gib zu den folgenden Wörtern – lateinisch und deutsch – jeweils einen Begriff gegensätzlicher Bedeutung an (also z. B. hoch: tief; steigen: fallen)!

parere – servus – vacare – clamare – vituperare – rogare

W 2 Welche lateinischen Wörter fallen dir beim Betrachten der beiden Skizzen ein?

W 3 Stelle mit Hilfe des Wortspeichers alle Vokabeln zusammen, die man in einer Antwort auf die Frage „Wann?" verwenden kann!

E Wer antike Inschriften entziffern will, muss über Kombinationsgeschick verfügen, denn oft sind durch die Länge der Zeit einzelne Buchstaben oder gar ganze Wörter unleserlich geworden.
Wie lange brauchst du, um die Lücken in den folgenden Sätzen zu füllen? Fertige zur Kontrolle auch eine Übersetzung an!

1. Marcus ...tass. stul... est, nam „..nct.. puel...", .nqu..., „mag.. dona .xsp......!"
2. „..rum et .rg.nt.. non ...sideo; .taq.. nihil *(nichts)* val.. !"
3. „Hod.. ..ellae divi.... gau...., ami... fi... et .ero. irri....!"
4. Tu. Titus, amic.. Marc. : „Cu. non .aces, Marc., nam .ert. .rra.! .cc. Cornelia! Qu.. grat. et con..... est!"

K 1 Erkläre, wodurch Kasus und Numerus der Form AMICAE in den folgenden Sätzen bestimmt werden!

Marcus		multa dona dare[1] non potest.
Hodie	AMICAE	laetae sunt.
Patriam		amamus.

1) dare: geben

K2 Lege dir ein Schema der folgenden Art an (Unseres ist absichtlich ganz winzig geraten, damit niemand in Versuchung kommt das Buch vollzukritzeln!):

	Singular			Plural		
	m	f	n	m	f	n
N.						
G.						
D.						
A.						
V.						
Abl.						

Wenn du damit fertig bist, siehst du auf die Uhr – es geht nämlich darum, dieses Schema möglichst rasch mit den folgenden Formen zu füllen.
Da einige von ihnen mehrdeutig sind, dürfen sie auch mehrfach verwendet werden.

cunctorum – magni – deos – bonum – vera – laetae – deus – amice – claris – fido – turbam – puellarum – tubas

Wie lange hast du gebraucht?

K3 Ordne die folgenden Formen nach Wortarten (Substantive/Adjektive/Verben/unveränderliche Wörter)!

rogas – es – et – auro – erro – contento – sto – terras – valde – tum – multum – cum – timidum – vaco – subito – sed – sedet – pro – pareo – iram – iam – ibi – ludi – sunt

B Bestimme die Aufgabe, die der Ablativ in den folgenden Sätzen erfüllt!

1. Syrus adversarium *gladio* vulnerat.
2. Populus *ludis* gaudet.
3. Forum *monumentis* non vacat.
4. Romani ceteros populos *diligentia* superant.
5. Servi aedificium *summa diligentia* curant.

ÜV **Römische Frömmigkeit**

1. Marcus erzählt seinen° griechischen Freunden von den Göttern der Römer: – 2. „Die Götter des römischen Volkes sind zahlreich (= viele). – 3. Alle sind gut und zuverlässig; daher fürchten wir die Götter nicht. – 4. Wir erfreuen die Götter und Göttinnen unserer° Heimat durch Opfer.
5. Non dubitamus deis parere, nam dei multum valent. – 6. Numquam deos iocis irridemus.

WI 1–11

Die folgenden Wörter hast du in den Texten und Übungen 1–11 kennen gelernt. Du kannst mit dieser Zusammenstellung überprüfen, ob du noch alle Bedeutungen der lateinischen Wörter kennst.

V.

amare	necare	debere	
clamare	placare	gaudere	sum
cogitare	properare	habere	es
curare	pugnare	irridere	est
delectare	rogare	parere	sumus
dubitare	salutare	possidere	estis
errare	spectare	respondere	sunt
exspectare	stare	ridere	
imperare	superare	sedere	inquit
intrare	temptare	studere	iuvat
invitare	vacare	tacere	potest
iuvare	vituperare	tenere	
laudare	vocare	timere	
monstrare	vulnerare	valere	multum valere
narrare		videre	

N.

amica	puella	adversarius	aedificium
ara	pugna	amicus	argentum
dea	terra	deus	aurum
diligentia	tuba	dominus	donum
divitiae	turba	gladius	forum
fabula	via	inimicus	monumentum
femina		iocus	sacrificium
ira		ludus	templum
lacrima		populus	theatrum
patria		servus	vinum

alienus	cunctus	multus
antiquus	cuncti	rarus
bonus	fidus	stultus
ceteri	gratus	summus
clarus	inimicus	timidus
contentus	laetus	unus
	magnus	verus

P.

certe	nunc	cum	aut	cum
cur	postea	de	autem	quod
diu	quam	e/ex	et	
fortasse	solum	in	etiam	ecce
hic	subito	pro	igitur	non
hodie	tam		itaque	num
iam	tandem		nam	
ibi	tum		neque	aut ... aut
imprimis	ubi		sed	non iam
libenter	valde		tamen	neque tamen
minus				non solum ... sed etiam
numquam				non minus quam

(151)

W I

Für die Wiederholung und Vertiefung könnten dir auch die folgenden Übungen hilfreich sein:

W 1 Suche aus der Tabelle alle Substantive heraus, die zu den Bedeutungsbereichen

- „Haus, Gebäude“,
- „Gott, Opfer“

gehören! Gib jeweils auch die deutsche Bedeutung an!

W 2 Wie lauten die entsprechenden Feminina und was bedeuten sie?

amicus	(Freund)	–	amica	(Freundin)
deus	(............)	–	dea	(.................)
dominus	(............)	–	....	(.................)
servus	(............)	–	....	(.................)

(Wie du siehst, kennst du mehr Wörter, als du gelernt hast!)

W 3 Stelle alle dir bereits bekannten Verben zusammen, die sich im Lateinischen mit einem anderen Kasus verbinden als im Deutschen!

W 4 Wie im Deutschen sind auch im Lateinischen oft Verben von Substantiven abgeleitet.
Versuche nach den vorgegebenen Beispielen die Lücken zu füllen.

pugna	(Kampf)	–	pugnare	(kämpfen)
aedificium	(Bauwerk)	–	aedificare	(................)
sacrificium	(................)	–	....	(................)
donum	(................)	–	....	(................)

W 5 Prüfe, welcher Bedeutungsbereich (z.B. Ort, Zeit, Art und Weise) bei den Adverbien am häufigsten vorkommt!

W 6 Du hast in den ersten Kapiteln bereits zahlreiche lateinische Wörter gelernt, die in den deutschen Sprachschatz übergegangen sind. Suche zu den folgenden lateinischen Wörtern die darauf zurückzuführenden deutschen Ausdrücke!

fabula, -ae	–	terra, -ae	–	populus, -i
monumentum, -i	–	templum, -i	–	curare
antiquus, -a, -um	–	clarus, -a, -um	–	rarus, -a, -um

W 7 Was so alles am „A“ hängt! Gib die deutschen Bedeutungen der „kleinen Wörter“ an!
Welche Verbalform aus der Tabelle könntest du hinzufügen?

NUMQU	A	M
QU		M
ETI		M
I		M
N		M
T		M
T		MEN
T		NDEM

12 Götter auf der Bühne

L

Tum Epicharmus Marcum rogat:
„Fortasse tibi, Marce, haec[1] fabula nota est,
in qua[2] Iuppiter cum Mercurio ...“
Statim Marcus: „Certe mihi notus est“, inquit, „Amphitruo Plauti.
Me semper iuvat eam[3] fabulam spectare.
Imprimis rideo, cum Mercurius scalas[4] portat!“
Et Epicharmus: „Et ego igitur et tu deos in theatro ridemus,
et te et me iuvat eam[3] fabulam Plauti spectare!“
Nunc Marcus ridet et
„Vos Graeci“, inquit, „nos Romanos eloquentiā superatis!
Ecce, a vobis victus[5] sum; vos non iam vitupero, vobiscum rideo.“

1) haec: diese, die Folgende 2) in qua: in der/dem 3) eam *(Akk.)*: diese
4) scalae, -arum *(Pl.)*: die Leiter 5) victus, -a, -um: besiegt, geschlagen

Se

Vacare culpā magnum est solacium[1].

1) solacium, -i: Trost

Information

Die antike Komödie entwickelte sich in Athen aus dem Kult des Gottes *Dionysos,* lat. *Bacchus,* bei dem Umzüge mit derben Späßen üblich waren.
Aristophanes (445–386 v. Chr.), der Meister der sog. *Alten Komödie,* verstand es bereits großartig politische Tagesereignisse in kabarettistischer Form zu verspotten, z. B. in seinen Komödien „Die Vögel“ oder „Die Frösche“. Die Schauspieler trugen groteske Masken. Im Text wechselten gesprochene Partien mit Arien und Choreinlagen ab.
Die sog. *Neue Komödie,* die um 300 v. Chr. entstand, spielt fast regelmäßig im Alltagsmilieu. Sie bevorzugt feste Typen: den trottelhaften Alten, den jugendlichen Liebhaber und den gerissenen Sklaven. Der Meister dieses Komödientyps war *Menander.*
Die Lustspiele des *Plautus* und des *Terenz* stellen z. T. nahezu wortgetreue, aber doch auch mit originalem Witz der Verfasser ausgestattete Übertragungen griechischer Stücke ins Lateinische dar.

V **Niobe**

1. Servi Niobae, reginae[1] Thebanorum, feminas Thebanas tubā vocant. – 2. Feminae parent, intrant, timent; nam Nioba irā non vacat. – 3. „Vitupero *vos,* feminae, quod non *me,* sed Latonam deam laudatis, quod non *mihi,* sed Latonae dona portatis, quod non *de me,* sed de Latona multa narratis! – 4. *Ego* multos filios[2] et multas filias[2] habeo, Latona unum filium[2] et unam filiam[2].“ – 5. Feminae timidae respondent: „Etiam *te,* Nioba, laudamus; etiam *tibi* dona portamus!“ – 6. Nioba autem deam irridet: „*Tu,* Latona, paene[3] orba[3] es; *ego* magnam turbam filiorum[2] et filiarum[2] possideo!“

(Fortsetzung 13 V)

1) regina, -ae: Königin 2) filius/filia: Sohn/Tochter *(Niobe hatte sieben Töchter und sieben Söhne)*
3) paene orba: nahezu kinderlos

12 G 1: Personal-Pronomen im Nominativ
G 2: Deklination des Personal-Pronomens

G 1 Übersetze und vergleiche die Sätze der linken Reihe mit denen der rechten!

① Corneliam exspecto. — Non solum **tu** Corneliam exspectas, sed etiam **ego**.

② Cur clamatis, amici? — **Vos** clamatis, amici, **nos** tacemus.

Wie ist das Subjekt in den Sätzen unter ① ausgedrückt, wie unter ②? Versuche den Unterschied zu begründen!

G 2 Ordne alle Formen des Personal-Pronomens aus 12 L (ggf. 12 V) in ein Deklinationsschema ein! (Der Genitiv bleibt unberücksichtigt.) Überprüfe das Ergebnis deiner Arbeit im GB!

E Fragen und Wünsche im Vorfeld einer Einladung.
Setze in die Reden der einzelnen Personen Personal-Pronomina aus dem Angebot im Kasten darunter ein! Achte auf den richtigen Kasus und Numerus!

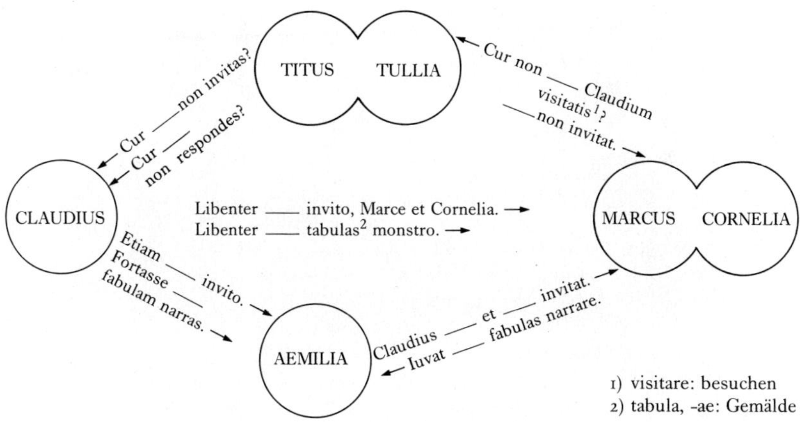

1) visitare: besuchen
2) tabula, -ae: Gemälde

TECUM – NOS – MIHI – TE – NOBISCUM – VOS – NOS – NOBIS – ME – VOS – VOBIS

Ü **Jeder kann einmal irren**

(Marcus hat sich bei der Stadtführung geirrt; Demaratus lacht ihn aus.)

1. Marcus: „Warum verlachst du mich, Demaratus, wenn ich irre? – 2. Irrst **du** selbst° etwa niemals, Freund?“ – 3. „Aber **du** irrst schon° sehr, Marcus! Wir sind nicht im Forum des Augustus.“ – 4. Da meint° Cornelia: „Marcus zeigt mir und euch viele Denkmäler. – 5. Aber auch Marcus kann sich einmal° irren.“ – 6. Demaratus lacht: „**Du**, Cornelia, übertriffst alle an (= durch) Beredsamkeit. – 7. Schon schweige auch **ich** und lache mit euch!“

13 Ein ungastliches Gasthaus

L *(Vom Herumbummeln und Diskutieren durstig, betritt Marcus mit seinen griechischen Freunden eine Gaststätte, in der es offensichtlich recht lebhaft zugeht:)*

In caupona[1] iam multi viri sedent et valde clamant:
„Vita Romanorum liberorum nunc misera est!“
„Graeculi[2] villas pulchras, multos agros, magnas divitias possident!“
„Et nos? Agris, villis, divitiis caremus.
Nihil habemus nisi vitam miseram! Vir bonus hodie nihil valet!“
„Cur populus Romanus tam timidus est?
Cur non cunctos Graecos e villis pulchris fugat?“
„Nos non viri, sed pueri sumus; nam ut pueri Graecis paremus!“
„... quod Graeci liberos Romanorum educant[3]!“

1) caupona, -ae: Kneipe, Wirtshaus 2) Graeculi, -orum: „Griechlein“ (*abwertend statt* Graeci)
3) educare: erziehen

Se Multum, non multa!

Wirtshausszene (Wandmalerei)

V **Latona** (Fortsetzung von 12 V)

1. Etiam Latona *liberos* suos[1], Phoebum *puerum* et Dianam puellam *pulchram,* valde amat. – 2. Iam *liberis* de nefariis[2] dictis[2] Niobae narrat: – 3. „Nioba me *miseram* e templis Thebanorum fugare studet. – 4. Me irridet, quod duos[3] solum *liberos* habeo. – 5. Sed tu, Phoebe, *puer* bonus es, tu, Diana, puella *pulchra*. – 6. Cur Nioba me nefariis[2] dictis[2] vulnerare studet?“

(Fortsetzung 14 V)

1) suos *(Akk. Pl.)*: ihre 2) nefaria dicta, -orum: frevlerisches Gerede 3) duos *(Akk.)*: zwei

13 G 1: Substantive auf -(e)r
G 2: Adjektive auf -(e)r

G 1.1 Suche alle neuen Substantive auf -(e)r aus 13 L (ggf. 13 V) heraus, bestimme jeweils Kasus und Numerus und vergleiche die Formen mit den dir bekannten Wörtern der o-Deklination!

1.2 Ermittle anhand der Substantiv-Adjektiv-Verbindungen im Text das Genus der Substantive auf -(e)r!

G 2 Verfahre in gleicher Weise wie in G 1.1 mit den Adjektiven auf -(e)r! Überprüfe das Ergebnis deiner Arbeit im GB!

B Alle Nomina der folgenden drei Reihen stehen jeweils im gleichen Kasus und Numerus. Lege diese beiden Bestimmungsstücke für jede Reihe fest!

① eloquentiae – ludi – doni – agri – viae – viri – fori
② misero – fidae – magno – pulchrae – viro – dono – laetae
③ donum pulchrum – puerum bonum – vitam miseram – virum fidum

K Ordne die drei folgenden Reihen (Subjekte/Ergänzungen/Prädikate) so, dass sinnvolle Sätze entstehen! Übersetze die erarbeiteten Sätze!

1 Viri Graeci	A adversarios	a disputant (disputare: *diskutieren*).
2 Latona	B de vita	b superant.
3 Pueri	C agros	c narrant.
4 Servi	D liberos	d non possident.
5 Romani	E de fabulis	e amat.

Füge bei den Ergänzungen (mittlere Spalte) jeweils ein Attribut im richtigen Kasus und Numerus hinzu! Zur Wahl stehen folgende Adjektive:

pulcher – bonus – multus – miser – miser

W Erkläre die folgenden Fremdwörter mit Hilfe des Wortspeichers!

VIDEO-Kassette – Egoist – Studium – Vokal – Vakuum – servieren – Bon – patriotisch – dominieren – Monstranz – kurieren – Vakanz – feminin

Ü **Ein unglücklicher Sklave**

1. Philippus ist unglücklich. – 2. Denn er ist der Sklave eines römischen Herrn – 3. Seinem° Herrn muss er immer und sofort gehorchen. – 4. Wenn der Herr in seiner° schönen Villa sitzt, muss der Sklave sich um° die Äcker des Herrn kümmern (= besorgen). – 5. Sogar die Knaben der Römer gebieten Philippus, dem Sklaven, weil sie frei geboren° sind. – 6. Den Sklaven aber kann sein° Herr verwunden oder töten, wenn er nicht schweigt oder gehorcht. – 7. Und es macht keine[1] Freude immer zu schweigen und zu gehorchen.

---

1) und ... keine = und ... nicht

14 Immer Ärger mit den Griechen

L *(Einer von den Gästen ereifert sich besonders und macht seiner Wut mit folgenden Worten Luft:)*

„Cur superbiam Graecorum sustinemus?
Nos Romanos ‚barbaros' vocant,
se tantum humanos et doctos putant.
Multi Graeci servi Romanorum sunt – servi?
Immo vero dominis imperant, et domini servis parent,
quod eis[1] eloquentiā et industriā necessarii sunt:
Quis liberos Romanorum docet? Graeci!
Cuius fabulas spectamus? Graecorum fabulas!
Cui ut pueri paremus? Graecis!
Quem necessarium putamus? Graecos!
De quo semper narramus? De Graecis!
Et quid nobis restat[2]? Emigrare[3] e patria;
nam non Romani Graeciam, sed Graeci Romam occupant!"

1) eis *(Dat.)*: ihnen 2) restare: übrig bleiben 3) emigrare: auswandern

Se Errare humanum est.

Phoebus (Apollo)

und

Diana, griech. Artemis

(Vasenbilder, 5. Jh. v. Chr.)

V **Phoebus und Diana** (Fortsetzung von 13 V)

1. Phoebus et Diana, liberi Latonae, iram tenere non iam possunt[1]. – 2. Imprimis Phoebus Niobam severe[2] vituperat. – 3. Nam „*Quis*", inquit, „Latonam deam *miseram vocat?* ... Nioba! – 4. *Cui* Thebani ut verae deae parent? ... Niobae! – 5. *Quem* igitur statim vindicare[3] debemus? ... Niobam! – 6. Nos autem te, Latona, *magnam deam putamus.*

(Fortsetzung 15 V)

1) possunt: *Pl. zu* potest 2) severe *(Adverb)*: streng 3) vindicare: bestrafen

14 G 1: Prädikatsnomen im Akkusativ
G 2: Interrogativ-Pronomen: QUIS, QUID

G 1 Vergleiche die lateinischen Sätze mit der deutschen Übersetzung!

Romani Germanos **barbaros** vocant.	Die Römer bezeichnen die Germanen **als ‚Barbaren'**.
Cur te tam **doctam** putas, Tullia?	Warum hältst du dich **für** so **gebildet**, Tullia?

Um welches Satzglied handelt es sich bei den fett gedruckten Wörtern? In welchem Kasus steht es in unseren lateinischen Beispielen?

G 2 Suche aus 14 L (ggf. 14 V) alle Formen des Interrogativ-Pronomens QUIS, QUID heraus! Erfrage jeweils den Kasus und erstelle das Deklinationsschema! Überprüfe das Ergebnis deiner Arbeit im GB!

K Ordne die Antworten in der rechten Reihe den Fragen in der linken Reihe passend zu! Übersetze!

(Der Sklave Philippus macht seinem Groll über die römischen Herren Luft:)

① QUIS mihi et cunctis servis imperat?	ⓐ VIRUM ROMANUM!
② CUIUS villam et agros curamus?	ⓑ DOMINIS ROMANIS!
③ CUI multis cum lacrimis paremus?	ⓒ DE DOMINO ROMANO!
④ QUEM dominum vocamus?	ⓓ VIR ROMANUS!
⑤ DE QUO cuncti servi mala[1] narrant?	ⓔ DOMINI ROMANI!

1) mala (↗ 8 Z): Böses

W Zur Weiterwirkung des Lateinischen:

LATEIN	FRANZÖSISCH	ITALIENISCH	SPANISCH	ENGLISCH
amicus	ami	amico	amigo	– – –
populus	peuple	popolo	pueblo	people
fabula	fable	favola	fabula	fable
studere	étudier	studiare	estudiar	to study

Ü **Macht und Erfolg schaffen manchmal Vorurteile**

(Demaratus klagt:) 1. Wem gebieten die Römer eigentlich° nicht? – 2. Alle Völker Asiens und Europas gehorchen den römischen Herren. – 3. Deshalb halten die Römer nur sich für die Herren. – 4. Sie loben nur sich selbst°. – 5. Die Germanen nennen sie Barbaren. – 6. Die Griechen halten sie zwar[1] für menschlich und gebildet, aber auch für furchtsam.

1) zwar: quidem (*stelle das Wort hinter* menschlich!)

15 … Schweigen ist Gold

L

Iam Epicharmus Marcum rogat: „Cur isti[1] viri tantopere[2] clamant? Cur nos Graecos contumeliis violant?" Sed Marcus: „Tace, Epicharme! Tace et tu, Demarate! Ecce, isti[1] viri iam tacent. Vitate igitur rixam[3], amici!" Sed unus e viris Romanis Graecos rogat: „Num patria vestra Graecia est?" Marcus: „Graeci sunt; non nego, sed amici mei! Es igitur quietus!" Ceteri autem viri clamant: „Cur vos iuvat in caupona[4] nostra esse, Graeculi[5]? Cur non in vestris oppidis manetis? Cur Romam nostram intrare audetis? Properate e nostra caupona[4]!" „Este quieti!" Marcus viros rogat; sed illi[6]: „Propera et tu cum amicis tuis! Nam nos neque Graecos neque amicos Graecorum amamus!"

1) isti *(Pl.)*: diese da 2) tantopere: so sehr, so laut 3) rixa, -ae: Streit
4) caupona, -ae: Kneipe, Wirtshaus 5) Graeculi, -orum: „kleine Griechen" 6) illi *(Pl.)*: jene

Se

Hic Rhodus, hic salta!

V

Strafe für Niobe! (Fortsetzung von 14 V)

1. Latona dictis[1] liberorum gaudet; sed contenta non est: – 2. Itaque *„Properate"*, inquit, „liberi *mei; vindicate*[2] Niobam! – 3. *Este* liberi fidi! *Es* severus[3], Phoebe! – 4. *Vindica*[2] Niobam sagittis[4] *tuis*, Diana! – 5. Iam Thebani non me in templis *meis* laudant, sed Niobam. – 6. *Necate* liberos Niobae!"

(Fortsetzung 16 V)

1) dictum, -i: Wort 2) vindicare: bestrafen 3) severus, -a, -um: streng 4) sagitta, -ae: Pfeil

Tod der Töchter und Söhne der Niobe

15 G 1: Modi des Verbums: Imperativ I (einschl. ESSE)
G 2: Possessiv-Pronomen der 1. und 2. Person

G 1 Übersetze!

Intr**a** villam, amice!	Intr**ate** villam, amici!
Man**e** hic!	Man**ete** hic!
Es laeta, Tullia!	**Este** laetae, amicae!

Auf welchen Modus des Prädikats deutet jeweils das Ausrufezeichen hin? Beachte die dabeistehenden Vokative! Wie enden die Verbformen der ā-/ē-Konjugation (Singular und Plural) in diesem Modus? Wie lauten die entsprechenden Formen für das Hilfsverbum ESSE?

G 2.1 Suche aus 15 L (ggf. 15 V) die zahlreichen Substantiv-/Pronomen-Paare heraus und erstelle daraus das Deklinationsschema! Überprüfe das Ergebnis deiner Arbeit im GB!

2.2 Aus den gleichen Beispielen lässt sich auch ermitteln, wann die Possessiv-Pronomina **vor**, wann **hinter** ihr Beziehungswort gestellt werden!

T Wandle nach dem Muster von 7 T um!

RESPONDEO ⟶ 3. Person → Plural → 2. Person → Imperativ → Singular → Indikativ → 3. Person → 1. Person

FUGO ⟶ 2. Person → Imperativ → Plural → Indikativ → 3. Person → Singular → 1. Person → Plural

K 1 In die folgenden Reihen passt jeweils eine Form nicht hinein. Suche diese Form heraus und begründe deine Entscheidung!

(a) lauda – mane – manes
(b) violo – viola – violas – violat
(c) aude – manete – caretis – curate – fuga
(d) sum – es – est – sumus – este –sunt
(e) audemus – audete – audetis – audent

K 2 Wörterspiel

```
IGITURBAMAS
   E    I
   N    N
   E    U
INVITACESTIS
```

Wie viele Wörter bzw. Formen sind enthalten?

E Setze die Imperative aus dem Kasten rechts an passender Stelle in die folgenden Sätze ein und übersetze die Sätze!

(Ein römischer dominus *mahnt seine Sklaven:)*

1. ______ agros meos cum diligentia, servi! – 2. ______ etiam liberis meis; nam servi estis! – 3. ______, cum deos nostros sacrificio placo! – 4. Tu autem, Aule, ______ contumelias conservorum (conservus, -i: *Mitsklave*) tuorum! – 5. Nunc autem ______ e villa!

PARETE – PROPERATE – ESTE QUIETI – CURATE – VITA

16 Es wird kritisch

L

Marcus autem: „Non properabo, sed manebo et amicos meos adiuvabo."
„Si tu Graecos adiuvabis, et tibi et Graecis malum[1] dabimus!"
„Tum vos non iam iuvabit hic esse!"
„Gaudebimus, si e caupona[2] properabitis!"
„Nos cunctos Graecos fugabimus, e caupona[2] nostra et e villis pulchris."
„Tum cuncti Romani laeti erunt et gaudebunt! Tum nos agros et divitias possidebimus, opulenti erimus, vino bono nos implebimus."
„Tum etiam ego laetus et contentus ero!"
Subito magnus Molossus[3] in caupona[2] stat,
valde latrat[4], cunctos Romanos fugat.
Et Marcus: „Ecce! Nunc unus Graeculus – nam Molossus[3] certe Graeculus est – multos Romanos terret!"

1) malum, -i *(hier)*: Prügel; malum dare: verprügeln 2) caupona, -ae: Kneipe, Wirtshaus
3) Molossus: Molosserhund, Bullenbeißer *(große Hunderasse)* 4) latrare: bellen

Se

Exempla docent.
Non scholae, sed vitae!

Mosaik aus Pompeji

V

Das schreckliche Ende (Fortsetzung von 15 V)

1. Phoebus autem „Certe", inquit, „nefaria[1] dicta[1] Niobae *vindicabo*[2]. – 2. Non tu, Latona, misera *eris*: Nioba misera *erit*; liberi Niobae miseri *erunt*!" – 3. Et Diana „Nioba", inquit, „te non iam nefariis[1] dictis[1] *violabit*. – 4. Brevi[3] Thebani Niobae non iam *parebunt*; te in templis tuis *laudabunt*, non Niobam!" – 5. Statim liberi Latonae advolant[4]; iam cunctos liberos necant.

1) nefaria dicta, -orum: frevlerisches Gerede 2) vindicare: bestrafen 3) brevi: bald
4) advolare: herbeieilen

16 **G 1:** Futur I Aktiv
G 2: Futur I von ESSE

G 1 Suche aus 16 L (ggf. 16 V) alle Verbformen der ā-/ē-Konjugation heraus, welche das Bildungselement **-b-/-bi-/-bu-** als Kennzeichen des Futurs enthalten, und ordne sie nach Person und Numerus! Überprüfe das Ergebnis deiner Arbeit im GB!

G 2 Vergleiche in der folgenden Gegenüberstellung die Formen des Futurs der ā-Konjugation mit denen des Futurs von ESSE! Nenne die Unterschiede!

da-**b**--o	**er**---o	da-**bi**-mus	**er-i-**mus
da-**bi**-s	**er-i-**s	da-**bi**-tis	**er-i-**tis
da-**bi**-t	**er-i-**t	da-**bu**-nt	**er-u-**nt

T Wandle nach dem Muster von 7 T um!

MANEO ⟶ Futur I → 2. Person → Plural → Präsens → Imperativ → Singular → Indikativ → 3. Person → Futur I → Plural

SUM ⟶ 2. Person → Futur I → Plural → Präsens → Imperativ → Singular → Indikativ → 1. Person → Futur I → Plural

Ü **Freunde helfen einander**

1. Titus und Aemilia wollen (= werden) eine Laube[1] bauen[2]. – 2. Marcus meint°: „Titus und Aemilia werden sich freuen, wenn wir sie *(eos)* unterstützen (werden), Cornelia.“ – 3. Cornelia antwortet: „Sicher werden sie froh sein, denn sie sind nicht reich. – 4. Es macht ja° auch Freude Freunde zu unterstützen!“ – 5. Titus freut sich: „Sicher werdet ihr mich sehr (= viel) unterstützen können°, Freunde! – 6. Ich will (= werde) die Laube[1] zusammen° mit Aemilia auf meinem Grundstück (= Feld) bauen[2]. – 7. Eilt dorthin[3], wir werden Bretter[4] und Geräte[5] bringen!“

1) Laube: casa, -ae 2) bauen: aedificare 3) dorthin: eo
4) Brett: tignum, -i 5) Gerät: instrumentum, -i

Erläuterung zur Abbildung

1. atrium (offener Innenhof) – 2. cubiculum (Schlafzimmer) – 3. triclinium (Esszimmer) – 4. tablinum (Wohnzimmer) – 5. hortus (Garten) – 6. cella (Vorratskammer)

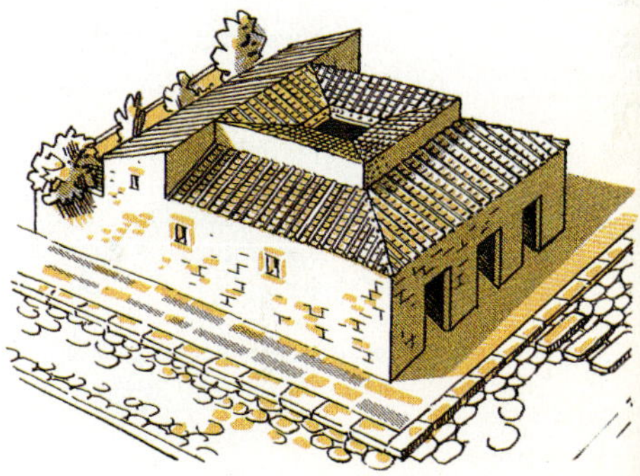

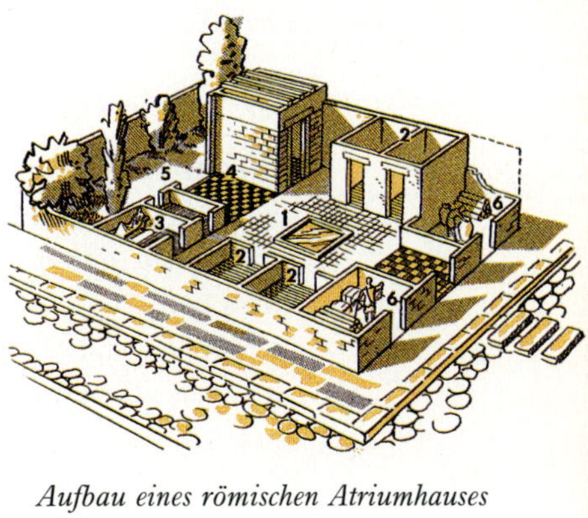

Aufbau eines römischen Atriumhauses

17 Die gute alte Zeit

L *(Während die gehässigen Wirtshausgäste vor dem Molosser flüchten, bleibt Marcus mit seinen Freunden in der Schenke; der gewaltige Hund zeigt sich seinen Landsleuten gegenüber sehr zutraulich und Demaratus berichtet von jener Zeit, als Griechenland noch nicht von Römern besetzt war:)*

„Olim Athenae, patria mea, liberae erant;
nos Graeci cuncti liberi eramus,
dum in multis oppidis liberis habitabamus.
Interdum tyranni in nonnullis oppidis regnare studebant,
sed Graeci vitam liberam valde amabant et tyrannos fugabant."
Tum Epicharmus: „Pisistratus quidem diu imperium Athenarum[1]
obtinebat, quod bonus et iustus erat ..."
Sed Marcus: „Dionysius autem Syracusis[2] diu regnabat,
quamquam neque bonus neque iustus erat.
Immo vero populum iniuriis terrebat,
multos viros bonos et iustos necabat.
Dionysius opulentus erat,
nam magnas divitias possidebat –
et miser erat,
quod semper insidias timebat."

1) Athenarum *(hier)*: über Athen 2) Syracusis: in Syrakus

Arethusa, Stadtgöttin von Syrakus (Münze)

Se Viri iusti et humani rari.

V **Der Tyrann Dionysius**

1. De Dionysio tyranno vobis nunc fabulam narrabo: – 2. Dionysius magnis divitiis multum *valebat,* superbiā non *vacabat.* – 3. Itaque populus tyrannum non *amabat,* immo vero valde *timebat.* 4. Nonnulli adversarii Dionysium etiam barbarum *putabant,* quod cunctos superbiā et contumeliis *violabat.* – 5. Populus *tacebat,* quod ubique[1] servi tyranni *erant.* – 6. Servi Dionysio *parebant,* cunctos adversarios a tyranno *prohibebant*[2].

(Fortsetzung 18 V)

1) ubique: überall 2) prohibere: fern halten

17 **G 1:** Imperfekt: Indikativ Aktiv
G 2: Imperfekt: Indikativ von ESSE

G 1 In diesem Kapitel geht es um den vom Präsens-Stamm gebildeten Indikativ des Imperfekts, den du dir aus der folgenden Gegenüberstellung leicht verdeutlichen kannst.

Präsens:	Futur I:	Imperfekt:	deutsch:
laud-o	lauda-b-o	lauda-**ba-m**	ich lobte
lauda-s	lauda-bi-s	lauda-**ba**-s	du lobtest
lauda-t	lauda-bi-t	lauda-**ba**-t	er lobte
lauda-mus	lauda-bi-mus	lauda-**ba**-mus	wir lobten
lauda-tis	lauda-bi-tis	lauda-**ba**-tis	ihr lobtet
lauda-nt	lauda-b**u**-nt	lauda-**ba**-nt	sie lobten
gaude-o	gaude-b-o	gaude-**ba-m**	ich freute mich
gaude-s	gaude-bi-s	gaude-**ba**-s	du freutest dich
...	...	...	...
gaude-nt	gaude-b**u**-nt	gaude-**ba**-nt	sie freuten sich

G 2

sum	er---o	er-**a-m**	ich war
es	er-i-s	er-**a**-s	du warst
...	...	...	...
sunt	er-**u**-nt	er-**a**-nt	sie waren

Bestimme jeweils das Tempus-Zeichen und beachte die 1. Person Singular!

T Auf zum Wettbewerb!

Vier Schüler werden aufgerufen: Schüler 1 vertritt als „Ausrufer" den Indikativ Präsens, Schüler 2 den Indikativ Futur I, Schüler 3 den Indikativ Imperfekt, Schüler 4 den Imperativ Präsens. Der Ausrufer ruft eine der folgenden Formen auf und zeigt in beliebiger Reihenfolge auf die Schüler 2, 3 oder 4, welche dann die ihrem Auftrag entsprechende Form möglichst schnell nennen. Achtung: Der Vertreter des Imperativs wird oft „nichts zu sagen" haben! Ruft ihn der Ausrufer trotzdem, so wird diesem der Fehler angelastet.

REGNAS – TERRENT – ESTIS – OBTINEO – OCCUPATIS – ES – DO – SUMUS – VITANT – SUM – MANEMUS – EST

Ü Die Griechen wehren sich

1. Die alten Griechen waren lange ein freies Volk. – 2. Lange behaupteten sie ihre° Macht. – 3. Wenn die Perser[1] Griechenland in Schrecken versetzten (= erschreckten), waren die Griechen nicht furchtsam. – 4. Sie zögerten dann nicht mit ihren° Gegnern zu kämpfen. – 5. Aber die Perser[1] griffen Europa immer wieder[2] an.

1) die Perser: Persae, -arum 2) immer wieder: iterum atque iterum

18 Herrscher gehen, Herrscher kommen

L

(Die beiden Griechen freuen sich über das Interesse, das Marcus an der Geschichte ihrer Heimat zeigt; daher erzählt Demaratus weiter:)

„Tandem Syracusani[1] tyrannum fugaverunt, et Athenis[2] viri intrepidi[3] filiis Pisistrati insidias paraverunt: Hipparchum necaverunt, Hippias fugā se servavit. Mox autem patria mea in magno periculo fuit; nam Persae Graeciam bello temptaverunt, oppida et templa deleverunt. Sed nos Persas superavimus et fugavimus, quamquam copiae nostrae parvae, Persarum copiae magnae fuerunt. Iterum Persae nos temptaverunt, et iterum Persas superavimus!“ Tum Marcus: „Magnam gloriam vobis paravistis, quod adversarios magno cum periculo fugavistis!“ Et Demaratus: „... nam tum concordia Graecorum magna erat. Sed mox Graeci cum Graecis pugnaverunt, multis pugnis se debilitaverunt[4]; itaque praeda Philippi, Alexandri, Romanorum fuerunt. Nos viri liberi fuimus ...“ Marcus autem: „Multa narravisti, amice, et ego multa narravi; iuvat narrare, sed etiam potare[5] iuvat. Itaque nunc potabimus[5]!“

1) Syracusani, -orum: Bewohner von Syrakus *(auf Sizilien)* 2) Athenis: in Athen
3) intrĕpidus, -a, -um: unerschrocken 4) debilitare: schwächen 5) potare: trinken

Se Serva me, servabo te.

V **Ein Attentatsversuch** (Fortsetzung von 17 V)

1. Moerus quidam[1] vir bonus et iustus *fuit*. – 2. Dionysium tyrannum necare studebat, quod ille[2] viros liberos captabat[3], violabat, necabat. – 3. Iam Moerus villam Dionysii *intravit* et nonnullos servos tyranni *necavit*. – 4. Sed ceteri Moerum *superaverunt* et *captaverunt*[3]. – 5. Dionysius autem Moerum *rogavit*: „Cur me *temptavisti*, cur servos meos *necavisti*?“ – 6. Tum Moerus: „Quod tu et ceteri tyranni multos viros liberos *necavistis*!“ (Fortsetzung 19 V)

1) quidam *(Nom. Sg.)*: ein gewisser 2) ille: jener 3) captare: gefangen nehmen

18

G 1: Perfekt-Aktiv-Stamm: Bildung mit -v-; FUI
G 2: Verwendung von Imperfekt und Perfekt

G 1.1 Suche alle Perfektformen mit -v-Bildung aus 18 L (ggf. 18 V) heraus und erstelle so das Konjugationsschema für die ā-/ē-Konjugation! Überprüfe das Ergebnis deiner Arbeit im GB!

1.2 Bilde ebenso das Konjugationsschema zum Perfektstamm von ESSE!

G 2 Übersetze!

① Olim patria mea libera **erat**,
Graeci liberi **erant**.

Graeci in oppidis liberis
habita**bant**.

② Graeci praeda Philippi,
Alexandri, Romanorum **fuerunt**.

Syracusani tyrannum fuga**verunt**.

Vergleiche die Handlungen und Vorgänge in der Gruppe ① mit denen in der Gruppe ②! Welcher Unterschied veranlasst die Verwendung verschiedener Tempora (Imperfekt : Perfekt)? Versuche eine Regel aufzustellen!

B Bestimme folgende Verbformen nach den bereits bekannten vier Bestimmungsstücken des Verbums (Person-Numerus-Tempus-Modus)!

terreo – paravisti – delevi – servate – superaverunt – es (2) – fuistis – fuga – temptabunt – amabam – fuerunt – regnabo

E Setze aus den Kästen I und II jeweils passende Ergänzungen bzw. Prädikate in die folgende Übung ein. Bei den Prädikaten musst du die Infinitive in die richtige Form (3. Person Plural Indikativ Perfekt Aktiv) bringen!

Graeci →
- .... e patria ....
- .... bello ....
- patriae ....
- .... cum Graecis ....

I Persas – gloriam postea – tyrannos

II superare – parare pugnare – fugare

Ü **Griechen in Kleinasien**

1. Auch in Kleinasien[1] wohnten viele Griechen; denn einige Städte Griechenlands besaßen dort Kolonien[2]. – 2. Solange Croesus über die Völker Kleinasiens[1] herrschte (= den Völkern gebot), waren die Griechen frei; denn Croesus war ein Freund der Griechen. – 3. Aber dann besiegte Cyrus den Croesus und besetzte die griechischen Städte Kleinasiens[1]. – 4. Cyrus verjagte manche Griechen aus ihren° Städten. – 5. Lange behauptete er die Herrschaft über Asien (= Asiens).

1) Kleinasien: Asia, -ae   2) Kolonie: colónia, -ae

◄ *Kampfszene (Griechisches Vasenbild)*

19 Die arme Delia

L

(Während Marcus mit seinen Freunden unterwegs ist, folgt Cornelia einer Einladung der reichen Atia, die ihr mit deutlich zur Schau getragenem Stolz ihre Sklaven und Sklavinnen zeigt:)

AT.: Ecce lecticarii[1] mei! Firmi sunt, nam eos servos bene curo, interdum eis etiam vinum do.
Ibi Diodotus stat, magister liberorum meorum. Is eos linguam Graecam bene docet, quamquam non Graecus, sed Syrus est.
Est autem severus; itaque pueri eum magistrum non amant, semper mala de eo narrant.
Servas multas habeo, et laudo eas, si bene laboraverunt.
Neque tamen industria earum magna est.
Ecce Delia! Serva nova est et semper maesta:
eam servam numquam laetam videbis.
CO.: Lacrimae in oculis eius sunt; fortasse patriam desiderat?
AT.: Eam verberavi[2], quod capillos[3] meos non bene ornavit[4].
CO.: Id non laudo ...
AT.: Verbera[5] ei non nocebunt!
Serva est!
CO.: Immo vero femina ut tu!

1) lecticarius, -i: Sänftenträger
2) verberare: schlagen
3) capillus, -i: Haar
4) ornare: schmücken, frisieren
5) verbera *(Nom. Pl.)*: Schläge

Sklavinnen frisieren eine Dame

Se Lingua adiuvat, lingua nocet.

V **Moerus gewinnt Dionysius für sich** (Fortsetzung von 18 V)

1. Dionysius „Timidus", inquit, „non fuisti, Moere! – 2. Sed nunc servi mei te necabunt." – 3. Servi tyranni Moerum irridebant, iam supplicium[1] *eius* parabant. – 4. *Is* supplicium[1] non timebat; antea[2] autem propinquam[3] in matrimonium[3] dare[3] studebat. – 5. Dionysius *ei* triduum[4] dare non dubitavit; sed „Amicus tuus", inquit, „pro te in custodia[5] erit!" – 6. Moerus in via multa pericula superavit; tum remeavit[6]. – 7. Dionysius autem *eum* et amicum *eius* laudavit et *eos* amicos vocavit.

1) supplicium, -i: Hinrichtung 2) antea: vorher
3) propinquam in matrimonium dare: eine nahe Verwandte verheiraten *(gemeint ist die Schwester)*
4) triduum, -i: drei Tage Zeit 5) custodia, -ae: Gefängnis 6) remeare: zurückkehren

19 G 1: Personal- und Demonstrativ-Pronomen: IS, EA, ID (Deklination) G 2: Personal- und Demonstrativ-Pronomen: IS, EA, ID (Verwendung)

G 1 In den folgenden Reihen ①–⑥ liegt jeweils der gleiche Kasus vor. Bestimme ihn und erstelle so das Deklinationsschema für das Pronomen IS, EA, ID!

① pueri – arae – doni – eius
② ludo – amicae – ei – auro
③ pugna – ea – foro – eo
④ tubarum – templorum – earum – eorum
⑤ deis – eis – terris – aedificiis – nobis
⑥ deas – eas – gladios – eos – dona – ea

Überprüfe und ergänze deine Arbeit mit Hilfe des GB!

G 2 Vergleiche die lateinischen Sätze mit ihrer Übersetzung!

Atia servam novam habet;	Atia hat eine neue Sklavin;
eam numquam laetam videbis.	**diese** wirst du nie fröhlich sehen/ du wirst **sie** nie fröhlich sehen.

Aus den beiden Übersetzungen ist zu erkennen, dass auch im Deutschen Personal-Pronomen und Demonstrativ-Pronomen der 3. Person in ihrer Bedeutung nicht weit voneinander entfernt sind. Die folgenden Beispiele zeigen, dass bei attributiver Verwendung nur die Bedeutung als Demonstrativ-Pronomen in Frage kommt:

Ea femina te exspectavit.	**Diese Frau** hat dich erwartet.
Eum servum non vocavi.	**Diesen Sklaven** habe ich nicht gerufen.

K Ersetze in den folgenden Sätzen die Namen MARCUS oder CORNELIA bzw. das Nomen AMICI durch Formen des Pronomens IS, EA, ID (er/sie/es)!

1. Cornelia Marcum amat. – 2. Semper Corneliam cum Marco video. – 3. Certe Marcus Corneliae libenter dona dat. – 4. Dona Marci non magna, sed pulchra sunt. – 5. Hodie Claudius Marcum et Corneliam (amicos) invitat. – 6. Amicos iuvat fabulas narrare. – 7. Claudius fabulas amicorum valde amat.

T Übersetze die folgenden Ausdrücke und ergänze entsprechend dem Arbeitsbeispiel in der 3. Person das Pronomen!

▶ villa mea	– villa tua	– villa **eius**
donum meum	– donum tuum	– donum …
industria nostra	– industria vestra	– industria …/…
domini nostri	– domini vestri	– domini …/…

Welcher Kasus des Pronomens IS, EA, ID liegt in der rechten Reihe vor? Was wird durch dieses Pronomen bezeichnet?

Ü **Aemilia beschreibt ihren Freund und ihre Freundin**

1. Titus ist ein guter Freund. – 2. Ich liebe ihn sehr. – 3. Gerne unterstützt er mich, wenn ich arbeite. – 4. Mit ihm zusammen° bin ich fröhlich. – 5. Cornelia ist eine treue Freundin. – 6. Ich lade sie manchmal ein. – 7. Dann erzähle ich ihr Geschichten. – 8. Ihre (= deren) Freunde sind auch meine Freunde.

20 Wie man Sklave wird

L

(Später hat Cornelia Gelegenheit die Sklavin Delia einiges zu fragen; das Mädchen kann allerdings noch nicht viel Latein; deshalb antwortet es nur knapp und stockend:)

CO.: „Cur tam maesta es, Delia?“

DE.: „Delia non nominor!“

CO.: „Quomodo nominaris?“

DE.: „Melissa nominor. Assi habitavi; parvum oppidum Asiae sic vocatur. Inde cum amicis Pyrrham navigabam – sed subito a piratis temptamur …“

(Melissa tacet et Cornelia lacrimas in oculis eius videt; rogat:)

CO.: „Certe piratae vos Delum transportaverunt, ubi multi servi comparantur. Itaque hic Delia vocaris!“

DE.: „Sic est; nunc serva Atiae sum; domina dura est, servas verberat[1].“

CO.: „Num saepe verberamini[1]?“

DE.: „Saepe verberamur[1]!“

CO.: „Atiam iam vituperavi, quod tam dura est.“

DE.: „Cuncti Romani duri sunt: Iuvat eos a servis timeri. Cur non a nobis amari student?“

CO.: „Erras, Melissa, non cuncti duri sunt. Fortasse mox dominam bonam habebis!“

1) verberare: schlagen

Se Víncula dá linguáe vél tibi vínc(u)la dabít!

V **Bürger kleinasiatischer Griechenstädte klagen ihr Leid**

1. „Saepe oppida nostra a Persis *temptantur.*“ – 2. „Iam multa oppida a barbaris *occupantur.*“ – 3. „*Superamur* autem, quod non in patria, sed in oppidis Asiae habitamus et quod Persarum copiae magnae sunt.“ – 4. „Saepe a barbaris summis iniuriis *violamur*, nam oppida nostra occupaverunt!“ – 5. „Ut servi *tractamur*[1]; nam in vinculis *transportamur*!“ – 6. „A quolibet[2] Persa contumeliis *violor*!“ – 7. „Cottidie[3] fere[4] Graeci a Persis *necantur.*“ – 8. „Cur a vobis non *adiuvamur*, amici?“

1) tractare: behandeln 2) a quolibet: von jedem beliebigen 3) cottidie: täglich 4) fere: fast

Halsband eines Sklaven und Besitzer-Marke

20 G 1: Passiv: Indikativ und Infinitiv Präsens
G 2: Orts- und Richtungsangaben

G 1.1 Suche alle Passiv-Formen aus 20 L (ggf. 20 V) heraus und erstelle daraus das Konjugationsschema für den Indikativ Präsens Passiv! Überprüfe das Ergebnis im GB und vergleiche die Endungen des Passivs mit denen des Aktivs!

1.2

Delia **ab** amic**is**	Delia wird **von** ihren Freundinnen
in patria Melissa,	in der Heimat Melissa,
a domina	**von** der Herrin
Delia nomina**tur**.	Delia genannt.

Wie wird das deutsche VON beim Passiv ausgedrückt?

G 2 Vergleiche die folgenden Sätze mit ihrer Übersetzung!

Melissa non Athen**is**, sed Rom**ae** serva est.	Melissa ist nicht in Athen, sondern in Rom Sklavin.
Piratae Melissam Del**um** transportaverunt.	Die Piraten schafften Melissa nach Delos.

Durch welche Kasus wird im Lateinischen der **Ort** bzw. die **Richtung** ausgedrückt? Wie fragen wir jeweils?

K Verbinde jeweils ein Pronomen aus dem linken Kasten mit einem passenden Substantiv aus dem rechten!

EIUS ID EIS EO EIS EA EARUM IS EIUS EA EO EI	DONA DOMINIS VIR PUGNA DEAE THEATRUM TEMPLO PUELLAE FEMINARUM LIBERIS GLADIO AGRI

T Verwandle die folgenden aktiven Verbformen ins Passiv und übersetze sie!

laudo – exspectant – delectatis – irridemus – teneo – salutas – parat – timent – placamus – terres – vulneratis – amare – irrides

B Bestimme die folgenden Verbformen nach den fünf Bestimmungsstücken des Verbums (Person – Numerus – Tempus – Modus – Genus verbi/Diathese)!

rogantur – timemus – superamur – spectatis – spectate – spectaris – vituperavit – vituperabit – vituperabat – vituperaris – responde – respondes – respondebis – rogamini

Ü **Das geht zu weit!**

1. Dem Tyrannen Pisistratus[1] erzählt seine° Frau[2]: – 2. „Unsere Tochter wird auf dem Marktplatz verspottet. – 3. Denn sie wird von Epicharmus geliebt und dieser gibt ihr öffentlich[3] Küsse[4]. – 4. Durch diese Schande wirst auch du getroffen (= verletzt), Pisistratus! – 5. Deshalb bitte ich dich: Töte den Epicharmus!" – 6. Pisistratus aber antwortet: „Deine Tochter wird von Epicharmus geliebt und du strebst danach°, ihn zu töten. – 7. Was wirst du erst° für° unsere Feinde *(Dativ)* vorbereiten?"

1) s. 18 L 2) Frau: coniunx *(Nom.)* 3) öffentlich: palam *(Adv.)* 4) Kuss: osculum, -i

21 Ein bisschen Hoffnung blieb ...

L Cornelia non erravit: Non cuncti Romani duri et asperi erant,
non cuncti servi vexabantur et contumeliis violabantur.
Multis servis a dominis humanis pecunia dabatur,
multi ab eis verbis benignis[1] sic monebantur:
„Laborate magna cum diligentia, servi!
Nam industriā vestrā servitio liberabimini!
Servi fidi a dominis suis non solum variis donis donabuntur,
sed etiam servitio liberabuntur.
Ecce Rufus! Semper bene laboravit; itaque servitio liberabitur –
et tu, Dave, mox liberaberis!“
Certe Davus noster tum magno cum gaudio clamabit:
„Mox servitio molesto liberabor, mox iniuriis vacabo,
mox fortuna mea mutabitur!“

1) benignus, -a, -um: freundlich

Se Parvos parva delectant!

Athen und Melos

V **Auch die Griechen haben ihre Herrschaft mit Gewalt behauptet**

(In einer Diskussion nehmen Römer zu Vorwürfen von Griechen wegen der römischen Herrschaft Stellung. Als Beispiel bringen sie den Gewaltakt der Athener gegen die Bewohner der Insel Melos im 5. Jh. v. Chr. zur Sprache:)

1. Etiam a Graecis antiquis imperium potentiā[1] et iniuriis *tenebatur.* – 2. Ut Melii ab Atheniensibus[2] iterum atque iterum[3] *monebantur:* – 3. „Parete imperio nostro! – 4. Alioquin[4] fortuna vestra *mutabitur*! – 5. Servi eritis neque servitio *liberabimini*! – 6. Tum frustra[5] rogabitis: ‚Quomodo supplicium[6] vitabimus?‘“ – 7. Quod Melii parere dubitaverunt, Athenienses[7] viros necaverunt; feminae cum liberis in servitio *tenebantur.*

1) potentia, -ae: Gewalt 2) ab Atheniensibus: von den Athenern
3) iterum atque iterum: immer wieder 4) alioquin: andernfalls 5) frustra *(Adv.)*: vergebens
6) supplicium, -i: Hinrichtung 7) Athenienses: die Athener

21 G 1: Passiv: Indikativ Imperfekt
G 2: Passiv: Futur I

G 1 Erstelle aus den dir bereits bekannten Tempus-Zeichen für das Imperfekt (↗ 17 G 1) und dem Person-Zeichen für das Passiv (↗ 20 G 1) das Konjugationsschema des Indikativ Imperfekt Passiv!

G 2 Erstelle ebenso wie in G 1 das Konjugationsschema für das Futur I Passiv! Warum musst du bei der 2. Person Singular besonders aufpassen?

B Achte auf die Verwechslungsgefahr bei ähnlich klingenden Endungen:

vocabas – tubas – eas – timeris – theatris – videberis – gratis – laudabatis – periculis – datis – fugatis – fugabatis

K Wie viele Verbformen lassen sich aus den vorgegebenen Bestandteilen bilden?

LAUDA-	→	-BA-	→	-M
	→			-R
	→	-BI-	→	-TUR
TERRE-	→	-BU-	→	-NTUR

Übersetze die gebildeten Verbformen!

T Übersetze die folgenden lateinischen Sätze und wandle sie dann mit Ausnahme von Satz 3 ins Passiv um!

1. Domini Romani servos et servas verberabant (verberare: *schlagen*). – 2. Itaque servi dominos non amabant. – 3. Servi miseri interdum cogitabant: – 4. „Verba aspera dominorum nos terrent. – 5. Mox dominos nostros fugabimus. – 6. Tum servi dominos contumeliis violabunt, non domini servos!“

W Versuche die folgenden Fremdwörter aus ihren lateinischen Stämmen zu erklären!

Mutation – variieren – Konkordat – Labor – Komparation – Eloquenz – imperialistisch – dozieren – Libero – verbal – Firmung

Ü (Fortsetzung von T)

1. Reiche Römer antworten den Sklaven: – 2. „Ihr werdet von uns nicht nur gequält. – 3. Wenn ihr gut arbeitetet, wurdet ihr von uns beschenkt. – 4. Von vielen Sklaven wurden wir stets unterstützt; sie wurden von uns freigelassen (= befreit). – 5. Manche Sklaven sind jetzt die Freunde ihrer Herren; deren Kinder werden von ihnen unterrichtet.“

RII REPETITIO GENERALIS SECUNDA

W 1 Nenne die von den folgenden Nomina abgeleiteten Verben und gib auch die deutschen Bedeutungen an!

fuga – liber – gaudium – donum – timidus – imperium – pugna

W 2 Welches Stammwort erkennst du in

sus-tinere/ob-tinere – ex-spectare – pos-sidere/in-sidiae – trans-portare – monu-mentum – ir-ridere – habi-tare?

W 3 Grenze mit Hilfe der beiden Skizzen den Bedeutungsbereich der Verben VIOLARE und VULNERARE gegeneinander ab!

W 4 Stelle mit Hilfe des Wortspeichers die Vokabeln zusammen, die eine Menge oder Größe angeben!

T 1 Jede der folgenden Verbformen soll zuerst ins Futur I, dann in das Imperfekt und Perfekt verwandelt werden:

dubitas – implent – fugatis – laudo – habitamus – deleo

T 2 Setze in die entsprechende Form des Plurals:

virum – pulcher – agri – nostram – liberae (2) – mihi – te

K 1 Wähle aus den angebotenen Prädikaten jeweils das aus, das nach Form und Sinn in den Zusammenhang passt!

1. Adversarii oppidum non (intravit/occupabunt/fugabant).
2. Mox servitio molesto (vacabit/liberabimini/liberaberis), Dave!
3. Gaudeo, quod fortuna mea (mutat/mutatur/delectatur).
4. Graeci tyrannos ex oppidis (portaverunt/fugabant/laudant).

RII Übungen zur Generalwiederholung der Kapitel 12–21

E Ersetze die hervorgehobenen Eigennamen/Substantive durch passende Formen von IS, EA, ID!

1. Pisistratus diu regnabat; nam imperium **Pisistrati** iustum erat.
2. Populus **tyrannum** amabat, libenter **tyranno** parebat, saepe de diligentia **tyranni** narravit.
3. Sed filii **Pisistrati** superbiā et iniuriā non vacabant.
4. Interdum viri boni a **filiis Pisistrati** contumeliis violabantur; itaque populus Athenarum:
5. „Iniurias **tyrannorum**“, inquit „non iam sustinebimus, sed **tyrannos** e patria fugabimus!“

K2 Verbinde die Satzhälften zu sinnvollen Sätzen!

1. Delia maesta est,	a) cum vino se implet.
2. Davus valde gaudet,	b) quamquam summa cum diligentia laboravit?
3. Cur Rufus servitio non liberatur,	c) quod a domina saepe vituperatur.

T3 Wandle den folgenden Satz ins Passiv um:

Dominus nonnullos servos pecuniā donabit.

Erläutere dein Vorgehen und erkläre, warum ein Wort in diesem Satz unverändert bleibt!

VÜ **„Es geht nicht ohne sie!“**

1. Titus cum amicis de servis et de servitio controversiam[1] habet. – 2. Tum Gaius: „Servos possidere certe non humanum, sed necessarium est. – 3. Quis industriā servorum carere potest? – 4. Ab eis agri, aedificia, viae curantur. 5. Durch ihren Fleiß erwerben sie uns Geld ...“ – 6. „... und wir“, sagt Marcus, „sitzen im Theater, lassen uns durch Spiele unterhalten (= wir werden durch S. erfreut), arbeiten nichts und° freuen uns! – 7. Hältst du das etwa für richtig (= gerecht)?“ – 8. Darauf Titus: „Vielleicht werden bald unsere Sklaven frei oder gar (= vielmehr) unsere Herren sein.“

1) controversia, -ae: Meinungsverschiedenheit, Auseinandersetzung

WII 12–21

Die folgenden Wörter hast du in den Texten und Übungen 12–21 kennen gelernt. Du kannst mit dieser Zusammenstellung überprüfen, ob du noch alle Bedeutungen der lateinischen Wörter kennst.

V.

adiuvare	negare	audere	esse
comparare	occupare	carere	
dare	parare	delere	
desiderare	portare	docere	
donare	putare	implere	
fugare	regnare	manere	
habitare	saltare	monere	
laborare	servare	nocere	
liberare	transportare	obtinere	
mutare	vexare	sustinere	
navigare	violare	terrere	
negare	vitare		

N.

concordia	iniuria	barbarus	ager	bellum
contumelia	insidiae	filius	liberi	exemplum
copia	lingua	oculus	magister	gaudium
copiae	pecunia	tyrannus	puer	imperium
culpa	pirata		vir	oppidum
domina	praeda			periculum
eloquentia	schola			servitium
filia	serva			verbum
fortuna	superbia			vinculum
fuga	villa			
gloria	vita			nihil
industria				

ego	tu	nos	vos	quis?, quid?
mihi	tibi	nobis	vobis	
me	te	nos	vos	se
de me	de te	de nobis	de vobis	
mecum	tecum	nobiscum	vobiscum	

barbarus	maestus	novus	asper	meus
doctus	malus	opulentus	liber	tuus
durus	molestus	parvus	miser	suus
firmus	necessarius	quietus	pulcher	noster
humanus	nonnulli	severus		vester
iustus	notus	varius		
				is, ea, id

P.

bene	quomodo	a/ab	quidem	dum *(solange als)*
inde	saepe		vel	nisi
interdum	semper			quamquam
iterum	sic			si
mox	statim			ut *(wie)*
olim	tantum			

et ... et
immo vero
neque ... neque
vel ... vel

(148)

WII

W1 Stelle alle S u b s t a n t i v e zusammen, die
- das Verhalten oder die gesellschaftliche Stellung von Menschen bezeichnen,
- die zum Erlebnisbereich eines *pirata* gehören können!

Stelle zu den jeweiligen Substantiven passende Adjektive!
(Du darfst durchaus auch auf die Tabelle 1–11 zurückgreifen.)

W2 Ordne den nachstehenden A d j e k t i v e n jeweils ein das Gegenteil bezeichnendes Adjektiv zu!

bonus	(gut)	–	malus	(schlecht)
novus	(......)	–	....	(...............)
parvus	(......)	–	....	(...............)
doctus	(......)	–	....	(...............)
laetus	(......)	–	....	(...............)
....	(......)	–	unus	(...............)

W3 Bilde anhand der Tabelle sinnvolle Wendungen aus jeweils einem Verbum und zwei substantivischen Ergänzungen (z. B. virum pecuniā adiuvare)!

W4 Stelle anhand der Tabellen zu 1–11 und 12–21 alle A d v e r b i e n zusammen, die ein Gegensatzpaar bilden (z. B. numquam – semper)!

W5 Versuche aus der Tabelle abzuleiten, welche Ausgänge bei Adverbien besonders häufig vorkommen!

W6 Stelle dem lateinischen Wort jeweils das davon abgeleitete Fremd-/Lehnwort gegenüber:

villa	magister	Acker	human
ager	negare	Weiler	transportieren
barbarus	humanus	negieren	Meister
vinum	transportare	barbarisch	Wein

W7 Vieles dreht sich auch ums „I".
Gib jeweils die deutsche Bedeutung an!
Welche weiteren Wörter kannst du dazustellen?

	TERUM
	NTERDUM
	NDE
OL	M
STAT	M
QU	DEM
S	C
NIS	
S	
FU	

22 Gefährliche Lehrer

L

(Dass die jungen Römer hauptsächlich von griechischen Lehrern – oft Sklaven – unterrichtet wurden, kam in den bisher gelesenen Texten mehrfach zur Sprache. Wie ein bedeutender römischer Politiker des zweiten vorchristlichen Jahrhunderts diese Entwicklung bewertete, wird in dem folgenden Text dargestellt:)

Marcus Porcius Cato, vir severus et asper,
magistros Graecos pueris Romanorum perniciosos putabat.
Itaque populum Romanum in foro saepe monuit:
„Isti ‚philosophi' peregrini liberos vestros multa vitia docuerunt.
Litterae istorum ‚philosophorum' nobis periculosae sunt!
Ego vos saepe monui, ego numquam tacui.
Cur mihi non paruistis?
Nonne verba Carneadis[1] istius perniciosa fuerunt?
Tamen isti ‚philosopho' licuit in foro disputare!
Mihi verba eius non placuerunt, non placent, non placebunt!
Fugate igitur Carneadem[1]!
Fugate cunctos philosophos Graecos ex Italia, Romani!
Nam iam multis Romanis nocuerunt.
Non litteris, non eloquentiā, sed disciplinā, constantiā, modestiā
Romani adversarios semper superaverunt!"

1) Carneades: *ein griechischer Philosoph; Gen.*: Carneadis, *Akk.*: -em

Se Ubi bene, ibi patria.

V Warnung vor Catilina

(So wie Cato vor den griechischen Philosophen warnt, wendet sich mehr als 100 Jahre später ein anderer berühmter römischer Redner vor dem Senat gegen den Aufrührer Catilina:)

1. Quod magna pericula populo Romano instant[1] ab *isto* viro, iam saepe vos *monui.* – 2. Nam *iste* praeceptis[2] vestris numquam *paruit.* – 3. Semper autem consilia[3] *istius* nobis cunctis periculosa fuerunt. – 4. Nonne *iste* aedificia vestra delere, nonne viros bonos necare cogitat? – 5. Nonne copiae *istius* Romanos in agro Romano *terruerunt*? – 6. Vos diu *tacuistis,* diu *ista* pericula *sustinuistis.* – 7. Nunc non iam dubitare licet: nihil *isti* debetis nisi supplicium[4]!

1) instare: drohen 2) praeceptum, -i: Gebot 3) consilium, -i: Plan
4) supplicium, -i: Todesstrafe

22 G 1: Perfekt-Aktiv-Stamm: Bildung mit -u-
G 2: Demonstrativ-Pronomen: ISTE, ISTA, ISTUD

G 1 Neben der Perfekt-Aktiv-Bildung mit **-v-** gibt es auch eine solche mit **-u-**. Vergleiche dazu die folgende Gegenüberstellung!

narra-re	dele-re	mone-re
narra-**v**-i	dele-**v**-i	mon -**u**-i

G 2 Suche alle Formen des Demonstrativ-Pronomens ISTE, ISTA, ISTUD aus 22 L (ggf. 22 V) zusammen! Ergänze mit Hilfe des GB das Deklinationsschema und vergleiche es mit der Deklination von IS, EA, ID!

T Bilde nach dem Muster

▶ cogitare → cogito → cogitabam → cogitavi → cogitaverunt

die entsprechenden Formen zu folgenden Verben! Übersetze sie dann!

timere – vocare – delere – placere – pugnare – carere – docere

E Setze die zugehörigen Formen des Pronomens ISTE, ISTA, ISTUD ein!

Cato resigniert

1. Saepe vos monui, Romani, sed vos ______ philosophis Graecis paruistis. – 2. Ego semper ______ verba in foro vituperavi, imprimis verba ______ Carneadis[1]. – 3. Sed frustra[2] vos monui: luxuriam[3] ______ non repudiavistis[4]. – 4. Sed ______ eloquentiā Graecā neque Poenos neque ceteros adversarios superabimus. – 5. Immo vero Romani superabuntur ab ______ Graeculis[5].

1) Carneadis (*Gen.* zu Carneades) 2) frustra *(Adv.)*: vergebens 3) luxuria, -ae: Luxus 4) repudiare: verschmähen, zurückweisen 5) Graeculi, -orum: „Griechlein"

Ü **Nehmt euch in Acht!**

1. Cato zügelte[1] seinen Zorn nicht, wenn er die griechischen Philosophen tadelte: – 2. „Zucht, Standhaftigkeit und° Bescheidenheit haben den Völkern niemals geschadet. – 3. Aber diese griechische Wissenschaft da, diese Beredsamkeit sind für die Römer (= sind den Römern) gefährlich! – 4. Schon hält euch die Habsucht[2] gefangen°, schon der verderbliche Luxus[3]. – 5. Aber durch diese Laster da habt ihr eure Herrschaft weder behauptet noch werdet ihr sie° behaupten. – 6. Verjagt diese Griechen da aus unserem Vaterland!"

1) zügeln: coërcere (coërcui)
2) Habsucht: avaritia, -ae 3) Luxus: luxuria, -ae

Philosophen im Gespräch

23 Im übrigen bin ich dafür ...

L „Postquam Hannibal ad Cannas[1] copias nostras superavit, populus Romanus non desperavit. Illud[2] ‚Hannibal ad portas!‘ nos non terruit. Mox novas copias contra adversarios paravimus, in Africam transportavimus, ad Zamam Poenos[3] superavimus. Sed propter misericordiam vestram Carthaginem[4] non delevistis – et Hannibal etiam post bellum apud Poenos multum valet. Cur Hannibal non e patria fugatur? Cur non necatur? Cur Carthago[4] non armis et incendio deletur? Quod vos timidi estis, quod misericordiā movemini! Ceterum censeo Carthaginem[4] esse delendam[5]!“

1) Cannae, -arum: *Dorf in Süditalien* 2) illud: jenes berühmte Wort 3) Poeni, -orum: die Punier
4) Carthago: Karthago *(Stadt in Nordafrika); Akk.*: Carthaginem
5) Carthaginem esse delendam: dass Karthago zerstört werden muss

Se Ante gloriam constantia et disciplina.

V **In einer Kleinstadt**

(Ein Lehrer spricht mit seinen Schülern über ein Bild der Stadt:)

1. Spectate tabellam[1] parvi oppidi, amici! – 2. *In eo oppido* nonnulla aedificia sunt ut portae, templum, monumenta. – 3. Epicharmus *ante templum* stat, Demaratus *in aedificium* properat. – 4. *Iuxta*[2] *oppidum* villa Pauli est; *post eam villam* pinum[3] videtis. – 5. *Ad villam* servus Pauli pecus[4] *in agris* curat. – 6. *Propter pericula* servus Pauli pecus[4] observat[5].

1) tabella, -ae: *(kleine)* Abbildung, Bild 2) iuxta *(Präp. m. Akk.)*: dicht neben
3) pinus, -i *f*: Kiefer, Pinie 4) pecus *n*: Vieh 5) observare: beaufsichtigen, hüten

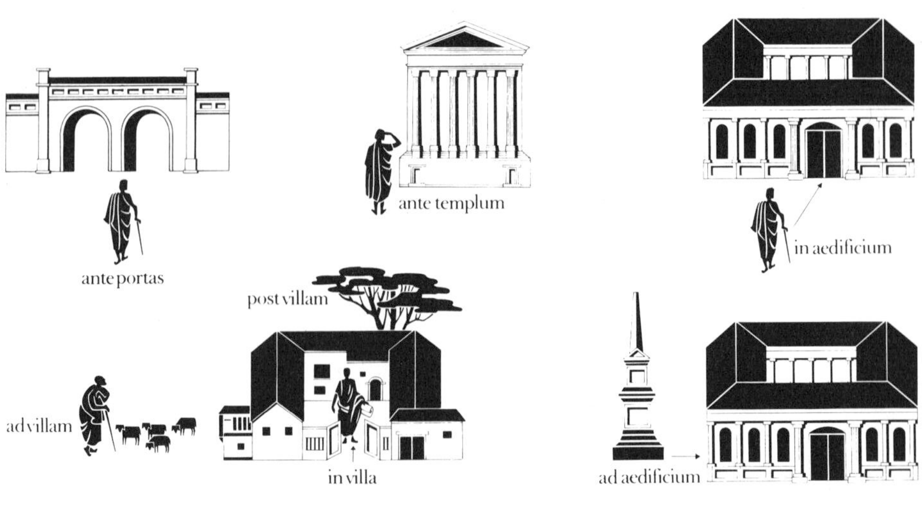

23 G 1: Präpositionen mit Akkusativ
G 2: Präposition IN mit Akkusativ oder Ablativ

G 1 Vergleiche die folgenden lateinischen Sätze mit ihrer Übersetzung!

Apud Claudi**um** fuimus.	Wir waren bei Claudius.
Post cen**am** (cena, -ae: *Essen)* nobis villam monstravit.	Nach dem Essen zeigte er uns sein Landhaus.
Ad vill**am** magni agri sunt.	Beim Landhaus sind große Felder.
Propter agr**os** Claudius opulentus est.	Wegen seiner Felder ist Claudius reich.

Ziehe den Vergleich zu den Präpositionen beim Ablativ (↗ 10 G 2)!

G 2 Übersetze!

In Itali**ā** Poeni nos superaverunt.
Sed novas copias **in** Afric**am** transportavimus.

Inwiefern ändert sich die Bedeutung der Präposition IN, wenn man sie nicht mehr mit dem Ablativ, sondern mit dem Akkusativ verbindet? Durch welche Fragen wird im Deutschen die unterschiedliche Bedeutung erfasst?

E Setze in die folgenden lateinischen Sätze passende Präpositionen ein und übersetze sie! Zur Verfügung stehen:

IN – POST – CUM – ANTE – EX – PROPTER – APUD – IN

1. Hodie Marcus ____ amicis ____ oppido ____ agros properat. – 2. Amici gaudent: „____ schola ____ magna pensa (pensum, -i: *Aufgabe*) maesti sumus, hic autem laeti. – 3. ____ nos vita libera est, ____ nos schola et pensa. – 4. Cuncti ludis delectamur: ____ amicos esse iuvat!“

B Ordne die folgenden Präpositionen jeweils dem richtigen Kasus zu!

DE – ANTE – PROPTER – PRO – CUM – CONTRA – EX – APUD – AD – IN

Akkusativ **?** Ablativ

Ü **Hannibal zeigt seinen Soldaten von den Alpen aus Italien**

1. Nachdem die Punier die Alpen[1] überwunden hatten (!), zeigte Hannibal ihnen Italien: – 2. „Hinter uns“, sprach er, „seht ihr die Alpen[1], vor uns die Gefilde (= Felder) Italiens. – 3. Wegen des Reichtums dieses Landes haben wir viele Kämpfe ausgehalten. – 4. Nun werden wir unsere Gegner bei ihren (= deren) Festungen und vor den Toren Roms angreifen. – 5. Wir werden in Italien gegen (= mit) die Herren Italiens kämpfen. – 6. Durch eure Standhaftigkeit und Zucht werdet ihr mit mir zusammen° Italien besetzen.“

1) die Alpen: Alpes *(Nom. und Akk.)*

24 Roms großer Gegner: Hannibal

L

Hannibal, imperator Poenorum,
filius Hamilcaris imperatoris fuit.
Is Romanos magnis pugnis superavit,
cum consulibus Romanis, cum dictatore Romano bene pugnavit.
Tamen Poeni imperatori suo grati non fuerunt,
imperatorem adiuvare dubitaverunt saepeque rogaverunt:
„Cur semper pecuniam postulas, imperator?
Nonne a te oppida expugnantur?
Nonne a te copiae consulum imperatorumque superantur?
Tu nobis nuntias: ‚Iterum victor fui – cur non pecuniā adiuvor?
Imperatores Romanos superavi – auxilia nova exspecto!‘
Certe consules Romani tibi grati sunt,
quod non Italiam, sed patriam tuam divitiis spolias!“

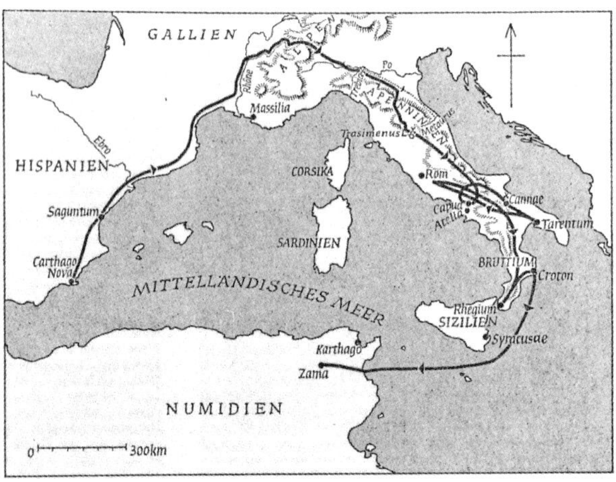

Hannibals Weg von Spanien über die Alpen nach Italien und zurück nach Karthago

V **Konsuln und Diktatoren**

1. *Consules* apud Romanos multum valebant; domi bellique[1] Romanis imperabant. – 2. Sed in magnis periculis *dictator* populo imperabat; populus tum *dictatori* parebat. – 3. Titus Livius nobis de constantia et de disciplina, sed etiam de vitiis nonnullorum *dictatorum* Romanorum narrat. – 4. Clarum est exemplum Q. Fabii Maximi *dictatoris*. – 5. Etiam de Manlio *dictatore* T. Livius multa narrat; Manlii imperia severa erant. – 6. Quis nobis de magnis *imperatoribus* Romanorum narrabit?

1) domi bellique: im Krieg und im Frieden

24 **G 1:** Konsonantische Deklination: Einführung
G 2: Konsonantische Deklination: Maskulina auf -or, -ōris und -ul, -ulis

G 1 Die Wörter der folgenden Reihen stehen jeweils im gleichen Kasus. Bestimme Kasus und Numerus jeder Reihe und erstelle so das Deklinationsschema der konsonantischen Deklination!

① oppido – gladio – feminae – ei – **dictatori - consuli**
② oppida – gladii – feminae – ea – **dictatores - consules**
③ oppidi – gladii – feminae – eius – **dictatoris - consulis**
④ oppidis – gladiis – feminis – eis – **dictatoribus - consulibus**
⑤ oppido – gladio – femina – ea – **dictatore - consule**
⑥ oppidorum – gladiorum – feminarum – earum – **dictatorum - consulum**
⑦ oppidum – gladium – feminam – eam – **dictatorem - consulem**

G 2 Übersetze und bestimme das Genus der Wörter auf or, -oris und -ul, -ulis!

... cum dictatore Roman**o** bene pugnavit.
... consules Roman**i** tibi grati sunt.

K Im Folgenden sind dir Subjekte und Prädikate von Sätzen vorgegeben. Ordne ihnen aus den darunterstehenden Kästen Ergänzungen/Attribute (I) und sonstige Bestimmungen, z.B. Adverbien, (II) zu! Übersetze dann die 6 Sätze!

Subjekte:	Ergänzungen/ Attribute:	sonstige Bestimmungen:	Prädikate:
Hannibal/ Poeni	....	....	navigavit.
	....	....	pugnavit.
	....	....	superavit.
	....	....	grati non erant.
	....	....	re-vocaverunt.
	....	....	non servavit.

I victori claro – filius Hamilcaris – imperatorem suum – copias consulum – patriam – cum imperatoribus Romanis

II in Hispaniam – tamen – a consule – saepe – in Africam – bene

Ü **Rom in Bedrängnis**

1. Lange kämpften die Römer mit Hannibal um *(de)* die Herrschaft. – 2. Anfangs[1] besiegte der Feldherr der Punier die Truppen der römischen Konsuln, obwohl sie stets tapfer (= gut) kämpften. – 3. Denn die Punier waren ihrem Feldherrn treu ergeben°. – 4. Vor allem erschreckten sie die Römer und ihren (= deren) Feldherrn durch ihre Standhaftigkeit. – 5. Schon verzweifelten die Konsuln, weil Hannibal viele Festungen der Römer zerstörte. – 6. Bald[2] stand (= war) er vor den Toren Roms.

1) anfangs: primo 2) bald: brevi

25 Der Schwur im Tempel

L *(Hannibal war zeitlebens ein erbitterter Feind der Römer; dafür gab er in einem Gespräch mit Freunden einmal folgende Begründung:)*

„Hamilcar, pater meus, aliquando milites nostros in Hispaniam[1] transportare parabat. Tum ego patri: ‚Tu cum equitibus et peditibus nostris terras alienas expugnabis, tu tibi gloriam et honorem parabis, te cuncti custodem patriae vocabunt – ego autem sine te maestus ero!‘ Et pater: ‚Nisi te iuvat‘, inquit, ‚cum fratre apud matrem manere, comes patris eris. Certe a militibus amaberis – antea autem iusiurandum[2] iurabis.‘ Statim cum patre templum summi dei intravi, sacra[3] tenui, ante aram iuravi: ‚Numquam ego, filius Hamilcaris imperatoris, amicus Romanorum ero!‘
Id iusiurandum[2] semper servavi semperque servabo.“

1) Hispania, -ae: Spanien 2) iusiurandum: Eid 3) sacra, -orum: heilige Gegenstände

Se Honos comes iucundus.

V **Hasdrubals Ende**

1. Quamquam *milites* Hannibalis Italiam intraverunt et multos *pedites equitesque* Romanorum superaverunt, Romani non desperaverunt. – 2. Nam in summo periculo constantia populi Romani magna erat. – 3. Tum Hannibal, quod auxiliis carebat, Hasdrubalem *fratrem* in Italiam vocavit. – 4. Brevi[1] autem imperator Romanus copias Hasdrubalis superavit; Hasdrubalem Romani in pugna necaverunt. – 5. Quod summā irā movebantur, caput[2] eius amputaverunt[3] et in castra[4] *fratris* iactaverunt[5].

1) brevi: bald, in kurzem 2) caput *n*: Kopf, Haupt 3) amputare: („amputieren“), abschneiden 4) castra, -orum: Lager 5) iactare: werfen

Kopf des Herakles Melkart, mit Zügen Hannibals (Karthagische Münze um 220 v. Chr.); auf der Rückseite ein Elefant.

25 **G 1:** Konsonantische Deklination: Maskulina auf -es, -itis
G 2: Konsonantische Deklination: Maskulina auf -(e)r, -ris

G 1 Du kennst aus den vorangegangenen Kapiteln die Kasus-Endungen der Konsonantischen Deklination. Suche aus 25 L (ggf. 25 V) alle Wörter auf -es, -itis heraus und erstelle das Deklinationsschema!
Überprüfe das Ergebnis deiner Arbeit im GB!

G 2 Verfahre genau wie in G 1 mit den Substantiven auf -(e)r, -ris!

B 1 Welche Kasus können wie folgt bezeichnet werden?

-ae, -i, -is, -um, -a, -es, -as, -o, -e

B 2 Bestimme die Formen der folgenden Nomina! Bedenke alle Möglichkeiten!
doni – patri – iocis – militis – comitibus – superbiae – fratre – incendia – oculi – bellum – matrum – equites

K 1 Bilde nach dem Arbeitsbeispiel jeweils ein Gegensatzpaar!

▶ respondere – tacere
habere –
post –
magnus –
modestia –
interdum –
nonne –

K 2 Wie viele dir bekannte lateinische Wörter lassen sich aus dem Wörterspiel herausholen?

			P			
E	T	I	A	M	A	T
A			T			E
U			R			R
T	I	B	I	C	U	R
E			A			A
M	A	E	S	T	A	S

Ü **Die Bundesgenossen lassen sich nicht lange bitten**

(Fortsetzung v. 24 Ü)

1. Damals waren die Römer in großer Gefahr. – 2. Die Senatoren baten die Bundesgenossen[1]: „Unterstützt uns durch Infanteristen und Reiter! – 3. Wenn ihr uns nicht unterstützt *(Fut. I)*, werden die Punier die Herrschaft über° Italien *(Gen.)* behaupten. – 4. Bewahrt also° die Standhaftigkeit der Väter und unterstützt eure Freunde! – 5. Wir werden mit euch den Hannibal und seinen Bruder besiegen." – 6. Schon eilten[2] Infanteristen und Reiter der Bundesgenossen[1] herbei[2]. – 7. Auf diese Weise retteten die Senatoren Rom vor *(ab)* Hannibal!

1) Bundesgenosse: socius, -i   2) herbeieilen: advolare

26 Verbitterte Heimkehr

L

(Von seinen Landsleuten unzureichend unterstützt, hatte Hannibal Rom nicht bezwingen können und wurde schließlich aus Italien abberufen, um seine durch eine römische Invasion bedrohte Heimat zu schützen. Zähneknirschend fügte er sich dem Befehl.)

Maharbal autem, comes et amicus Hannibalis, eum admonere studuit et: „Cur tantā irā“, inquit, „moveris? Cur fortunam verbis tam asperis vituperas? Nondum superati sumus, et quis superabit te, imperatorem numquam superatum, numquam territum? Ecce, etiam Romani bello diuturno fatigati sunt, Italia multis pugnis vastata est, oppida, templa, tecta deleta sunt. Nos autem in patria pecuniā mercatorum opulentorum adiuvabimur; milites bene armabuntur – et cum militibus bene armatis tu custos patriae eris.“

Sed Hannibal: „Ego constantiam et disciplinam Romanorum timeo: Quotiens[1] a nobis superati sunt, quotiens[1] copiae eorum fugatae sunt, quot milites ad Cannas[2] necati sunt! Tamen ab imperatoribus eorum novae copiae paratae et in Africam transportatae sunt! Fortasse a deis nobis datum non est Romanos superare, fortasse mox servi eorum erimus.“

1) quotiens: wie oft *(hier: Ausruf)*
2) Cannae, -arum: *Dorf in Süditalien*

Se Sine ira et studio!

V **Die Gänse retten das Kapitol**

1. Olim copiae Romanae a Gallis magnā pugnā *superatae sunt.* – 2. Tum Roma *expugnata est,* aedificia Romae *vastata sunt.* – 3. Iam Galli ab imperatore *moniti* etiam custodes necopinos[1] temptare et Capitolium occupare parabant. – 4. Romani ibi anseres[2] habebant. – 5. Ii subito valde clamaverunt. – 6. Milites Romani ab anseribus[2] *excitati*[3] Gallos *territos* fugaverunt. – 7. Sic ab anseribus[2] Capitolium *servatum est.*

1) necopinus, -a, -um: ahnungslos, überrascht 2) anser, -eris *m*: Gans 3) excitare: wecken

26 G 1: Partizip Perfekt Passiv (PPP): Bildung und Verwendung
G 2: Passiv: Indikativ Perfekt

G 1.1 Vergleiche folgende Formen!

parare	para- **t**us, -a, -um	bereite**t**
delere	dele- **t**us, -a, -um	zerstör**t**
docere	doc-- **t**us, -a, -um	gelehr**t**
monere	mon**i**-**t**us, -a, -um	ermahn**t**

In der mittleren Spalte liegt das **P**(artizip) **P**(erfekt) **P**(assiv) vor. Welche unterschiedlichen Bildungsformen kannst du erkennen?

1.2 Übersetze und vergleiche die folgenden Gruppen!
Achte bei ③ auf die Wortstellung!

① invitatus	② puer invitatus	③ **puer** ab amicis non **invitatus**
narratus	fabula narrata	**fabula** a te **narrata**
exspectatus	donum exspectatum	**donum** ab amicis **exspectatum**

Versuche bei der Übersetzung von Partizipien das im Deutschen manchmal schwerfällige Partizip zu vermeiden!

G 2 Übersetze!

Amic**a** a vobis **invitata est**. Oppid**um** incendio **deletum est**.

Aus welchen Bestandteilen sind die Formen des Perfekt Passiv gebildet? Auf welches Satzglied beziehen sich die Partizipialformen?

T Bringe die folgenden Sätze in eine passivische Aussageform! Übersetze sie dann!

1. Patres consulem propter constantiam laudaverunt. – 2. Frater Hannibalis copias in Italiam transportavit. – 3. Hannibal agros Italiae vastavit, Romanos terruit. – 4. Quis Hannibalem superavit, cunctos Poenos constantiā terruit? – 5. Romani fratrem Hannibalis in pugna necaverunt.

Ü **Die Römer gewinnen die Oberhand im Punischen Krieg**

(Fortsetzung v. 25 Ü)

1. Nachdem Hannibal nach Afrika gesegelt war (!), wurde von den Puniern bei Zama eine neue Schlacht (= Kampf) vorbereitet. – 2. Hannibal wurde vor dem Kampf von seinen Gefährten ermahnt: – 3. „Sei zuversichtlich[1]! Wir sind gut zum Kampf vorbereitet und werden die Römer besiegen.“ – 4. Der so aufgemunterte (= ermahnte) Feldherr der Punier verzweifelte dennoch an seinem Kriegsglück: – 5. „Bald werden die von ihrem Feldherrn gut vorbereiteten Römer sich freuen können°: – 6. ‚Die Truppen der Punier sind verjagt; das Land unserer Gegner ist verwüstet und zerstört!‘ “

1) zuversichtlich: fiduciae plenus (-a, -um)

27 Warten auf den Sieger

L In Africa Hannibal cum Scipione, duce Romanorum, pugnavit, sed a legionibus Romanis superatus est. Eā victoriā hominibus bello diuturno fatigatis a Scipione tandem pax parata est. Postquam victor legiones in Italiam transportavit, ei a patribus triumphus datus est. Magna multitudo hominum Scipionem cum militibus in viis Romae et in foro exspectavit, de fortitudine ducis et de condicionibus pacis disputavit:
„Hispania nova provincia imperii nostri erit!“
„Poeni nihil nisi regionem circa[1] Carthaginem sitam[2] retinebunt!“
„Cur eam regionem retinebunt? Cur dux noster Carthaginem non delevit, cur oppidum divitiis impletum non spoliavit?“
„Ignoro. Roga Scipionem! Nam mox cum equitibus et peditibus forum intrabit.“

1) circa *(Präp. m. Akk.)*: um ... herum
2) situs, -a, -um: gelegen

Triumphator auf dem Triumphwagen

Se Homo doctus semper in se divitias habet.

V **Scipio straft gehässige Anschuldigungen mit Verachtung**

1. *Scipio* Africanus, postquam victoriis claris populo Romano *pacem* paravit, a Marco Naevio aliquando sic vituperatus est: – 2. „Nonne ab Antiocho pecunia tibi data est, quod ei *condicionibus* gratis *pacem* conciliavisti[1]?“ – 3. Tum *Scipio* non Naevio, sed magnae *multitudini hominum* „Hodie“, inquit, „anniversarius[2] magnae victoriae est. – 4. Nam tum Hannibalem in Africa *fortitudine legionum* nostrarum superavi. – 5. Itaque gaudete eā victoriā, este grati summo deo, quod Poenos superavimus!“ – 6. Tum cuncta *multitudo* cum *Scipione* in Capitolium properavit; Naevium non amplius[3] observavit[4].

1) conciliare: vermitteln 2) anniversarius, -i: Jahrestag
3) non amplius *(Adv.)*: nicht weiter, nicht mehr 4) observare: beachten

27 G 1: Konsonantische Deklination: Feminina auf -ō, -ōnis und -ō, -inis
G 2: Konsonantische Deklination: Feminina auf -x, -cis

G 1.1 Auch die Wörter auf -ō, -ōnis und -ō, -inis gehören zur Konsonantischen Deklination. Ordne alle im 27 L (ggf. 27 V) vorkommenden Formen dem aus 24 G 1 bzw. 25 G 1 bekannten Deklinationsschema zu!

1.2 An welchen Stellen des Texts wird deutlich, dass die Substantiva auf -ō, -ōnis und -ō, -inis Feminina sind?

G 2 Verfahre mit den Substantiven auf -x, -cis ebenso wie in G 1!

K 1 Gib den folgenden Wörtern jeweils die richtigen Endungen, so dass insgesamt ein sinnvoller Satz entsteht! Übersetze dann!

Hannibal – magna multitudo – homines – in Italia – transportare

Für den jetzt gesuchten Satz muss (neben den Formen) auch die Wortstellung berichtigt werden:

post – Scipio – Hannibal – ducesque Romani – superare – multae pugnae

K 2 Gib den Wörtern in der mittleren und rechten Spalte solche Endungen, dass sinnvolle Sätze entstehen, und übersetze diese!

① Hannibal	multi equites et pedites	imperare
② Scipio	Carthago opulenta	superare
③ Romani	Scipio, dux firmus,	parere
④ Legiones Romanae	multae regiones	intrare

K 3 Ordne den folgenden Substantiven jeweils ein Adjektiv aus dem Kasten darunter zu und übersetze den entstehenden Ausdruck!

regiones – fortitudine – duci – condicionibus – pacem –
hominem – legionum – multitudinis – Carthago

↑

multarum – summa – cunctae – alienae – opulenta – claro – gratam – fidum – duris

Ü V **Eine Fabel**

1. Ein Füchslein[1] erzählte seinem Begleiter, einem großen Wolf[2], über den Menschen. – 2. Da sagte° der Wolf[2]: „In meiner Gegend sind die Menschen noch nicht bekannt; zeige mir also° einen Menschen!" – 3. Ein fröhlicher Knabe näherte[3] sich, aber das Füchslein[1] sagte°: „Dies(er) ist noch kein (noch nicht ein) Mensch, aber er wird bald ein Mensch sein."
4. Tum miles veteranus[4] appropinquavit[3], sed vulpecula[1] iterum „Is", inquit, „homo fuit, sed mox non iam erit." – 5. Tandem magna multitudo venatorum[5] appropinquavit[3]. – 6. Tum vulpecula[1]: „Isti homines sunt et iam magnam multitudinem luporum[2] necaverunt."

1) Füchslein: vulpecula, -ae 2) Wolf: lupus, -i 3) sich nähern: appropinquare
4) miles veteranus: altgedienter Soldat, Veteran 5) venator, -oris *m*: Jäger

28 Zu große Milde

L

(Nicht alle Römer konnten sich damit abfinden, dass Karthago nicht vernichtet worden war. Ihre Forderungen stießen jedoch auf Widerspruch:)

„Nonne Scipio crudelitatem Hannibalis et calamitates belli memoriā tenet? Quot milites Romani ab adversariis necati sunt! Quot insidias Hannibal nobis paravit!“

„Cur eum Scipio non e patria fugavit? Adhuc auctoritas Hannibalis apud Poenos magna est!“

„Nobis cunctis servitus aspera imminebat. Scipio autem virtute et constantia libertatem civitatis et salutem nostram servavit. Is nobis pacem gratam dedit. Quis eum vituperare audet, quod se humanum praestitit, quod Poenis aequas condiciones dedit? Aequa tantum pax diuturna erit. Et quis non gaudebit, quod Scipio non solum virtute, sed etiam humanitate ceteris ducibus praestitit?“

Se Lupus[1] in fabula! 1) lupus, -i: Wolf

◀ Römischer Reiter

Römischer ▶ Infanterist

V

Daedalus und Icarus

1. Diu Daedalus magna *virtute* apud Athenienses in summo honore erat. – 2. Postea, quod Talum comitem necavit, ex ea *civitate* fugatus est. – 3. Itaque cum Icaro filio in Cretam navigavit, ubi Minos[1] *civitati* imperavit. – 4. Postquam Minoi[1] labyrinthum[2] aedificavit[3], ab eo in *servitute* tenebatur. – 5. In ea *calamitate* Daedalus alas[4] sibi[5] filioque paravit. (Fortsetzung 29 V)

1) Minos (*Dat.* Minoi): Minos *(König von Kreta)* 2) labyrinthus, -i: Labyrinth
3) aedificare: erbauen 4) ala, -ae: Flügel 5) sibi *(Dat.)*: sich, für sich

28 G 1: Konsonantische Deklination: Feminina auf -ās, -ātis und -ūs, -ūtis
G 2: Perfekt-Aktiv-Stamm: Bildung durch Reduplikation

G 1 Führe die Deklination der folgenden Substantiv-Adjektiv-Paare fort! Ordne dem erarbeiteten Deklinationsschema alle im 28 L (ggf. 28 V) vorkommenden Formen der Wörter auf -as, -atis und -us, -utis zu!

victor clarus	magna calamitas	virtus varia
victoris clari	magnae calamitatis	virtutis variae
....	....	....

G 2 Vergleiche die Perfektbildung!

transporta--re	terre--re	¦da¦-re
transporta**v**-i	terr-**u**-i	**de**¦d-¦-i
transporta**v**-isti	terr-**u**-isti	**de**¦d-¦-isti
usw.	usw.	usw.

Wie bildet DARE im Gegensatz zu TERRERE und TRANSPORTARE das Perfekt?

Vergleiche auch: Hic sto. aber: Iam saepe hic **steti**.

B Bestimme, welcher Kasus/Numerus jeweils in jeder Reihe vorliegt, und suche dann den „Irrläufer" heraus, der in jeder Reihe enthalten ist!

1. crudelitati – isti – virtuti – dono – oppidi
2. calamitate – concordia – servitute – auctoritate – date
3. libertatis – eius – incendiis – hominis – civitatis
4. civitatum – equitum – oppidum – dominorum – virtutum

ÜV **Cicero über den Feldherrn Pompeius**

1. Cicero lobte oft das große Ansehen des Feldherrn Pompeius; er sprach (= diskutierte) über dessen Tüchtigkeit. – 2. Wegen dieser Tüchtigkeit gaben die Senatoren Pompeius den Oberbefehl (= Herrschaft) über° den Mithridatischen[1] Krieg *(Gen.)*. – 3. Cicero sagte: „Pompeius wird uns von der Grausamkeit und dem Hochmut des Mithridates[2] befreien. – 4. Er wird die Freiheit der römischen Provinzen bewahren und durch seine Tapferkeit die Truppen der Gegner besiegen. 5. Provinciae nostrae non iterum in summa calamitate erunt, nam Pompeius se iam imperatorem bonum praestitit. – 6. In Asia Romanis amicisque eorum non iam servitus aspera imminebit."

K Noch ein Wörterspiel:

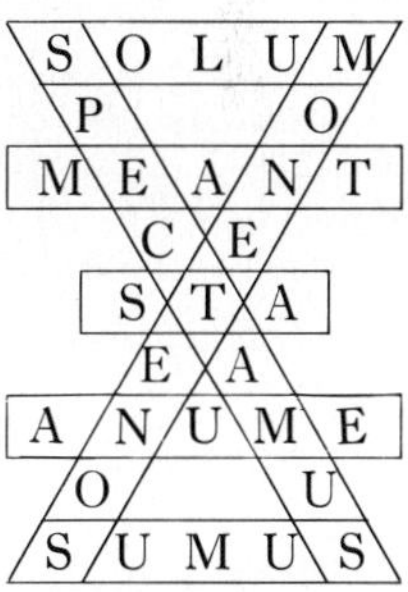

Wie viele dir bekannte Wörter lassen sich aus der Figur herausholen?

1) Mithridatischer Krieg: bellum Mithridaticum *(gegen Mithridates, den König von Pontus)*
2) Mithridates, -is

29 Der Triumph

L

„Ecce! Iam agmen primum video!"
„Iam tubae, iam carmina militum sonant[1]!"
„Africane! Africane!"
„Quid clamant homines? Num Scipioni novum nomen datum est?"
„Quid rogas? Patres eum Africanum nominaverunt,
quod Poenos foedere coercuit."
„Ecce elephanti[2]! Quam firma sunt corpora eorum!
Tantis corporibus tantoque robore certe nostri milites territi sunt!"
„Iam Scipio, victor magni belli, forum intrat!"
„Macte[3] Africane! E summo discrimine Romam servavisti!"
„Lumen et decus populi Romani es!"
„Bonis cum ominibus Romam intras!"
„Nunc tempora laeta erunt, nunc operibus belli vacabimus!"

1) sonare: erklingen   2) elephantus, -i: Elefant   3) macte: hoch! *(anerkennender Ruf)*

Triumphzug (Relief auf Silberbecher)

Se Nomen est omen.

V **Icarus muss für seine Kühnheit büßen** (Fortsetzung von 28 V)

1. Daedalus Icaro filio alas[1] dedit eumque *corpus* librare[2] et volare[3] docuit. – 2. Iam Icarus alas[1] movere studebat, iam summo *robore* volavit[3]. – 3. Mox autem alae[1] *lumine* solis[4] deletae sunt. – 4. Pater territus filium e *discrimine* non servavit. – 5. Diu *nomen* Icari, tum *nomina* deorum vocavit. – 6. Daedalus filii *corpus* in insula[5] quadam[6] humavit[7], postea ea insula[5] a *nomine* Icari ‚Icaria' nominata est.

1) ala, -ae: Flügel   2) librare: im Gleichgewicht halten   3) volare: fliegen   4) sol, solis *m*: Sonne
5) insula, -ae: Insel   6) in … quādam: auf einer (gewissen) …   7) humare: begraben

29

G 1: Konsonantische Deklination: Neutra auf -men, -minis
G 2: Konsonantische Deklination: Neutra auf -us, -oris und -us, -eris

G 1 Ordne die in 29 L (ggf. 29 V) vorkommenden Substantive auf -men, -minis dem Schema der Konsonantischen Deklination zu!
Beachte, dass es sich bei dieser Wortgruppe um Neutra handelt!
Welche Grundregel für alle Neutra musst du anwenden?

G 2 Verfahre mit den Wörtern auf -us, -oris und -us, -eris ebenso wie in G1!

K Ordne den folgenden Substantivformen jeweils die passende Form eines Adjektivs oder Possessiv-Pronomens aus dem darunterstehenden Kasten zu!

ominis – tempora – corporibus – in discrimine – carminum – decus – lumini – robur

CLARO – SUMMO – PULCHRORUM – MALI – LAETA – FIRMIS – MAGNUM – MEUM

Wähle ein Beispiel im Nominativ Singular aus und dekliniere es in Singular und Plural!

E Füge die in den beiden Kästen (I und II) angegebenen Substantive bzw. Verben sinnvoll in die Leerstellen ein! Übersetze dann!

SCIPIO →
- .... foedere iusto ....
- .... e summo discrimine ....
- .... cum bonis ominibus ....
- .... carminibus laetis ....

I	Romam – Romanos Poenos – a militibus

II	coercuit – intravit laudatus est – servavit

Ü **Die neue Statue**

1. In° einem langen[1] Zug *(bl. Abl.)* betreten Freunde und Freundinnen heute den Garten[2] des Claudius. – 2. Einige Männer haben dort eine Statue[3] der Göttin Diana aufgestellt[4], das schöne Werk eines berühmten Mannes. – 3. Marcus ruft: „Diese Statue[3] wird eine Zierde (= Schmuck) deines Landhauses sein, mein° Freund.“ – 4. Claudius sagt: „Betrachtet den schönen Körper! – 5. Seht den Glanz der Augen!“ – 6. Alle diskutieren über das neue Werk. – 7. Dann betreten sie das Haus, freuen sich über den guten Wein *(bl. Abl.)* des Claudius und singen[5] nachher noch° einige fröhliche Lieder.

1) lang: longus, -a, -um 2) Garten: hortus, -i 3) Statue: statua, -ae
4) aufstellen: collocare 5) singen: cantare

30 Der Preis der Siege

L

(Zwar folgte auf Scipios Sieg über Hannibal keine lange Friedenszeit, sondern eine Reihe weiterer Kriege, doch das Leben in der Stadt Rom, die bald große Teile der damals bekannten Welt beherrschte, veränderte sich unaufhaltsam. Ein alter Soldat sieht das etwa so:)

„Multos annos in Africa, in Asia, in Europa sub variis ducibus pugnavi.
Ibi multa oppida divitiis impleta magno cum labore expugnavimus, multa templa auro et argento ornata spoliavimus.
Magna erat praeda bellorum – tamen mihi non ager, non tectum est, nam paucis tantum hominibus nunc magnae divitiae, pulchrae villae, multi agri sunt; ceterorum fortuna aspera est.
Maioribus meis et ager et tectum erat;
nunc eques opulentus ea possidet.
Is inopiam meam videt – et ridet, nam avaritiā et luxuriā laborat!
Multa saecula nostra civitas disciplinā et modestiā clara erat;
nunc mores mutati sunt, nunc vitia in honore sunt.
Ubi est misericordia, ubi est modestia, ubi sunt mores maiorum?"

Se

O tempora, o mores!
Pauca, sed bona!
De suis homines laudibus libenter praedicant.
Calamitas virtutis occasio.

Information

Nach außergewöhnlichen militärischen Erfolgen konnte der Senat einem siegreichen Feldherrn und seinem Heer die Feier eines Triumphes gestatten. Den Antrag stellte der heimkehrende Sieger, der vor der Feier die Stadt nicht betreten durfte, meist auf dem Marsfeld, einem großen, freien Sport- und Exerzierplatz, der auch für Wahlversammlungen benutzt wurde. Die Kosten des Triumphs trug die Staatskasse.

Hatte der Senat seine Zustimmung erteilt und das Volk dem Sieger für einen Tag das *imperium* in der Stadt bewilligt, dann zog dieser, geleitet von den hohen Staatsbeamten und dem Senat, an der Spitze seiner Truppen durch die *porta triumphalis* vom Marsfeld aus in Rom ein. Musiker begleiteten den Zug, in dem man die großartigsten Beutestücke und Abbildungen eroberter Städte mitführte. Dazu kamen die weißen Stiere für das Opfer des Feldherrn und die vornehmen Gefangenen, die meist unmittelbar nach dem Triumph hingerichtet wurden. Vor dem von vier Schimmeln gezogenen Wagen des Triumphators schritten in purpurnen Gewändern die *Liktoren* mit ihren Rutenbündeln. Der Feldherr selbst trug an diesem Tag den Ornat des kapitolinischen Jupiter aus dem Tempelschatz: die mit goldenen Sternen bestickte Purpurtoga über einer ebenfalls purpurroten Tunika, deren Rand mit goldenen Palmzweigen bestickt war, dazu in der rechten Hand einen Lorbeerzweig, in der linken ein elfenbeinernes Szepter mit einem Adler. Ein Sklave hielt den goldenen Kranz Jupiters über den Triumphator und flüsterte ihm, während das Volk *io triumphe!* rief, immer wieder ins Ohr: „Denke daran, dass du ein Mensch bist!" Die Soldaten, die dem Wagen folgten, sangen währenddessen oft derbe Spottlieder auf den Sieger.

Auf dem Kapitol angelangt, betete der Triumphator zu den Göttern, brachte sein Opfer dar, legte den Lorbeerzweig in Jupiters Schoß und weihte dem Gott einen Teil der Kriegsbeute. Mit einer Bewirtung der angesehensten Bürger der Stadt und persönlicher Freunde beschloss er den Festtag.

30 G 1: Akkusativ der zeitlichen Ausdehnung
G 2: Dativ des Besitzers

G 1 Übersetze die folgenden Sätze!

Multa saecula Romani cum Germanis pugnaverunt.
Nonnullos annos cum amicis in Italia habitavimus.

Wie fragen wir nach den hervorgehobenen Satzgliedern?
Welcher Kasus steht im Lateinischen auf diese Frage?

G 2 Vergleiche den lateinischen Text mit der deutschen Übersetzung!

Claudi**o** magna villa **est**.	Claudius hat (gehört) ein großes Landhaus.
Vob**is** divitiae non **sunt**.	Ihr besitzt keinen Reichtum.

Wie ist das deutsche Verbum HABEN (BESITZEN, GEHÖREN) in den lateinischen Sätzen ausgedrückt?
In welchem Kasus steht der Besitzer, in welchem der Besitz?
(Übersetze die Sätze auch wörtlich!)

T Übersetze die folgenden Sätze und wandle sie dann um, indem du statt POSSIDERE und HABERE den Dativ des Besitzers verwendest!

1. Multi homines pecuniam necessariam non possident.
2. Equites Romani multos servos et villas pulchras possident.
3. Mercator gemmas (gemma: *Edelstein*) pulchras habebat.

K Welchem Kasus lassen sich jeweils alle Wörter der folgenden Reihen zuordnen?

① agro – decori – oppido – virtuti – puellae – ei – consuli
② agmina – civitates – condiciones – ista – portas – eos
③ domini – virtutis – incendii – consulum – tubarum – eius

ÜV **Ein altrömischer Landwirt und sein Sohn**

1. Viele Jahre haben die Vorfahren des Mucius ein kleines Landgut versorgt (= besorgt). – 2. Jetzt gehört dieses Landgut dem Mucius; deshalb ermahnt er seinen Sohn: – 3. „Wir besitzen keine großen Reichtümer; nur ein kleines Landgut ist uns von den Vorfahren gegeben worden.
4. Nobis pauci servi sunt. – 5. Cuncta ad vitam necessaria summis laboribus nobis paramus. – 6. Mox ea villa tibi erit, mox servi agrique mei tibi erunt. – 7. Tum tu servis nostris imperabis; nunc es contentus!“

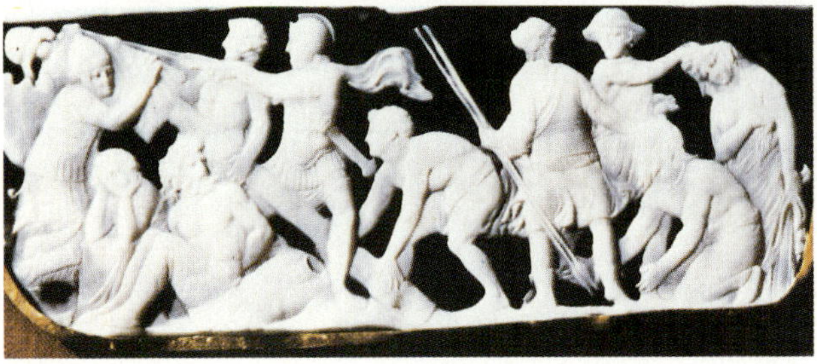

Römische Soldaten errichten ein Siegeszeichen (Gemma Augustea)

RIII REPETITIO GENERALIS TERTIA

W 1 Ordne die folgenden Vokabeln drei Sachfeldern zu!

a) Verwandtschaft b) Krieg c) positive menschliche Eigenschaften

auxilia – maiores – crudelitas – filius – legio – imperator – pater – disciplina – bellum – copiae – insidiae – humanitas – temptare – pugna – modestia – virtus – pedes – spoliare – miles – misericordia – victor – delere – frater – constantia

Erweitere die Sachfelder während der Arbeit an den folgenden Kapiteln mit Hilfe des Wortspeichers!

W 2 Gesucht sind lateinische Wörter, die mit den folgenden in **einer** Bedeutung (also nicht in allen!) übereinstimmen:

periculum – argentum – doctus – igitur – et – autem

W 3 CARERE und VACARE sind nicht ohne weiteres gegeneinander austauschbar. Grenze die Bedeutungsbereiche mit Hilfe der folgenden Skizzen und ihrer Beischriften ab!

Laetus sum, quod laboribus vaco.

Maestus sum, quod amicis careo.

E 1 **Ein römischer Redner wettert gegen einen persönlichen Feind**

(Es fehlen Formen von ISTE; setze sie ein und übersetze!)

1. Quis vitia ______ hominis ignorat?
2. Quis igitur ______ homini honores habebit[1]?
3. Cuncti ______ malum et perniciosum putant, cuncti mores ______ vituperant.
4. Non sunt ______ modestia et disciplina; immo vero ______ avaritiā, luxuriā, superbiā vexatur!
5. Diu contumelias ______ sustinui; nunc non iam tacebo!“

1) habere *(hier)*: erweisen

RIII Übungen zur Generalwiederholung der Kapitel 22–30

K Die folgenden Aussagen beziehen sich auf die Texte 22–30; stelle fest, welche davon unzutreffend sind und verbessere die entsprechenden Stellen!

1. Poeni imperatori suo grati erant eumque libenter adiuvabant.
2. Hannibal patri in templo summi dei iuravit: „Numquam amicus Graecorum ero!"
3. Ad Cannas pauci milites Romanorum necati sunt; multi se fuga servaverunt.
4. Hannibal in Africa cum imperatore Romano bene pugnavit.
5. Scipioni a patribus nomen novum datum est.
6. Cato magistros peregrinos pueris Romanorum perniciosos putabat.
7. Milites Romani numquam in Asia pugnaverunt.
8. Romani Graecos eloquentia et litteris superaverunt.

T Bestimme Kasus, Numerus und Genus der folgenden Formen und führe sie dann auf ihren Nominativ Singular zurück!

militi – patrem – calamitatibus – virtute – carmina – foederum – liberis – salutis – duces – pacem – custodibus – comiti – homines – fratribus – moris – fortitudine – vitiis

E2 Setze in die folgenden Sätze das Partizip Perfekt Passiv der unten genannten Verben so ein, dass sich ein guter Sinn ergibt! Beachte die Übereinstimmung des PPP mit seinem Beziehungswort nach Kasus, Numerus und Genus!

vituperare – occupare – superare – transportare

(Es spricht ein wütender Römer:)

1. „Non iam sustineri potest superbia Graecorum saepe a nobis ______ .
2. Iam servi a militibus nostris in Italiam ______________ pueros nostros litteras periculosas docent.
3. Multi istam eloquentiam a Catone ______________ valde laudant.
4. Mox non iam domini erimus in Italia a Graecis ______________ ."

VÜ **Trauer um den Bruder**

1. Postquam Maharbal frater a Romanis ad Metaurum cum auxiliis necatus est, Hannibal maestus erat; de fortuna desperabat: – 2. „Frater meus et imperator et miles bonus fuit, sed isti Romani ei insidias paraverunt. – 3. Pedites nostros nondum armatos temptaverunt; itaque multi sine pugna necati sunt.

4. Wer wird mich nun unterstützen? Wer wird mein (= mir) Gefährte sein? – 5. Wie werde ich meine Mitbürger (= Bürgerschaft) vor *(a/ab)* der Sklaverei retten können°? 6. Wird nicht Karthago von den römischen Legionen besetzt und zerstört werden?"

W III 22–30

Die folgenden Wörter hast du in den Texten und Übungen 22–30 kennen gelernt. Du kannst mit dieser Zusammenstellung überprüfen, ob du noch alle Bedeutungen der lateinischen Wörter kennst.

V.	armare	nuntiare	admonere	licet
	desperare	ornare	censere	
	disputare	postulare	coercere	desperare de
	expugnare	praedicare	imminere	memoriā tenere
	fatigare	praestare	movere	praestare *(m. Dat.)*
	ignorare	spoliare	placere	praestare *(m. Akk.)*
	iurare	vastare	retinere	se praestare

P.	avaritia	annus	consul	condicio	agmen
	constantia	philosophus	dictator	legio	carmen
	disciplina	triumphus	imperator	occasio	discrimen
	inopia		labor	regio	lumen
	littera	arma, -orum	maiores, -um		nomen
	litterae	auxilium	mercator	fortitudo	omen
	luxuria	auxilia, -orum	victor	homo	
	memoria	incendium		multitudo	foedus
	misericordia	saeculum	honos		opus
	modestia	studium	mos	auctoritas	
	porta	tectum	mores, -um	calamitas	corpus
	provincia	vitium		civitas	decus
	victoria		frater	crudelitas	tempus
			mater	humanitas	
			pater	libertas	robur
			patres, patrum		
				laus	
			custos	salus	
				servitus	
			comes	virtus	
			eques		
			miles	dux	agmen primum
			pedes	pax	
	aequus	pauci	perniciosus	quot	iste, ista, istud
	diuturnus	peregrinus	primus		
	iucundus	periculosus	tantus		

P.	adhuc	ad	-que	postquam
	aliquando	ante		
	antea	apud		nonne?
	ceterum	contra		
	nondum	in *(mit Akk.)*		
		post		
		propter		
		sine		
		sub *(mit Akk./Abl.)*		

(124)

W III

W 1 Suche zu allen Substantiven auf -us, die in dieser Tabelle aufgeführt sind, passende Adjektive und bilde von diesen Wendungen lateinisch jeweils den Nominativ Plural!

W 2 Suche weitere Substantive, die zum Bedeutungsbereich der folgenden Substantive passen:

consul – mater – miles

W 3 Bilde entsprechende Substantive und gib ihre Bedeutung an!

humanus	(menschlich)	–	humanitas	(Menschlichkeit)
antiquus	(....................)	–	antiquitas	(...........................)
verus	(....................)	–	....	(...........................)
firmus	(....................)	–	....	(...........................)
rarus	(....................)	–	....	(...........................)
severus	(....................)	–	....	(...........................)
iucundus	(....................)	–	....	(...........................)

W 4 Verdeutliche dir an der Reihe libertatis – liberatis – liberis die Wichtigkeit der Endungen der einzelnen Wortformen!

Welche Wortformen können generell durch -tas bzw. -as gekennzeichnet sein?

W 5 Stelle aus allen bisher gelernten Verben der ē-Konjugation diejenigen zusammen, die ein sog. u-Perfekt bilden!

W 6 Bilde entsprechende Verben und gib ihre Bedeutung an!

nomen	(Name)	–	nominare	(nennen)
arma	(..........)	–	armare	(.............)
triumphus	(..........)	–	....	(.............)
imperium	(..........)	–	....	(.............)
laus	(..........)	–	....	(.............)

W 7 Ordne alle bisher gelernten Präpositionen nach den verschiedenen Bedeutungsbereichen (örtlich, zeitlich, übertragen) und verbinde sie jeweils mit einem passenden Substantiv der Konsonantischen Deklination!

W 8 Und nun sog. „kleine Wörter", in denen ein „O" steckt:

Gib die deutschen Bedeutungen an! Welche weiteren Wörter lassen sich hinzustellen?

H	DIE
M	X
N	N
N	NNE
N	NDUM
PR	
PR	PTER
P	ST
P	STEA
P	STQUAM
QU	D
	LIM

31 MENAECHMI, eine Komödie des Plautus

L *(Auch wenn viele Römer vor der sich in ihrer Stadt ausbreitenden griechischen Kultur eine gewisse Angst empfanden, gingen sie doch gerne zu den Theateraufführungen, vor allem, wenn eine Komödie des Plautus auf dem Programm stand. Plautus verstand es nämlich wie kein Zweiter, griechische Stücke für den Geschmack der Römer umzuschreiben – so wie die MENAECHMI, die Geschichte von den Zwillingsbrüdern.)*

Olim Syracusae, urbs Siciliae, magnae et clarae erant.
In ea urbe temporibus antiquis Moschus, mercator opulentus, habitavit.
Ei gemini[1] filii erant, a parentibus Menaechmus et Sosicles appellati;
ne mater quidem discrimen videbat.
Aliquando pater puerorum „Vere“, inquit, „in continentem navigabo,
cum gentibus Italiae merces[2] mutabo. Quis mihi comes erit?“
Statim Menaechmus clamavit: „Ego, pater, tibi comes ero.“
Sosicles autem tacuit,
nam terras alienas moresque gentium barbararum non curabat.
Itaque vere pater cum Menaechmo Tarentum navigavit.
Aestate autem mors Moschi Syracusas nuntiata est.
Menaechmi sortem nuntius ignoravit.

1) gemini (filii): Zwillinge 2) merx, -mercis *f*: Ware

Se Mater artium necessitas.

V **Aegeus und Minos**

1. *Antiquis temporibus* Aegeus civitati Atheniensium[1] imperabat. – 2. Quamquam auctoritas eius magna erat virtusque apud cunctas *gentes* Graeciae praedicabatur, tamen homines ceterarum *urbium* Graeciae *sortem* Atheniensium[1] non bonam putabant. – 3. Nam Minos[2] poenam[3] postulavit, quod Androgeus, filius eius, ab Atheniensibus[1] necatus est. – 4. Itaque Athenienses[1] *certis*[4] *annis* ei tyranno septem[5] pueros septemque[5] puellas dare debebant. – 5. Eos pueros easque puellas e *continenti* in Cretam transportatos Minos Minotauro dabat. – 6. *Mors* eis certa[4] erat, nam Minotaurus eos magna crudelitate necabat.

(Fortsetzung 32 V)

1) Athenienses, -ium: die Athener 2) Minos, -ois: König von Kreta 3) poena, -ae: Strafe
4) certus, -a, -um: sicher, bestimmt 5) septem *(indekl.)*: sieben

Stierspringen (Wandgemälde aus Knossos/Kreta)

31 **G 1:** Konsonantische Deklination – Mischklasse: URBS, URBIS u. a.
G 2: Ablativus temporis

G 1 Vergleiche die Kasusendungen! Achte besonders auf den Genitiv Plural!

dux	gens	urbs	duc-es	gent-es	urb-es
duc-is	ge**nt**-is	**urb**-is	duc-um	gent-**i**um	urb-**i**um
duc-i	gent-i	urb-i	duc-ibus	gent-ibus	urb-ibus
duc-em	gent-em	urb-em	duc-es	gent-es	urb-es
duc-e	gent-e	urb-e	duc-ibus	gent-ibus	urb-ibus

Welche dieser Substantive lassen sich zu einer Deklinationsgruppe zusammenfassen?
Worin zeigt sich aber der entscheidende Unterschied zwischen DUX einerseits und URBS bzw. SORS andererseits?
An welchen Stellen von 31 L (ggf. 31 V) wird deutlich, dass die Wörter dieser Deklinationsgruppe Feminina sind?

G 2 Übersetze und bestimme den Kasus der hervorgehobenen Wendungen! Welche Aufgabe (Funktion) hat er?

Nonnulli mercatores **vere** e Sicilia in Italiam navigaverunt.
Antiquis temporibus civitates Graecae opulentae erant.

B Bestimme folgende Ausdrücke nach den drei Bestimmungsstücken der Nomina (KNG-Regel!) und übersetze sie dann!

sortem aequam – parentes boni – gentium barbararum – morte dura – ei urbi – istius gentis – urbibus antiquis

T Wandle nach dem Muster von 10 T um!

GENS BARBARA ⟶ Genitiv → Plural → Akkusativ → Singular → Dativ → Ablativ → Plural → Nominativ

E **Naherholung**

Setze die Ablative aus dem Kasten an passender Stelle ein und übersetze!

AESTATE
IIS TEMPORIBUS
VERE
TEMPORIBUS
EO TEMPORE

1. ______ imperatoris Augusti iam multis Romanis villae pulchrae prope[1] urbem Romam erant. – 2. ______ , cum in urbe occupati non erant, in regiones propinquas[2] properabant ibique otio[3] grato se dabant. – 3. Nam iam ______ in urbe calor[4] interdum magnus erat. – 4. ______ autem, cum Romani calorem[4] non iam sustinebant, homines opulenti urbem vitabant otiumque[3] diuturnum habebant. – 5. ______ pauci Romani etiam e continenti in Siciliam vel Capreas navigabant.

1) prope *(Präp. m. Akk.)*: nahe bei 2) propinquus, -a, -um: benachbart
3) otium, -i: Muße, Freizeit 4) calor, -oris: Wärme, Hitze

32 Menaechmus Nr. II

L

Mors Moschi et incerta sors Menaechmi pueri
matrem eius avumque magno dolore impleverant.
Avus statim Sosicli nomen Menaechmi dedit;
eum enim imprimis amaverat, itaque ei nomen suum dederat.
Sic sibi novum Menaechmum parare studuit.
Mater autem filium multos annos flebat.
Neque tamen sors veri Menaechmi aspera fuerat:
In foro enim Tarenti, ubi populo magni ludi dati erant,
inter multos homines a patre aberraverat[1].
Diu ibi steterat, nomen patris multis cum lacrimis frustra vocaverat.
Tandem eum mercator peregrinus secum in Epirum transportaverat.
Ibi Menaechmus bene educatus erat;
etiam uxor ei a patre novo data erat.

1) a patre aberrare: den Vater aus den Augen verlieren

Se Honores mutant mores.

Griechisches Theater in Syrakus

V **Theseus** (Fortsetzung von 31 V)

1. Aegeo filius nomine Theseus erat. – 2. Is diu apud Aethram matrem *fuerat;* ab ea bene *educatus erat.* – 3. Postea cum gladio patris Athenas *migraverat*[1]. – 4. In ea via multa exempla virtutis *ediderat (= dederat)*. – 5. Nam cum bestiis[2] et cum latronibus[3] bene *pugnaverat;* multi latrones[3] ab eo *necati erant.* – 6. Post multas pugnas patriam *intraverat.* (Fortsetzung 33 V)

1) migrare: wandern, sich auf den Weg machen 2) bestia, -ae: Tier 3) latro, -onis *m*: Räuber

32 G 1: Aktiv: Indikativ Plusquamperfekt
G 2: Passiv: Indikativ Plusquamperfekt

G 1 Vergleiche die folgenden Reihen!

eram	armav-eram	nocu-eram	ded-eram	fu-eram
eras	armav-eras	nocu-eras	ded-eras	fu-eras
...	...	...	...	...

Aus welchen Bestandteilen setzen sich die Formen des **Indikativ Plusquamperfekt Aktiv** zusammen? Führe die Reihen zu Ende!

G 2 Vergleiche die folgenden Formen! Übersetze sie!

fatigat**us** sum	fatigat**us** eram
monit**a** es	monit**a** eras
territ**i** sunt	territ**i** erant

T **Bericht über einen Unfall**

(Ein Reitertrupp ist neben dem Laden eines Kaufmanns in eine Schar von Kindern geritten, die eben aus der Schule gekommen waren.)

1. Unus ex equitibus puellam graviter *(Adv.: schwer)* vulneratam ad medicum (medicus, -i: *Arzt*) portavit. – 2. Viri a mercatore vocati ceteros vulneratos curaverunt. – 3. Tum eos in aedificia propinqua (propinquus: *nahe gelegen*) portavimus. – 4. Titus, amicus meus, parentibus vulneratorum de calamitate narravit.

Übersetze die Sätze!
Setze sie dann im Lateinischen ins Plusquamperfekt!
Wandle alle Sätze ins Passiv um!

B Bestimme und übersetze folgende Formen!

eras – erras – fueras – censueras – veras – liberas – libertas – liberaveras – dederatis – calamitatis – datis – dabis – eris – eis – sumus – summus – terruimus – terrueramus – terrueras – terras

Welche Formen sind nicht von einem Verbum gebildet?

ÜV **Athen fällt den Persern in die Hand**

1. Im persischen[1] Krieg hatte Xerxes große Truppen(massen) bereitgestellt (= bereitet) und nach Europa hinübergeschafft. – 2. Er hatte die Spartaner[2] bei den Thermopylen[3] besiegt und Attica angegriffen. – 3. Die Athener[4] waren aus ihrer Stadt verjagt, Athen war von den Persern besetzt worden. 4. Barbari autem templa et aedificia a Graecis aedificata[5] cunctis divitiis spoliaverant. – 5. Urbs a peditibus et equitibus Persarum deleta et vastata erat. – 6. Tandem Themistocles Persas calliditate[6] superavit.

1) persisch: Persicus, -a, -um   2) Spartaner: Spartiatae, -arum *m*
3) Thermopylen: Thermópylae, -arum   4) Athener: Athenienses, -ium
5) aedificare: erbauen   6) calliditas, -atis: Schlauheit

33 Eine peinliche Verwechslung

L

(Als SOSICLES, der nun MENAECHMUS heißt, herangewachsen ist, macht er sich auf die Suche nach seinem verlorenen Bruder und kommt schließlich auch in die Stadt in Epirus (in Nordwest-Griechenland), wo jener lebt. Hier läuft ihm zufällig die Frau seines Bruders über den Weg; sie sucht nach MENAECHMUS, der nach einem Streit mit ihr davongerannt ist.)

UXOR: Heus[1] tu! Ubi fuisti tam diu?
MENAECHMUS-SOSICLES: Cur me id rogas, mulier? Quid te agitat?
UX.: Num dissimulare audes?
Te unum rogavi: Ubi tam diu sedisti? In caupona[2]? Apud amicam? Responde!
MS.: Estne mos in Epiro hospites verbis malis violare?
Te numquam antea vidi! Tace igitur ...
UX.: Tu me numquam vidisti? *(Die Frau schnappt nach Luft)*
Nonne tu vir meus es?
MS. *(zum Publikum)*: Cunctis deis gratus sum,
quod non sum vir istius mulieris!
Malas enim feminas semper cavi semperque cavebo.
UX.: Cave dolos et mendacia[3]!
Haud raro mendacia[3] iram deorum moverunt!
MS.: Iuppiter, a te saepe adiutus sum; adiuva me etiam nunc!
UX.: Frustra dissimulas, nam statim patrem vocabo! *(Frau ab)*
MS.: Di boni, vos me adiuvistis,
vos precibus meis moti me ab ista Furia liberavistis!

1) heus: heda!, hallo! 2) caupona, -ae: Kneipe, Wirtshaus 3) mendacium, -i: Lüge

Se Consuetudo est altera natura.

V **Ein Versprechen ...** (Fortsetzung von 32 V)

1. Deditio[1] puerorum et puellarum iram Thesei *moverat*: – 2. „Est*ne* mos nunc apud Athenienses[2] adversariis liberos dare? – 3. Diu *sedistis* periculaque *cavistis*! – 4. *Nonne* ego latrones[3] firmos superavi et necavi? – 5. Quis me tum *adiuvit*? – 6. *Num* vir tantis periculis non territus a Minotauro terrebitur? – 7. Ego, Athenienses[2], filios et filias vestras a morte servabo!"

(Fortsetzung 34 V)

1) deditio, -onis *f*: Auslieferung 2) Athenienses, -ium: Athener 3) latro, -onis *m*: Räuber

Theseus tötet den Minotaurus (Vasenbild)

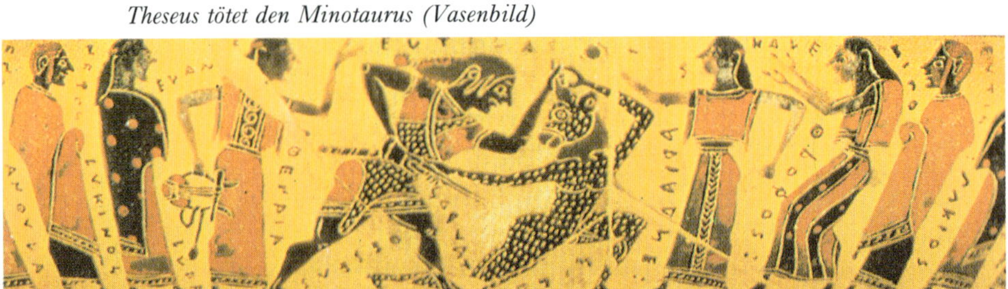

33 G 1: Perfekt-Aktiv-Stamm: Bildung durch Dehnung
G 2: Fragesätze: Interrogativ-Pronomen/-Adverb/-Partikeln

G 1 Vergleiche die folgenden Perfektbildungen miteinander!

lauda**vi**	mon**ui**	**de**di	adi**ū**vi (ádiuvo)
imple**vi**	noc**ui**	**ste**ti	m**ō**vi (mŏveo)

Achte bei der vierten Reihe auf den Wechsel der Quantität des Stammvokals!

G 2.1 **Quis** parentibus calamitatem nuntiavit?
Cur uxor Menaechmum-Sosiclem vituperavit?

Übersetze die Sätze! Um welche Art von Sätzen handelt es sich? Mit welchem Wort sind sie jeweils eingeleitet?

2.2 Übersetze die folgenden Sätze und vergleiche sie miteinander!

① **Num** vos quieti eritis, cum liberi in periculo erunt?
② **Nonne** laeti estis, quod pueri servati sunt?
③ Estis**ne** laeti, quod vos adiuvi?

Welche Antwort erwarten wir jeweils bei ①, ② und ③?

T Bestimme die folgenden Verbformen und verwandle sie ins Perfekt!

adiuvas – stat – sedebitis – movemus – possidebant – places – video – imples – cavebo – tacebunt – sustinebatis – censent

K Übersetze die folgenden Sätze, wandle sie in Fragen um und ergänze sie durch eine Fragepartikel aus dem Kasten rechts!

(Titus hat den Verdacht, Paulus habe ihn wegen eines Streichs beim Lehrer „verpetzt", und stellt ihm nun peinliche Fragen!)

- NE
NONNE
NUM

1. Fuisti apud magistrum. – 2. Nuntiavisti machinam *(Streich)* meam. – 3. Ego te numquam[1] magistro denuntiavi. – 4. Comites nostri numquam[1] amicos denuntiaverunt. – 5. Amicus tuus semper fui.
(und an die Freunde gewandt:)
6. Iste amicus noster erit. – 7. Quis ex schola nostra eum post tantum flagitium *(Schandtat)* amicum putabit?

1) ‚niemals' (numquam) muss in der Frage in ‚jemals' (umquam) umgewandelt werden.

Ü **Fragen zu den „Menaechmi"**

(Claudius, der das Stück vor längerer Zeit einmal gesehen hat, richtet an Marcus, der eben aus einer MENAECHMI-Aufführung kommt, Fragen:)

1. Kannst du[1] mir einiges über dieses Stück erzählen? – 2. War die Gattin des Menaechmus nicht eine strenge Frau? – 3. Freute er sich wohl°, wenn er sie sah? – 4. Saß er nicht oft in der Schenke[2], wenn sie ihn mit bösen Worten gekränkt hatte? – 5. Hat nicht ein Sklave den Menaechmus-Sosicles unterstützt? – 6. Wie viele Theaterstücke des Plautus hast du schon gesehen?

1) du kannst: potes 2) Schenke: caupona, -ae

34 Das glückliche Ende

L

(Erst nach zahlreichen komischen Verwicklungen trifft MENAECHMUS-SOSICLES endlich auf den vermissten Bruder, den echten MENAECHMUS. Der Sklave, der ihn begleitet, bemerkt das Ebenbild seines Herrn als Erster:)

SERVUS *(ängstlich)*: „Di boni! Quis (est) iste? Quid ego vidi?"
MS.: Quid vidisti? Cur times?
SE.: Te ipsum vidi! Profecto eundem atque te! Ibi tua est imago!
MS.: Idem atque ego? Rogabo eum ipse!
„Heus[1], amice! Quomodo nominaris?"
MENAECHMUS: Mihi nomen Menaechmi est.
MS.: Certe, edepol[2], idem nomen atque mihi!
Sed ego in insula Sicilia natus sum.
ME.: Eadem mihi patria est!
SE.: Istius ego servus sum an[3] tuus?
Eandem video formam, eosdem oculos, eundem nasum[4]!
MS. *(dem plötzlich ein Licht aufgeht)*: „Tu es frater meus carus!
Eorundem parentium filii sumus, eiusdem patris eiusdemque matris.
ME.: Salve, frater care! Dei ipsi nos adiuverunt. Laetus sum et gratus.
MS.: Nonne mecum in patriam navigabis?
Paene Ulixem[5] ipsum erroribus superavi!
ME.: Navigabo! Quid rogas?

1) heus: heda!, hallo! 2) edepol: bei Gott! 3) an: oder
4) nasus, -i: Nase 5) Ulixes, -is: *lateinischer Name für* Odysseus

Labyrinth
(Münze aus Knosos)

Se Et ipsa scientia potestas.

V **... wird eingelöst** (Fortsetzung von 33 V)

1. Aegeus periculis futuris[1] territus „Certe", inquit. „etiam tu, Theseu *(Vok.)*, necaberis ut multi ante te. – 2. *Eodem* navigio[2] navigabis atque ii, *eādem* viā labyrinthum intrabis, *eadem* crudelitate a Minotauro necaberis, *īdem* nautae[3] mihi mortem tuam nuntiabunt!" – 3. Theseus autem cum pueris puellisque in Cretam navigavit, labyrinthum intravit, Minotaurum gladio necavit. – 4. Se *ipse* comitesque servavit. – 5. Nam Ariadna, Minois filia, *ipsa* ei filum[4] rubrum[5] dederat. – 6. Eius fili[4] auxilio *eādem* viā e labyrintho remeavit[6].

1) futurus, -a, -um: künftig, bevorstehend 2) navigium, -i: Schiff 3) nauta, -ae *m*: Seemann
4) filum, -i: Faden 5) ruber, -bra, -brum: rot 6) remeare: zurückkehren

34 G 1: Demonstrativ-Pronomen: IPSE, IPSA, IPSUM
G 2: Demonstrativ-Pronomen: IDEM, EADEM, IDEM

G 1 Bilde entsprechend zu ISTE (↗ 22 G 2) die Formen des Demonstrativ-Pronomens IPSE in allen drei Genera (Singular und Plural)!
Kläre anhand der Tabelle im GB, worin der einzige Unterschied besteht!

G 2.1 Erstelle entsprechend zu IS, EA, ID die Deklination des Demonstrativ-Pronomens IDEM, EADEM, IDEM! Achte auf die geringen, durch die Lautlehre (↗ GB) bedingten Unterschiede!

2.2 Beachte:

Idem consul iterum superatus est.	**Derselbe** Konsul wurde zum zweiten Mal besiegt.
Mihi **idem** nomen est **atque** tibi.	Ich habe den gleichen Namen **wie** du.

B 1 Bestimme bei folgenden Nomina Kasus, Numerus und Genus (KNG), und ergänze sie dann durch die entsprechende Form von IDEM, EADEM, IDEM! (↗ Arbeitsbeipiel) Bedenke gegebenenfalls () mehrere Möglichkeiten! Übersetze die gebildeten Formen!

▶ dictatoribus:	īsdem	honos:	....
artem:	....	fortitudine:	....
provinciae (3):	....	gentes (2):	....
robur:	....	ioco (2):	....
consuetudinum:	....	foedera:	....

B 2 Setze zu den Nomina in B 1 nun die entsprechenden Formen von IPSE, IPSA, IPSUM, und übersetze diese Wendungen!

Z Übersetze! Präge dir die Bedeutungen von IPSE ein!

Eo ipso tempore mater me vocavit.	Zu **eben** dieser Zeit ...
Ea ipsa aestate in Cretam navigavimus.	**Gerade** in diesem Sommer ...

Theseus und die Geretteten auf der Heimfahrt (Vasenbild)

35 Odysseus und das Trojanische Pferd

L Magna cum classe Graeci in Asiam navigaverant;
nam Paris, iuvenis pulcher, regis Priami filius,
Helenam, uxorem regis Menelai, raptaverat[1].
Multos annos Graeci in finibus hostium summa cum fortitudine pugnaverant neque tamen urbs firma eorum expugnari poterat.
Tum Ulixes: „Armis et virtute“, inquit, „hostes superare non possumus, dolo fortasse poterimus. Aedificate igitur magnum equum ligneum[2], implete eum militibus bonis, collocate ante portam urbis!
Certe hostes eum equum simulacrum putabunt et in urbem transportabunt. Sic Troia expugnari et deleri poterit!“
Et profecto Troiani dolo Ulixis decepti[3] equum in urbem moverunt, quamquam aegre transportari potuit/poterat.
Alta autem nocte milites Graeci ex equo properaverunt;
tum magna fuit caedes; urbs Troia igne deleta est.

1) raptare: rauben, entführen 2) ligneus, -a, -um: hölzern 3) deceptus, -a, -um: getäuscht

Se Non cuncti eadem amant.

V **Wie die Römer ein Volk von Seefahrern wurden**

1. Antiquis temporibus Romanis *classis* non *erat.* – 2. In urbe firma habitabant, *hostes* non timebant. – 3. Romanorum equites et pedites gentes Italiae coercebant et copias *hostium* a *finibus* Italiae prohibebant[1]. – 4. Postea autem, quod etiam alienis gentibus imperare militesque in Africam Asiamque transportare studebant, magnas *classes* aedificaverunt. – 5. Iis *classibus* etiam frumentum[2] ad vitam necessarium e terris alienis (ut ex Aegypto) Romam transportari *poterat.* – 6. Sed etiam in Rheno, in Danuvio, in Mosella parva navigia[3] Romanorum navigabant.

1) prohibere: abwehren 2) frumentum, -i: Getreide 3) navigium, -i: Schiff

Die Trojaner holen das hölzerne Pferd ein (Wandgemälde aus Pompeji).

35 G 1: Kons. Deklination – Mischklasse: Feminina auf -ēs, -is und -is, -is
G 2: ESSE – POSSE (Konjugationsschema aller Tempora)

G 1.1 Ordne die in 35 L (ggf. 35 V) vorkommenden Formen der Substantive auf -ēs, -is und -is, -is dem dir bekannten Deklinationsschema der Mischklasse (↗ 31 G 1) zu und stelle noch einmal die Abweichungen gegenüber der Konsonantischen Deklination fest!

1.2 An welchen Stellen des Texts wird deutlich, dass die Wörter dieser Deklinationsgruppe Feminina sind? Welche Ausnahmen zeigen sich im Text?

G 2 Vergleiche die Formen von ESSE und POSSE!

2.1

sum	es	est	sumus	estis	sunt
po**s**-sum	po**t**-es	po**t**-est	po**s**-sumus	po**t**-estis	po**s**-sunt

2.2

sum	ero	eram	fu-i	fu-eram
pos-sum	pot-ero	pot-eram	potu-i	potu-eram

Konjugiere POSSE in allen angegebenen Tempora!

T Bilde von den Substantiven CLASSIS, CAEDES und IGNIS die gleichen Formen wie im folgenden Arbeitsbeispiel angegeben und übersetze sie!

► gens gentis gente gentium gentes

E Setze die fehlenden Endungen an den Leerstellen ein! Übersetze dann!

Angriff auf ein römisches Lager

1. Galli alt__ nocte ad vallum (vallum, -i: *Wall*) properaverant. – 2. Custodes, quod cunct__ iuven__ imperiti (imperitus, -a, -um: *unerfahren*) erant, host__ non viderant. – 3. Itaque incursionem (incursio, -onis: *Überfall*) eorum sustinere non pot__. – 4. Parv__ ignes custodum host__ vitaverant. – 5. Magn__ erat caed__ militum Gallorum et Romanorum, imprimis iuven__.

ÜV **Polyphem**

1. Die Griechen hatten Troja durch eine List des Odysseus *(Ulixes)* erobern können und hatten die Stadt durch Feuer zerstört. – 2. Einige konnten aber nicht direkt° mit ihrer Flotte in die Heimat (zurück-)segeln. – 3. Auch Odysseus irrte lange umher°; nach vielen Irrfahrten betrat er mit seinen Gefährten die Insel der Kyklopen[1] und die Höhle[2] des Polyphem.
4. Is erat vir firmus, sed ei unus tantum oculus erat. – 5. Ulixem et comites eius in spelunca[2] retinuit et cottidie[3] nonnullos ex eis devoravit[4]. – 6. Ceteros crudelitate territos verbis malis violavit neque dubitavit eos irridere. – 7. Cunctis iuvenibus sors misera imminebat.

(Fortsetzung 36 Ü)

1) Kyklop: Cyclops, -opis 2) Höhle: spelunca, -ae 3) cottidie *(Adv.)*: täglich
4) devorare: verschlingen

36 Die Irrfahrten des Odysseus

L Postquam Troia non vi, sed dolo expugnata et cum templis, turribus, moenibus deleta est, victores navibus suis in patriam navigaverunt. Multi autem diu per maria agitabantur, quod iram deorum moverant. Inter eos fuit et Ulixes. Is enim Polyphemum, filium Neptuni, oculo privaverat[1]; itaque Neptunus eum summis viribus a patria arcere studebat. Ulixes, dum per maria errat, aegre famem sitimque sustinuit, saepe ab animalibus periculosis temptatus est; saepe vita eius in summo discrimine erat. Aliquando Ulixes, dum ad insulam Sirenum navigat, carmina earum virginum auscultare[2] studebat. Itaque comites monuit: „Alligate[3] me ad malum[4]! Vos autem aures vestras cerā[5] obturate[5]!“ Sic vim carminum vitavit; nam carminibus suis Sirenes homines in insulam vocabant, ubi eos necabant.

1) privare *(m. Abl.)*: berauben 2) auscultare: zuhören, erlauschen 3) alligare: anbinden
4) mālus, -i: Mastbaum 5) cerā obturare: mit Wachs verstopfen

Se Multa docet fames.

V **Odysseus und Circe**

1. Ulixes, *postquam* diu per *maria* erravit, insulam Circae intravit. – 2. Circe dea eademque saga[1] erat; homines in bestias[2] mutabat. – 3. Ulixes, *dum siti* vexatus *turrim* firmam villae eius spectat, subito a Mercurio deo monitus est: – 4. „Nisi cavebis, Ulixes, a Circa in bestiam[2] mutaberis!“ – 5. Et Ulixes: „Quomodo“, inquit, „*vis* Circae vitari potest?“ – 6. Tum Mercurius ei herbam[3] dedit et „Istius“, inquit, „herbae[3] *vi* sagam[1] superabis; Circe tibi nocere non poterit.“

Odysseus und die Sirenen (Vasenbild)

1) eadem saga, -ae: und zugleich eine Zauberin 2) bestia, - ae: Tier 3) herba, -ae: Kraut

36 G 1: i-Deklination: Reine i-Stämme – Feminina auf -is, -is und Neutra
G 2: Temporalsätze mit CUM, DUM und POSTQUAM

G 1 Vergleiche die Deklinationsreihen!

1.1

navis	turris	mare	naves	turres	mar**i**a
navis	turris	maris	nav**i**um	turr**i**um	mar**i**um
navi	turri	mari	navibus	turribus	maribus
navem	turr**im**	mare	naves	turr**is**(-es)	mar**i**a
nav**e**	turr**i**	mar**i**	navibus	turribus	maribus

Wodurch sind die reinen i-Stämme gekennzeichnet?

1.2 Von VIS gibt es im Singular nur drei Kasusformen.
Stelle sie aus 36 L und 36 V zusammen und bestimme die Kasus!

G 2 Übersetze! Beachte die Tempora im lateinischen und im deutschen Gliedsatz!

1. Xerxes, **dum** bellum par**at**, magnas copias navibus in Europam transportavit.
2. **Postquam** Spartiatas ad Thermopylas supera**vit**, Atticam ipsam temptavit.
3. **Cum** moenia oppidorum Graecorum vasta**verat**, magnam vim auri in patriam transporta**bat**.

K Ergänze jeweils aus dem Kasten rechts zu sinnvollen Sätzen! Übersetze diese!

①
Graeci → .... navigaverant.
→ .... temptaverunt.
→ .... expugnaverunt.

MOENIA ALTA – TROIAM – DOLO ULIXIS – SUMMA VI – URBEM – MAGNA CLASSE

②
Troiani → .... arcuerunt.
→ .... tuti[1] erant.
→ etiam .... pugnaverunt.

ANTE MOENIA – MOENIBUS ALTIS – VIRES GRAECORUM – CUM VIRIBUS GRAECORUM – AB HOSTIBUS – MOENIBUS

1) tutus, -a, -um: sicher, geschützt (a/ab: vor)

ÜV **Polyphems Blendung** (Fortsetzung von 35 Ü)

1. Nachdem Polyphem einige Gefährten des Odysseus getötet und verschlungen[1] hatte, überwand ihn dieser durch eine List. – 2. In der Nacht, als *(cum)* Polyphem, von Hunger getrieben, wieder einen jungen Mann verschlungen[1] hatte, gab ihm Odysseus Wein und beraubte den Betrunkenen[2] mit einem Pfahl[3] seines° Auges *(Abl.)*.

3. Polyphemus Ulixem non iam videbat; dum ante speluncam[4] sedet, Ulixes amicos e periculo servavit et cum eis ad mare properavit, ubi naves eorum erant. – 4. Tum summa vi ex illa insula navigaverunt.

1) verschlingen: devorare 2) betrunken: vinolentus, -a, -um 3) Pfahl: sudes, -is
4) spelunca, -ae: Höhle

37 Odysseus und Aeneas

L

Cum Ulixe haud raro Aeneas, auctor populi Romani, comparatur:
Et hic et ille propter iram deorum multa mala[1] sustinuit;
errores huius et illius diuturni fuerunt; et huic et illi dea favit[2]:
hunc enim Venus, illum Minerva in periculis adiuvit.
Poetae clari et de hoc et de illo narraverunt:
de Ulixe Homerus, poeta Graecus, de Aenea Vergilius, poeta Romanus.
Hoc autem interest inter hunc et illum:
Ulixes callidus[3] erat saepeque dolos adhibuit,
Aeneas autem constantia et pietate sibi gloriam paravit.
Haec in Aenea imprimis laudantur:
Patrem senem ex urbe Troia a Graecis expugnata portavit,
vitam Ascanii filii servavit, genti suae novam patriam paravit.

1) mala (↗ 8 Z): Schlimmes 2) favere (*Perf.* fāvi): *(jemandem)* gewogen sein, *(für jemand)* sorgen
3) callidus, -a, -um: schlau, verschlagen

Se

Ut aurum ignis, ita amicos tempus iudicat.
Post hoc, ergo propter hoc.

V

Orpheus und Eurydice

1. Ovidius poeta in operibus suis nobis etiam de Orpheo et Eurydica narrat. – 2. *Ille* carminibus miris[1] homines animaliaque delectavit, *haec* mira[1] pulchritudine[2] cunctas puellas superavit. – 3. *Illius* carminibus aures hominum implebantur, *huius* pulchritudine[2] oculi iuvenum movebantur. – 4. *Illi* cuncta animalia se applicabant[3], *huic* virgini agmen mulierum. – 5. *Ille hanc* amabat, *haec illum.* – 6. Postquam autem *haec* uxor *illius* fuit, serpens[4] *eam* necavit.
(Fortsetzung 38 V)

1) mirus, -a, -um: wunderbar, erstaunlich
2) pulchritudo, -inis *f*: *Substantiv zu* pulcher
3) se applicare: sich anschließen, folgen
4) serpens, -ntis *m/f*: Schlange

Der Dichter Vergil zwischen den Musen Klio und Melpomene (Mosaik)

37 G 1: Demonstrativ-Pronomina: HIC, HAEC, HOC – ILLE, ILLA, ILLUD
G 2: Verwendung von HIC – ILLE

G 1.1 Suche aus 37 L (ggf. 37 V) alle Formen des Demonstrativ-Pronomens HIC, HAEC, HOC heraus, frage sorgfältig ab und erstelle das Deklinationsschema! Überprüfe dann das Ergebnis deiner Arbeit im GB!

1.2 Verfahre genau wie in G 1.1 mit den Formen von ILLE, ILLA, ILLUD!

G 2 Bei der Übersetzung der folgenden Sätze kannst du den Bedeutungsbereich der gelernten Pronomina erschließen.

1. Marcus et Cornelia apud Claudium sunt et de tabulis[1] eius disputant. –
2. Marcus rogat: **Haec** an[2] **illa** tabula[1] tibi placet, Cornelia? –
3. Cornelia **haec** respondet: **Has** tabulas[1] cunctas amo, quod antiquae sunt. –
4. Opera **illorum** temporum libenter specto. –
5. Tum Claudius: Vituperasne, Cornelia, **horum** temporum opera? –
6. Et Cornelia: Pauca bona sunt, et mihi etiam **illud** (verbum) notum est: CUNCTA CLARA RARA.

1) tabula, -ae: Gemälde   2) an: oder

B Bestimme in den folgenden Reihen den Kasus!
(Achtung: In jeder Reihe steckt ein „Irrläufer", den du heraussuchen sollst.)

① istius – eius – gladius – huius – piratae – illius
② ipsi – errori – huic – illi – boni – ioco
③ illud – ver – hoc – hac – istud – id – concordiam

K Füge eine der im Kasten angebotenen Subjunktionen so zwischen Hauptsatz und Gliedsatz ein, dass sinnvolle Sätze entstehen!

1. Romani valde territi sunt, ___ Hannibal Alpes superavit.
2. Hoc in te laudo, ___ semper comes fidus fuisti.
3. Marcus villam intravit, ___ servi Claudii cenam[1] parant. ◀
4. Amicos adiuvabo, ___ in periculo erunt.
5. Dux milites non laudavit, ___ bene pugnaverant.

QUAMQUAM
SI
POSTQUAM
QUOD
DUM

1) cena, -ae: Essen

ÜV **Eine alte Feindschaft?**

1. Die Römer und die Punier waren in alten Zeiten keine (= nicht) Feinde. – 2. Diese und jene nämlich hatten die gleichen Gegner: die Etrusker[1]. – 3. Diese beraubten die Kaufleute der einen wie der anderen (= dieser und jener). – 4. Aber nachdem die Römer die Etrusker[1] besiegt hatten (!), erregte (= bewegte) der Reichtum der Punier den Neid[2] der Römer.
5. Nam et hi et illi Siciliam possidere studebant. – 6. Dux illorum postea Hamilcar fuit, pater Hannibalis. – 7. Ei filius iuravit: „Numquam amicus Romanorum ero!" – 8. Profecto is illud iusiurandum[3] semper servavit.

1) Etrusker: Tusci, -orum   2) Neid: invidia, -ae   3) iusiurandum *n*: Eid

38 Aeneas in der Unterwelt

L

(Als Aeneas nach langer Irrfahrt endlich Italien erreicht hat, wo er nach Jupiters Willen sein Volk ansiedeln soll, steigt er mit einer weisen Frau, der Sibylle, in die Unterwelt hinab, um sich dort die Zukunft verkünden zu lassen. Auf ihrem Wege begegnet den beiden viel Unheimliches …)

Subito Aeneas magna moenia arcis firmae videt;
flammarum flumen ea circumdat.
Statim Sibyllam, comitem suam, rogat:
„Quam arcem video? Qui ignis eam illustrat[1]?
Quas voces, quem clamorem ex illa arce ausculto[2]?“
Tum Sibylla: „Hunc locum poetae Graeci Tartarum vocant,
et in hac arce magna scelera hominum vindicantur.“
Iterum Aeneas ducem suam rogat:
„Quae est poena scelerum et qui finis?“
Sibylla autem: „Poenae sunt variae – finis eis non erit!“
Et Aeneas: „Quod monstrum ante hanc portam sedet?
Ecce! In capite eius serpentes[3], non crines video!“
Tum Sibylla: „Haec est Tisiphone Furia.“

1) illustrare: erleuchten, erhellen 2) auscultare: hören 3) serpens, -ntis *m/f*: Schlange

Se Vox populi, vox dei.

V **Orpheus geht ins Totenreich**

(Fortsetzung von 37 V)

1. Orpheus diu mortem uxoris flevit. – 2. Postea summis periculis non territus ad loca Tartari migravit[1] et Plutonem ipsum rogavit: – 3. „*Quae* vitia Eurydicae, *quam* superbiam illius vituperare potes? – 4. *Quas* iniurias vindicare studes? – 5. *Quae* est sors, *quae* poena uxoris miser*ae*?“ – 6. Movetur his verbis ipse Pluto, moventur Furiae ipsae Orphei lacrimis et amore[2]. – 7. Eurydicam vocant, dant Orpheo. (Fortsetzung 39 V)

1) migrare *(hier)*: hinabsteigen
2) amor, -oris *m*: Liebe

Orpheus, Eurydike und Hermes

38 **G 1:** Interrogativ-Pronomen: Substantivischer u. adjekt. Gebrauch **G 2:** Grammatisches und natürliches Geschlecht

G 1 Übersetze und vergleiche!

Quis comes Aeneae fuit?	**Qui** locus Tartarus vocatur?
Quem ille rogavit?	**Quod** flumen Aeneas vidit?
Quid ei Sibylla narravit?	**Quae** scelera ibi vindicantur?

Erstelle mit Hilfe des GB das Deklinationsschema für das adjektivische Interrogativ-Pronomen!

G 2 Vergleiche die fett gedruckten Bestandteile in ① und ②!

① Pax laudat**a** est.	② Scipio clar**us** est.
Condicio iust**a** est.	Poeta doct**us** est.
Villae magn**ae** sunt.	Persae superat**i** sunt.

E Setze die jeweils richtige Form von QUIS, QUID oder QUI, QUAE, QUOD ein!

1. ______ vir patrem ex urbe deleta portavit?
2. ______ imprimis in Aenea laudatur?
3. ______ cum duce Troiani superstites *(überlebend)* e-migraverunt?
4. ______ ignes Aeneas cum Sibylla spectavit?
5. ______ monstra in Orco habitant?
6. ______ arcem Aeneas ibi vidit?

K Übersetze folgende Sätze und wandle sie dann nach dem Arbeitsbeispiel (▶) in Fragesätze um!

▶ Ille vir homines miseros liberavit: Qui(s) vir ... liberavit?
Quos homines ille vir liberavit?

1. Ille iuvenis firmus loca Tartari non timuit. – 2. Femina docta ei de variis monstris narravit. – 3. Moenia Tartari flammarum flumine circumdantur. – 4. Igne claro illa arx illustratur (illustrare: *erleuchten*).

B Übersetze und begründe das Genus der Adjektive!

1. Cum comite fid**o** / fid**a** pericula non timebimus.

2. Pueri / Puellae duci timid**o** / timid**ae** non parebunt.

Ü **Fragen an einen Fremdenführer**

1. An (= in) welchem Weg liegt (= ist) der Tempel der Großen Göttin? – 2. Zu welcher Zeit werden wir ihn betrachten können? – 3. Durch welche Geschenke wird jene Göttin besänftigt? – 4. Aus welchem Land ist sie nach Italien gebracht worden? – 5. Welchen Fluss sehen wir dort? – 6. Welche Gebäude sind in dieser Gegend berühmt? – 7. Wessen Landhaus sehen wir hier?

39 Grausige Strafen

L De poenis Sibylla haec narrat: „In Tartaro Tantalus acri fame sitique laborat. Sisyphus frustra saxum in montem altum volutare[1] studet. Tityi corpus aves Iovis[2] celeres rostris[3] acribus lacerant.“
Tum Aeneas: „Num et nos hunc locum terribilem poenarum crudelium intrabimus?“
Sed Sibylla: „Haec arx immanis tibi non patebit, nam tu sceleribus vacas. Neque mortalibus neque immortalibus licet eas regiones terribiles videre, ubi omni tempore scelera turpia vindicantur.“

1) volutare: wälzen
2) Iovis: *Gen. zu* Iuppiter
3) rostrum, -i: Schnabel

Se Gratum est
laudari a viro laudato.

Der Adler des Zeus frisst an der Leber des Prometheus (Vasenbild)

Sisyphus wälzt den Stein, eine Furie treibt ihn an (Vasenbild)

V **Die Ungeduld ist zu stark** (Fortsetzung von 38 V)

1. Pluto, dum Orpheo Eurydicam dat, eum his verbis monuit: – 2. „Tibi licebit uxorem ex hoc loco *terribili* liberare; porta Taenaria tibi patebit. – 3. Si autem retro[1] spectabis, donum nostrum irritum[2] erit.“ – 4. Orpheus verbis dei diu paruit et cum Mercurio comite summa celeritate[3] ad portam Taenariam properavit. – 5. Sed amore[4] *mortali* motus ante tempus retro[1] spectavit. – 6. Statim Eurydica cum Mercurio ad illa loca *immania* et *terribilia* remeare[5] ibique in *omne* tempus manere debuit.

1) retro *(Adv.)*: zurück 2) írritus, -a, -um: ungültig, unwirksam
3) celeritas, -atis *f*: Geschwindigkeit 4) amor, -oris *m*: Liebe 5) remeare: zurückkehren

39 G 1: i-Deklination: Dreiendige Adjektive
G 2: i-Deklination: Zweiendige Adjektive

G 1 Vergleiche die Kasusausgänge! Führe die Deklination zu Ende!

pater	navis	mar**e**	acer	acris	acr**e**	celer	celeris	celer**e**
patris	navis	maris		acris			celeris	
patri	navi	mari		acri			celeri	
patrem	navem	mar**e**	acrem	acrem	acr**e**	celerem	celerem	celer**e**
a patr**e**	nav**e**	mar**i**		acr**i**			celer**i**	
patres	naves	mar**ia**	acres	acres	acr**ia**	celeres	celeres	celer**ia**
patr**um**	nav**ium**	mar**ium**		acr**ium**			celer**ium**	
...	...	...	...	...	...	...	...	...

Welche Merkmale weisen diese Adjektive als i-Stämme aus?
Warum bezeichnet man diese Adjektive als **dreiendig?**

G 2 Vergleiche im GB Singular und Plural des Adjektivs OMNIS, OMNE mit den entsprechenden Formen von ACER, ACRIS, ACRE!

B Ordne die folgenden Adjektive nach den Deklinationen! Bestimme die Formen!

terribilis – acris – pulchris – maestis – ceteris – magnis – turpis

K 1 Füge aus den beiden Kästen jeweils ein Substantiv mit einem passenden Adjektiv zusammen! Achtung: Bestimmungsstücke und Sinn müssen passen!

MONSTRORUM – MARE – NAVE	OMNIBUS – CRUDELIUM – TURPE
DEAE – SCELERA – PIRATARUM ▶	◀ TERRIBILIUM – CELERI – TURPIA
FUGA – SERVITIUM – VIIS	CELERIS – PERICULOSUM – IMMORTALI

Übersetze die gewonnenen Ausdrücke!

K 2 In den folgenden Sätzen ist das Adjektiv (eingeklammert im Nominativ) im richtigen Kasus einzusetzen! Übersetze dann die Sätze!

1. Imperator crudelitate (immanis) civitatem terruit. – 2. Romani corpora (terribilis) elephantorum timebant. – 3. Miles vulneratus dolore (acer) vexabatur. – 4. Ista scelera poenā (celer) vindicabuntur.

Ü **Ein Philosoph kritisiert die Göttervorstellungen der Griechen**

1. Mit scharfen Worten tadelte der Philosoph Xenophanes alle griechischen Dichter: – 2. „Welche schändlichen und schrecklichen Verbrechen haben diese Dichter da eigentlich° nicht[1] über unsere Götter erzählt? – 3. Welches ungeheure Laster haben sie nicht[1] dem Namen der Unsterblichen zugeschrieben[2]? – 4. Wahre Götter aber sind frei von Zorn und Verbrechen. – 5. Sie sind weder schrecklich noch schändlich!“

---

1) *Verneinung vor das Prädikat stellen* 2) zuschreiben: assignare

40 Im Elysium

L

Sibylla, vates sapiens,
postquam iuveni forti loca atrocia Tartari ingentis monstravit,
cum Aenea Elysium intravit, sedes beatas vat(i)um piorum regumque prudentium et clementium.
Hic et Anchises[1], pater Aeneae, otio et pace delectabatur.
Is magno cum gaudio filium salutavit eique multa de sorte gentis Romanae, de ducibus audacibus et de imperatoribus potentibus, narravit:
„Haec“, inquit, „memoriā teneto, Aeneas: Tu auctor novae gentis esto, eique genti, populo Romano, ceterae gentes parento!
Imperia vestra, Romani, iusta sunto, populis pacem moresque datote!
Tempus autem imperii vestri sine fine erit.“

1) Anchises, *den Aeneas aus Troja gerettet hatte, war während eines Aufenthalts der Flüchtlinge auf Sizilien gestorben.*

Se Ex avaritia omnia scelera.

V **Der weite Weg des Aeneas nach Latium**

1. Troianis superstitibus[1] multa pericula imminebant, dum per maria in Italiam navigant. – 2. Nam in mari *ingenti* fame et siti laborabant. – 3. *Atrocibus* procellis[2] nonnullae naves eorum deletae sunt. – 4. Sed fortitudine ducis *prudentis* omnia pericula superaverunt. – 5. Tandem Aeneae virtus atque pietas ipsam Iunonem deam moverant: antiquam iram coercuit. – 6. Sic Aeneas, ille vir pius et *sapiens,* cum comitibus fatigatis Italiam intrare potuit. – 7. In Latio post mortem regis Latini ipse populo Latinorum imperavit.

1) superstes, -stitis: überlebend 2) procella, -ae: Sturm

Aeneas wird von König Latinus empfangen (Handschrift, 4. Jh.).

40

G 1: i-Deklination: Einendige Adjektive
G 2: Modi: Imperativ II

G 1 Suche alle Formen der Adjektive SAPIENS, ATROX, INGENS, PRUDENS, CLEMENS, AUDAX, POTENS aus 40 L (ggf. 40 V) zusammen und erstelle das Deklinationsschema! Überprüfe das Ergebnis deiner Arbeit im GB!

G 2 Übersetze und vergleiche die folgenden Sätze!

Imperator tibi imperia dedit, miles. **Tene** ea memoriā!	Milites imperia imperatorum memoriā **tenento**!
Este boni, liberi mei! **Parete** matri!	Liberi boni **sunto**! Matri **parento**!

Welchen Unterschied in der Verwendung kannst du zwischen den Befehlen der linken Spalte und denen der rechten feststellen?

T Wandle um nach Muster von 10 T!

REX PRUDENS ⟶ Genitiv → Plural → Akkusativ → Singular → Ablativ → Plural → Dativ → Singular → Nominativ

OMEN ATROX ⟶ Plural → Ablativ → Singular → Akkusativ → Plural → Genitiv → Singular → Nominativ

E Setze die in Klammern angegebenen Adjektive in der richtigen Form (KNG-Regel) ein! Übersetze dann die Sätze!

1. Saepe de verbis virorum (sapiens) disputamus. – 2. Virum tam (potens) non ignoramus. – 3. Modestia et humanitas regis (prudens et clemens) laudatur. – 4. Hoc postulatur ab homine (audax et terribilis). – 5. Neque homines (miser) neque (potens) sortem suam vitare possunt. – 6. Pericula (atrox) constantia et fortitudine superabitis.

Ü **Das Zeitalter des Augustus**

1. Zu der Zeit, als Augustus das römische Volk beherrschte (= dem röm. Volk befahl), war die Bürgerschaft nach vielen schrecklichen Kriegen ruhig und glücklich. – 2. Augustus war ein kluger und milder Herrscher; auch die guten Sitten pflegte (= bewahrte) er mit großer Sorgfalt. – 3. Der Dichter Ovid wurde aus der Stadt verjagt, weil er diese Sitten verletzt hatte. – 4. Die Menschen waren dem Kaiser dankbar, dass er schändliche Verbrechen unterdrückte (= zügelte). – 5. Der Dichter Horaz erzählt viel über jenen klugen und mächtigen Herrscher. – 6. Augustus hat auch jenen berühmten° Altar des Friedens erbaut.

K Wortschlangen

Welche Wörter lassen sich waagrecht und senkrecht aus der Abbildung herausholen?

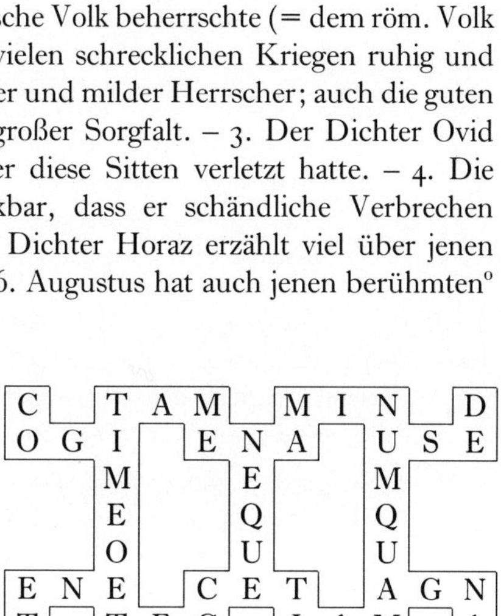

RIV REPETITIO GENERALIS QUARTA

W 1 Zu den folgenden Vokabeln kannst du jeweils mindestens ein stammverwandets Wort angeben:

vir – armare – nuntiare – humanus – mors – monstrare – errare – victor – pius – vocare – servus – auctor – terrere – periculum – post – nominare

W 2 Welche negative menschliche Eigenschaft sucht die folgende Skizze darzustellen? Sammle unter dem Oberbegriff VITIA die dir bekannten lateinischen Bezeichnungen von Charakterfehlern!

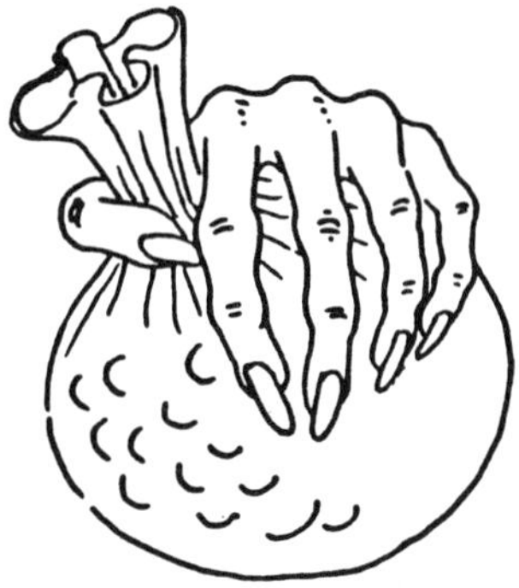

T 1 Ersetze in den folgenden Sätzen POSSIDERE durch ESSE mit dem Dativ des Besitzers (vgl. 32 G 2):

1. Pater novus Menaechmi magnas divitias possederat.
2. Post mortem eius Menaechmus villam pulchram et agros possidebat.
3. Nos neque villam neque agrum possidemus.

B Stelle fest, welche Aufgabe der Ablativ in den Beispielsätzen erfüllt, und übersetze!

1. **Aestate** in Graeciam navigabimus.
2. Ibi templa vario **decore** ornata spectabimus.
3. **Humanitate** hospitum nostrorum delectabimur.

T 2 Verwandle in die entsprechende Form des Perfekt-Stamms (Präsens ins Perfekt, Imperfekt ins Plusquamperfekt) und beachte die unterschiedlichen Bildungsweisen (v-/u-/Dehnungs- und Reduplikationsperfekt)!

sedemus – taces – dabat – sustineo – monemur – videtis – movebam – cavent – laudaris – invitantur – fles – delebantur – stamus

RIV Übungen zur Generalwiederholung der Kapitel 31–40

E 1 **Welche Ähnlichkeit!**

(Der Sklave des Sosicles staunt, als er seinen Herrn und dessen Bruder beieinander sieht; ergänze du die fehlenden Formen von IDEM, EADEM, IDEM!)

1. Ecce, ________ forma, ________ oculi, ________ corpora!
2. Certe et dominus meus et iste filii ________ parentium sunt, certe eis ________ pater est, ________ mater!
3. ________ anno in ________ urbe nati sunt!
4. (Menaechmus): Non erras, fratres enim sumus, ________ patris filii!

E 2 **Demosthenes und Cicero**

In dem folgenden Vergleich der beiden großen Redner fehlen Pronomina. Welche musst du einsetzen – und in welchen Kasus?

1. Et de ______ et de ______ multi auctores narraverunt, et ______ et ______ multi laudaverunt.
2. Et ______ et ______ eloquentia magna erat, et ______ et ______ civitates diu paruerunt.
3. Tamen et ______ et ______ vitae finis turpis fuit.

E 3 Setze an den Leerstellen (___) DUM oder POSTQUAM ein! Übersetze dann!

1. ___ Paris Helenam raptavit (raptare: *rauben*), Graeci multis navibus in Asiam navigaverunt. – 2. ___ Troiam temptant, nonnulli duces clari eorum ab hostibus necati sunt. – 3. ___ moenia alta atque urbem expugnaverunt, aedificia turrisque igne deleverunt, Troianos cunctis bonis[1] spoliaverunt, multos necaverunt. – 4. Tum (!) in patriam navigaverunt. – 5. Ulixes ___ per maria varia navigat, multorum hominum urbes animaliaque formidulosa (formidulosus, -a, -um: *furchterregend*) vidit ut Polyphemum et Sirenes.

1) bonum, -i: Gut

K 1 Ein Füllrätsel

	■		■	M
■			E	■
		D	E	M
■		E	E	■
	■	M	■	M

Fülle die Leerfelder so aus, dass sich waagrecht, senkrecht und diagonal 18 der 30 möglichen Formen (alle Genera, alle Numeri) von IDEM, EADEM, IDEM bilden lassen!

K 2 Wörterspiel

	E	T	I	A	M	
			N			
N	U	M	Q	U	A	M
U	□	D	U	M	□	A
N	□	S	I	C	□	N
C	A	U	T	E	M	E

Wie viele der wichtigen „kleinen" Wörter (Adverbien etc.) lassen sich aus dem Wortspiel herausholen? Schreibe sie zusammen und übersetze sie!

Die folgenden Wörter hast du in den Texten und Übungen 31–40 kennen gelernt. Du kannst mit dieser Zusammenstellung überprüfen, ob du noch alle Bedeutungen der lateinischen Wörter kennst.

V.	aedificare	dissimulare	adhibere	salve! /	interest
	agitare	educare	arcere	salvete!	
	appellare	iudicare	cavere		
	circumdare	lacerare	flere		non ignorare
	collocare	vindicare	patere		
N.	flamma	auctor	consuetudo	caedes	caput
	forma	clamor	imago	fames	flumen
	insula	dolor	virgo	sedes	scelus
	natura	error		vates	ver
	poena	uxor	aestas		
	poeta		necessitas	auris	animal
	scientia	mulier	pietas	avis	mare
			potestas	classis	moenia
	avus	hospes		crinis	
	dolus		preces	finis	
	equus	senex	rex	fines, -ium	
	locus		vox	hostis	
	loca, -orum			ignis	
	nuntius		continens	iuvenis	
			gens	navis	
	monstrum		mons		
	otium		parentes, -ium	sitis	
	saxum			turris	
	simulacrum		ars	vis	
			mors	vires, -ium	
			sors		
			urbs		
			arx		di boni!
			nox		
	altus	sibi	acer	crudelis	atrox
	beatus	secum	celer	fortis	audax
	carus	hic, haec, hoc		immanis	
	incertus	idem, eadem, idem		immortalis	clemens
	natus	ille, illa, illud		mortalis	ingens
	pius	ipse, ipsa, ipsum		omnis	potens
		qui?, quae?, quod?		terribilis	prudens
		alter, altera, alterum		turpis	sapiens
P.	aegre	inter	atque	dum	haud
	frustra	per	enim		
	ita		ergo		-ne?
	paene				
	profecto				idem atque …
	raro				ne … quidem

(132)

W IV

W 1 Stelle die bisher gelernten Substantive der Konsonantischen Deklination und der Mischklasse nach ihrer grammatikalischen Zugehörigkeit jeweils in einer Tabelle zusammen und ordne sie dann nach ihrer Genuszugehörigkeit!
Welche Unterschiede kannst du feststellen?

W 2 Suche – auch aus den früheren Tabellen – alle Pluralwörter zusammen und begründe, warum sie nach ihrem Bedeutungsumfang im Singular nicht gebraucht werden!

W 3 Stelle alle bisher gelernten Verben zusammen, die im Deutschen mit reflexiven Wendungen übersetzt werden können (z.B. cavere sich hüten)!

W 4 Viele Verben nehmen, wenn sie mit Präpositionen zusammengesetzt werden, eine neue, speziellere Bedeutung an.

Die Präpositionen gleichen sich dabei dem Anfangslaut des Verbums an, der erste Vokal des Verbums verändert sich oftmals, z.B.

habere	– ad-hibere	....	portare	– com-portare[4]	....
tenere	– ob-tinere[1]	....		– trans-portare[5]	....
	– sus-tinere[2]	....		– re-portare[3]	....
	– re-tinere[3]	....	vocare	– ad-vocare	....
parare	– com-parare[4]	....		– con-vocare[4]	....
	– im-perare	....		– re-vocare[3]	....
	– re-parare[3]	....	spectare	– ex-spectare	....

Gib die Bedeutungen an bzw. erschließe sie!

1) ob *bedeutet* „gegen“ 2) sus- *ist aus* subs- *entstanden* 3) re- („zurück“) *kommt nicht allein vor!* 4) com- *entspricht* cum 5) trans *bedeutet* „hinüber“

W 5 Stelle alle Konjunktionen zusammen, die im Lateinischen stets nachgestellt werden!

W 6 Stelle alle Subjunktionen zusammen, die im Lateinischen einen anderen Tempusgebrauch verlangen als im Deutschen!

W 7 Welche zwei Schriftzeichen sind in der nebenstehenden Zusammenstellung ausgefallen?

			IDEM
			OD
			OMODO
NUM			AM
QUAM			AM
			AM
ALI			ANDO
NE			E
AT			E
-			E

41 Ein schlechter Kauf

L Uxor imperatoris Gallieni, quae decus et luxuriam amabat, aliquando tabernam[1] mercatoris opulenti intravit eumque rogavit: „Monstra mihi omnes gemmas, quas possides, etiam eas, quarum pretium summum est!“ Mercator autem, qui mulierem ignorabat, ei varias gemmas monstravit, inter quas nonnullae falsae erant. Tum femina, cui gemmae placebant, complures sibi comparavit. Sed mercator, cuius avaritia magna erat, dolum adhibuit mulierique falsas tantum dedit. Gallienus autem, postquam eas gemmas vidit, uxori: „Gemmae, quibus gaudes, omnes sunt falsae; sed mercator iste fraudem suam mox dolebit!“ Et profecto mercator, qui neque dissimulare neque crimen negare potuit, ad bestias[2] damnatus est.

1) taberna, -ae: Laden 2) ad bestias: zum Kampf mit wilden Tieren

Se Occasio causa scelerum.
Otium cum dignitate.

Kaiser Gallienus mit seiner Frau Salonina

V **Das Damoklesschwert**

1. Aliquando Dionysius, de *quo* vobis iam narravimus[1], Damoclem, *quem* valde amabat, ad se vocavit. – 2. „Laudas me“, inquit, „propter divitias, *quarum* magnam copiam possideo. – 3. Nunc tibi veram condicionem vitae meae monstrabo!“ – 4. Statim eum ad mensam[2] vocavit, in *qua* multi variique cibi[3] erant; ex tecto autem gladius acer pendebat[4]. – 5. Damocles, dum cenat[5], subito illum gladium spectat, *quem* antea non viderat. – 6. Periculo mortis territus cibos[3] suaves[6] non iam curat, *quibus* antea delectatus erat. – 7. Dionysius autem „Haec“, inquit, „sunt ea bona[7], *quae* tu praedicas; num me etiam nunc hominem beatum putas, *cuius* fortunam laudare poteris?“

1) s. 17 V – 19 V 2) mensa, -ae: Tisch 3) cibus, -i: Speise 4) ex tecto pendere: von der Decke herabhängen 5) cenare: essen, speisen 6) suavis, -e *(hier)*: schmackhaft 7) bonum, -i: Gut

41 **G 1:** Relativ-Pronomen: QUI, QUAE, QUOD
G 2: Relativsätze als Attributsätze

G 1 *Aeneas:*

Quod monstrum ibi sedet?

Quae moenia ibi video?

Quas voces ex illa arce auscultamus? (auscultare: *hören*)

Sibylla:

Monstrum, **quod** ibi sedet, Tisiphone vocatur.

Moenia, **quae** vides, Tartarum circumdant.

Voces, **quas** auscultamus, clamores animarum miserarum sunt. (anima, -ae: *Seele*)

Welche Funktion erfüllt das Pronomen QUI, QUAE, QUOD in den Fragen des Aeneas, welche in den Antworten der Sibylle?
Wonach richtet sich in diesen Antworten das Relativ-Pronomen QUI, QUAE, QUOD in Kasus, Numerus und Genus?

G 2 Welches Satzglied vertritt der Relativsatz im folgenden Beispiel?

Amicum, **qui e periculo servatus erat,** summo gaudio salutavimus.

E Setze jeweils ein Relativ-Pronomen in der richtigen Form ein und übersetze!

NON IGNORAMUS DIONYSIUM,

.... multos annos Syracusanis imperavit.
.... Moerus necare studuit.
de .... multi auctores narrant.
.... divitias Damocles laudaverat.
.... multi servi erant.

SPECTATE TEMPLA ANTIQUA,

.... valde delectamur!
.... maiores nostri aedificaverunt!
.... constructio *(Bau)* clara est!
.... nunc multitudini patent!

ÜV **Die Sieben Weltwunder**

1. Die alten Schriftsteller loben besonders jene Bauwerke, welche die Ägypter ihren Königen nach deren Tod erbauten und welche wir Pyramiden[1] nennen. – 2. Aber auch die hängenden Gärten[2], die Semiramis am Fluss Euphrat baute, werden Weltwunder[3] genannt. – 3. Sicher kennt ihr *(non ignorare)* den berühmten Tempel des höchsten Gottes, der in° Olympia liegt (gelegen[4] ist), und jenen (Tempel°), den die Epheser der Diana erbauten.

4. A[5] rege Mausolo, cui Artemisia uxor monumentum collocavit, MAUSOLEUM illud appellatum est. – 5. Soli[6] deo Rhodii ingentem statuam[7] dederunt, quam in insula sua aedificaverunt. – 6. Mercatores, qui Alexandriam navigaverunt, ibi Pharum turrim claram spectaverunt, cuius lumen eis viam monstrabat.

1) die Pyramiden: pyramides, -um *f* 2) hängende Gärten: horti(-orum) pensiles(-ium)
3) Weltwunder: miraculum, -i 4) gelegen: situs, -a, -um 5) a *(hier)*: nach
6) Sol, Solis: Sonnengott 7) statua, -ae: Standbild

42 Späte Reue

L Mercator, dum in carcere sedet, se ipse propter avaritiam suam magna voce accusavit: „Nisi homo malus essem, nisi avaritiā laborarem, nunc non in carcere sederem. Utinam illae gemmae, quas uxori imperatoris dedi, verae essent! Utinam ne in carcere essem!“
Custos autem carceris mercatorem admonuit, ut taceret, et oravit, ne aures suas clamore tam molesto impleret: „Imperator iniquus esset, si misericordiā moveretur et curaret, ne tu a bestiis lacerareris.
Iudex enim iustus esse debet.
Te, cuius facinora nota sunt, imperator damnare debuit.
Itaque te haec iubeo, haec tibi suadeo:
Exspecta mortem certam aequo animo!“

Se Quae nocent, docent.

V **Stress und Freizeit**

(Ein berühmter Römer verwünscht den Stress des täglichen Lebens und ersehnt sich mehr Muße in seinem abgeschiedenen Landhaus:)

1. „Beatus *essem,* si semper in hac villa otio grato me dare *possem.* – 2. Nisi negotia[1] me in urbe *tenerent,* libenter omni tempore hac pace diuturna *gauderem.* – 3. Hic litteris *studerem* atque cum amicis *disputarem.* – 4. Sed iam frater rogavit, *ut* nuptias[2] filiae *frequentarem*[3]. – 5. Etiam amicus carus rogavit, *ut* a me apud iudices[4] *adiuvaretur.* – 6. Iam saepe deos oravi, *ne* animus meus tot[5] negotiis[1] totque[5] necessitatibus *laceraretur*!“

1) negotium, -i: Geschäft, Aufgabe 2) nuptiae, -arum: Hochzeit
3) frequentare: besuchen 4) apud iudices: vor Gericht 5) tot *(indekl.)*: so viele

Römisches Landhaus (Wandgemälde)

42 G 1: Konjunktiv: Imperfekt Aktiv und Passiv
G 2: Konjunktiv Imperfekt: Verwendung

G 1 Vergleiche die folgenden Reihen!

da-**re**	geben	gaude-**re**	sich freuen
da-t	er gibt	gaude-t	er freut sich
da-**re**-t	er gäbe	gaude-**re**-t	er würde sich freuen

Aus welchen Bestandteilen setzt sich der Konjunktiv Imperfekt Aktiv im Lateinischen zusammen? Wie lauten demnach die übrigen Personen (Sg. u. Pl.)? Übertrage die gewonnenen Erkenntnisse auf ESSE und POSSE!
Im Passiv ändern sich nur die Personalendungen entsprechend!

G 2.1 Übersetze die folgenden Sätze!

Beatus es**sem**, si tu apud me es**ses**. Si nos adiuva**res**, gaude**remus**.

Welches Verhältnis zur Wirklichkeit drückt der Sprechende durch die Verwendung des Konjunktiv Imperfekt aus?

2.2 Übersetze und bestimme die Sinnrichtung der Gliedsätze!

Hannibal saepe rogavit, **ut** a mercatoribus adiuva**retur**.
Milites monuit, **ne** de victoria despera**rent**.

E 1 Setze die Subjunktionen UT, NE an passender Stelle ein und ergänze bei den Verben die richtige Endung!

1. Maharbal Hannibalem monuit, ___ de victoria despera___. – 2. Rogavit, ___ firmus et fortis es___. – 3. Tum Hannibal: „Saepe deos oravi, ___ fratrem serva___, ___ Romanis victoriam da___, sed frustra! – 4. Tu autem me monuisti, ___ despera___.

E 2 **Wunschtraum eines Sklaven**

1. O, quam beatus es___, si dominus me e servitute libera___! – 2. Cuncti amici sortem meam lauda___. – 3. Fortasse in patriam navigare pos___, si dominus mihi pecuniam da___. – 4. Ibi parentes me multis cum lacrimis exspecta___. – 5. Certe deis multa et magna sacrificia da___.

ÜV **Der freie Wunsch**

1. „Was würdest du wünschen[1], wenn dir von den Göttern ein Wunsch[2] freigegeben (= gegeben) würde?" – 2. „Vielleicht würde ich große Reichtümer verlangen." – 3. „Ich wäre nicht glücklich, wenn ich nur große Reichtümer hätte."
4. „Fortasse optarem[1], ut cunctis hominibus imperare possem." – 5. „Ego homines beatos non puto, si potentes tantum sunt." – 6. „Si optarem[1], ut semper sanus[3] essem?" – 7. „Id certe votum[2] bonum esset!"

1) wünschen: optare 2) Wunsch: votum, -i 3) sanus, -a, -um: gesund

43 Vergebliche Hoffnungen?

L

Sed mercator: „Nisi stultus et avarus fuissem,
uxori Gallieni gemmas falsas non dedissem –
et si iniuriā abstinuissem, damnatus non essem.
Futuro autem tempore prudens, immo vero sapiens ero!
Cum enim in hunc carcerem iactatus essem,
hac calamitate mores mei mutati sunt,
et cum mores mutati essent, subito non iam idem fui atque antea.
Huic ‚homini novo' imperator temperabit.
Multis enim iam temperavit, cum paenitentiam[1] eorum vidisset."
At custos carceris: „Tune ‚homo novus' es? – Rideo!
Mali mores tam brevi tempore mutari non possunt,
et si imperator omnibus hominibus malis temperaret,
nemo iura aut leges civitatis curaret. Itaque tu frustra speras!"

1) paenitentia, -ae: Reue

Se

Fortes fortuna adiuvat.
Multos timere debet, quem multi timent.
Felices constantiā firmi.

V

Die lykischen Bauern ...

1. Latona, de qua vobis iam antea narravi, cum aliquando aestate in fines Lyciorum *properavisset,* cum liberis siti acri vexatis stagnum[1] vidit. – 2. Sed cum sitim sedare[2] studeret, agricolae[3], qui ibi habitabant, eam aquā[4] arcuerunt. – 3. Latona autem „Si corpus", inquit, „lavare[5] *paravissem,* iure me *arcuissetis.* – 4. Ego autem nihil studui, nisi ut sitim sedarem[2]. – 5. Dei aquam[4] omnibus hominibus dederunt; tamen vos oravi, ut mihi aquam[4] daretis, quod vita liberorum meorum siti vexatorum in summo periculo est." – 6. Quem haec verba non *movissent?* – 7. Sed cum dea sic *oravisset,* agricolae[3] ei iterum aquam[4] negaverunt.

(Fortsetzung 44 V)

1) stagnum, -i: Teich, Weiher 2) sedare: lindern, stillen
3) agricola, -ae *m*: Bauer 4) aqua, -ae: Wasser
5) lavare: waschen

Römischer Schmuck

43 G 1: Konjunktiv Plusquamperfekt: Aktiv und Passiv
G 2: Konjunktiv Plusquamperfekt: Verwendung

G 1.1 Vergleiche die hervorgehobenen Formen des Konjunktiv Plusquamperfekt Aktiv miteinander und übersetze sie ins Deutsche!

iurav-i	nocu-i	fu-i	potu-i
iurav-eram	nocu-eram	fu-eram	potu-eram
iurav-**iss**em	nocu-**iss**em	fu-**iss**em	potu-**iss**em

1.2 Im Passiv ist die Bildung des Konjunktiv Plusquamperfekt der im Deutschen ähnlich. Vervollständige die Konjugation!

vocatus essem impletus essem monitus essem

1.3 Übersetze!

Si me in discrimine adiuv**isses**, etiam ego in hoc periculo tecum fu**issem**.
Si bestiam cav**isses**, vulnera**tus** non **esses**.

Prüfe (wie in 42 G2.1), ob Realis oder Irrealis vorliegt! Beachte den Unterschied zu 42 G2 in der Zeitstufe!

G 2 Übersetze!

Cum Scipio Hannibalem superav**isset**, patres ei triumphum dederunt.
Hannibal cum a Scipione supera**tus esset**, a mercatoribus Poenorum non iam adiutus est.
Hannibal **cum** multas victorias reportav**isset** (reportare: *davontragen*), tamen e patria fugatus est.

Bestimme jeweils die Sinnrichtung der mit der Subjunktion CUM eingeleiteten Gliedsätze!

K Schließe jeweils zwei passende Teilsätze aneinander und übersetze dann!

1. Mercator damnatus est,		agros vastavissent.	a
2. Bestiae a servis fugatae sunt,		(e) Troia fugatus esset.	b
3. Aeneas a deis servatus est,	CUM	uxori imperatoris gemmas falsas dedisset.	c
4. Mores mercatoris mutati sunt,		ab amicis laudaretur.	d
5. Dionysius beatus non erat,		in carcerem iactatus esset.	e

Bestimme die Sinnrichtungen der Gliedsätze!

E Setze jeweils die richtige Endung ein und übersetze die Sätze dann!

1. Utinam amicus me in illis periculis adiuv______! – 2. Si periculum dictatori nuntia______, certe cum auxiliis in eum locum properav______. – 3. Pirata damnatus: „Utinam ne cum comitibus naves mercatorum tempta______! – 4. Certe damna______ non ______."

44 Gallienus revanchiert sich

L Postridie mercator flens et trepidans in arena[1] stetit; populum autem iuvit hominem flentem et trepidantem irridere. Frustra uxor eius liberique magnopere orantes flentesque Gallienum imploraverant, ut hominem miserum servaret. Nam is: „Multitudo ludos exspectans supplicium istius hominis postulat. Itaque ego neque lacrimis precibusque mulieris flentis neque vocibus liberorum clamantium moveor.“ Tum imperator custodibus exspectantibus signum dedit et mercator, iam mortem certam exspectans, caput velavit[2]. Sed cum signum datum esset, non bestia atrox, sed parvus catulus[3] arenam[1] intravit. Populus autem, cum eum vidisset, ridens clamavit: „Cave, mercator! Nonne bestiam appropinquantem vides? Cur te non fuga celeri servare studes?“ Et Gallienus comitibus: „Nonne fraudem istius alia fraude bene remuneravimus[4]?“

1) arena, -ae: Arena 2) velare: verhüllen 3) catulus, -i: Kätzchen 4) remunerare: „heimzahlen“

Se Nihil probat, qui nimium probat.

V **... werden für ihren Frevel bestraft** (Fortsetzung von 43 V)

1. Cum agricolae[1] Latonae irā *trepidanti* iterum aquam[2] negavissent, dea caput immortale *movens* homines crudeles his verbis vituperavit: – 2. „Vos mihi aquam[2] *desideranti* id donum parvum negavistis; (ab) aqua[2] omnibus *patente* sine pietate me arcuistis. – 3. Nunc formam *mutantes* poenas dabitis!“ – 4. Statim non iam *arcentes,* non iam *negantes* in ranas[3] mutati sunt. – 5. Neque tamen mores eorum mutati sunt, sed *clamantes* per aquam[2] nataverunt[4]. –

6. Nam QUAMVIS[5] SINT SUB AQUA[2], SUB AQUA[2] MALEDICERE[6] TEMPTANT. *(Ovid)*

1) agrícola, -ae *m*: Bauer
2) aqua, -ae: Wasser
3) rana, -ae: Frosch
4) natare: schwimmen
5) quamvis sint = quamquam sunt
6) maledícere: schimpfen

Verwandlung der lykischen Bauern

44 G 1: Partizip Präsens Aktiv: Formenbildung – Deklination
G 2: Partizip Präsens Aktiv: Verwendung

G 1 Vergleiche die deutschen Formen mit den lateinischen!

bewaffne**t**	arma**t**us	st**an**s, st**ant**is	steh**end**
angefüll**t**	imple**t**us	fl**en**s, fl**ent**is	wein**end**

Suche aus 44 L (ggf. 44 V) alle Formen des Partizip Präsens heraus, und ordne sie in ein Deklinationsschema ein! Vergleiche dieses mit dem der i-Deklination!

G 2 Übersetze!

① Quod nomen est **monstro** ante portam Tartari **sedenti?**

② **Viris** fabulas **narrantibus** libenter aures damus.

Inwiefern kann man bei Satz ① von **attributiver** Verwendung (↗ 6 G2.2) des Partizips sprechen? Bei Satz ② sprechen wir von **adverbialer** Verwendung des Partizips. Welche Übersetzungsmöglichkeiten bieten sich für das adverbial gebrauchte Partizip an (Sinnrichtungen temporal, kausal)?

K 1 Ordne je ein Partizip aus dem rechten Kasten sinnvoll und formal richtig einem Substantiv aus dem linken Kasten zu!

SENEM – VIRGINES – PUGNAE – IUDICI – DOMINIS – HOMINUM – DONUM	▶ ◀	DELECTANS – ROGANTI – IGNORANTIUM – APPROPINQUANTES IMMINENTI – VOCANTEM – IMPERANTIBUS

K 2 Bestimme bei den Partizipien in **adverbialer Verwendung** (in 44 L, ggf. 44 V) die Sinnrichtung (z. B. temporal, kausal, konzessiv) und wähle eine entsprechende Übersetzung!

K 3 Übersetze die folgenden Sätze! Gib das Partizip jeweils durch einen Gliedsatz wieder! Wähle dafür eine Subjunktion, welche die Sinnrichtung zum Ausdruck bringt (z. B. nachdem, während, indem, obwohl)!

1. Nautae (nauta, -ae: *Matrose*) **clamantes** cauponam (caupona, -ae: *Schenke*) intraverunt. – 2. A filio copae (copa, -ae: *Wirtin*) **salutati** vinum postulaverunt. – 3. Postea magna voce **clamantes** a servis e caupona iactati sunt. – 4. Tum alii alios **adiuvantes** ad navem properaverunt. – 5. Etiam tum **clamantes** a domino navis vituperati non sunt.

45 Seemannsgarn

L

(In einer Hafenkneipe von Ostia sitzen mehrere Männer, um die Heimkehr ihres Freundes MICIO zu feiern und dabei von seinen neuesten Abenteuern zu erfahren.)

MI.: De multis itineribus longis et periculosis vobis iam narravi, sed hoc iter, de quo nunc narrabo, longius et periculosius erat quam cetera. Saepe tempestates perniciosae et atroces navem meam agitaverunt, sed ea tempestas, quae nos ad montem Magnetem[1] iactavit, perniciosior, atrocior, vehementior erat quam omnes, quas adhuc sustinui.
Numquam in periculo terribiliore fui,
numquam gravioribus curis vexatus sum,
numquam mortem certiorem exspectavi –
numquam enim homines ad illum montem iactati
e calamitate servati sunt …

DAVUS: At tu servatus es, hic sedes et narras!

MI.: O Dave, molestior es quam cimex[2].
Cur non taces inter sermones
hominum prudentiorum?

1) mons Magnes (montis Magnetis): Magnetberg
2) cimex, -icis *m*: Wanze

Römisches Handelsschiff

Se

Vita brevis, ars longa.
Ignorantia non excusat[1] legem.

1) excusare *(m. Akk., hier)*: befreien, entbinden von

V

Hercules

(Der mit Bärenkräften ausgestattete Hercules – griechisch: Herakles – zählt zu den berühmtesten Heldengestalten der antiken Sagenwelt. Er vollbrachte zwölf große Taten.)

1. Auctores antiqui nobis multa de viris fortibus narrant; imprimis autem Herculem laudibus praedicant. – 2. Quis enim *fortior* aut *firmior* fuit quam ille Hercules? – 3. Quis *perniciosiora* pericula superavit, quis *crudeliora* facinora vindicavit? – 4. Quis homines *gravioribus* curis liberavit? – 5. Iam in incunabulis[1] ille duas[2] serpentes[3] ipse sine auxilio necavit, quod ei Iuppiter robur *firmius* dederat quam ceteris mortalibus. – 6. Iam illis temporibus homines Herculem *firmiorem, celeriorem, audaciorem* putabant.

(Fortsetzung 46 V)

1) incunabula, -orum: Wiege 2) duae *f*: zwei 3) serpens, -ntis *m/f*: Schlange

45 **G 1:** Komparativ des Adjektivs: Formenbildung **G 2:** Komparativ: Verwendung und Übersetzungsmöglichkeiten

G 1 Micio prahlt:

① Domino navis longae, pulchrae, celeris Micio: „Mea", inquit, „navis long**ior**, pulchr**ior**, celer**ior** est.	Zu dem Besitzer eines langen, schönen und schnellen Schiffes sagt Micio: „Mein Schiff ist länger, schöner und schneller!
② Tuane navis periculum atroc**ius** sustinuit?"	Hat dein Schiff (je) eine schrecklichere Gefahr ausgehalten?"
„Quis potent**ior** est quam ego?"	„Wer ist mächtiger als ich?"

Welche Veränderung haben die Adjektive in Satz ① erfahren?
Wie lautet das Bildungselement des Komparativs für das MASKULINUM/FEMININUM bzw. das NEUTRUM?

G 2 Vergleiche:

① Cornelia human**ior** est quam Atia.	Cornelia ist menschenfreundlich**er** als Atia.
② Atia domina dur**ior** est.	Atia ist eine **allzu** hartherzige Herrin.

Warum ist im Satz ② der lateinische Komparativ im Deutschen durch den Positiv wiedergegeben? Welche Aufgabe hat das hinzugefügte Adverb?

T Wandle nach dem Muster 10 T um!

NATURA PULCHRIOR ⟶ Genitiv → Plural → Akkusativ → Singular → Dativ → Plural → Ablativ → Singular

SCELUS ATROCIUS ⟶ Plural → Dativ → Singular → Ablativ → Plural → Genitiv → Singular → Nominativ

ÜV **Bestrafte Überheblichkeit**

1. Die unsterblichen Götter luden einst Tantalus, den sie für klüger hielten als die übrigen Menschen, auf den Olymp ein. – 2. Tantalus aber war sicherlich nicht weiser, sondern verwegener und unanständiger (= schändlicher) als die übrigen Menschen. – 3. Er erzählte den Menschen von den geheimeren[1] Gesprächen der Götter.
4. Superbiā motus filium suum necavit et dis cenam[2] atrocem paravit. – 5. Quid turpius et crudelius cogitari potest? – 6. Quod autem scelus immanius temptaverat, dei eum poena graviore vindicaverunt quam ceteros mortales.

1) geheim: secretus, -a, -um 2) cena, -ae: Mahl

46 Wunderbare Rettung

L

PHILIPPUS: Davus tacebit, tu autem propera narrare! Quomodo servatus es?

MI.: Nisi Davus iste me stultissimis verbis perturbavisset, iam narravissem. Navis mea pulcherrima et celerrima tempestate vehementissima ad illum montem iactata erat, qui omne ferrum tenere solet. Itaque nobis nulla fuga patebat. Brevi cum comitibus miserrimis crudelissima fame vexabar; ceteri praeda mortis erant, ego solus mortuo similis in nave iacebam sortem asperam accusans. Sed subito avis ingentissima apparuit, quae mortuos e nave in nidum[1] suum portare solebat. Ea me mortuum putans secum trans montes et maria …

DA.: Ea avis te portare potuit? Tantane erat? Hoc vix credibile[2] est!

MI.: Tace tandem, Dave! Iterum me perturbavisti, miserrime! Nisi ego prudentior essem quam tu, tibi iam malum[3] dedissem!

1) nidus, -i: Nest 2) credibilis, -e: glaublich
3) malum, -i *(hier)*: Prügel; malum dare: verprügeln

Se

Nulla poena sine lege!
Rex datur propter regnum, non regnum propter regem.

V

Taten des Hercules (Fortsetzung von 45 V)

1. Hercules multa exempla summae virtutis edidit (= dedit): – 2. Leonem[1] Nemaeum *ingentissimum,* ut rex Eurystheus ei imperaverat, necavit et Mycenas transportavit. – 3. Serpentem[2] *terribilissimam,* cui septem[3] capita *atrocissima* erant, igne superavit. – 4. Ea serpens[2] *immanissima,* quae ‚Hydra Lernaea' appellabatur, homines *miserrimos* itinere arcuerat et necaverat. – 5. Tandem Eurystheus Herculi imperavit, ut Cerberum, bestiam *atrocissimam,* e Tartaro Mycenas portaret. – 6. Imperio *durissimo* parens Hercules etiam illud monstrum superavit.

1) leo, -onis: Löwe 2) serpens, -ntis *m/f*: Schlange 3) septem *(indekl.)*: sieben

46 G 1: Superlativ des Adjektivs: Formenbildung
G 2: Superlativ: Übersetzungsmöglichkeiten

G 1.1	Navis Micionis firm**issima** et long**issima** et ingent**issima** omnium est.	Micios Schiff ist das stärk**ste** und läng**ste** und gewaltig**ste** von allen.

Mit welchem Bildungselement wird bei Adjektiven wie LONGUS, FIRMUS und INGENS der Superlativ gebildet?

1.2	Navis Micionis pulcher**rima** et celer**rima** omnium est.	Micios Schiff ist das schönste und schnellste von allen.

Mit welchem Bildungselement wird bei Adjektiven wie PULCHER und CELER der Superlativ gebildet?

G 2	① Navis Micionis celer**rima** omnium est.	Micios Schiff ist das schnellste von allen.
	② Navis Micionis celer**rima** est.	Micios Schiff ist **sehr** schnell/ **pfeil**schnell!

Vergleiche die Übersetzungen der Superlativform in ① und ②!
Wozu dient der Superlativ jeweils?

T Bilde zu folgenden Substantiv/Adjektiv-Paaren jeweils Komparativ und Superlativ und übersetze sie!

navis celeris – imaginis pulchrae – homini felici – puerum audacem – gladio acri – donum gratum – scelera atrocia – regum clementium

St Suche für die fett gedruckten Adjektive in den folgenden Sätzen möglichst mehrere Übersetzungen, welche die verschiedenen Möglichkeiten der Steigerung zum Ausdruck bringen!

1. Vere tempestates in hac regione **asperiores** sunt.
2. Scelera Catilinae omnes Romani **atrocissima** putabant.
3. Agrippina, uxor Claudii, femina **pulcherrima**, sed **crudelissima** erat.
4. Tempestates ea aestate **vehementiores** erant.
5. Milites Romani itinere **periculosissimo** ad hostes properaverunt.
6. Cum mors Herculis **certior** esset, amicum rogavit, ut corpus suum igne cremaret (cremare: *verbrennen*).

Taten des Hercules

47 Die Welt ist voller Wunder

L

LUCIUS: Profecto prudens fuisti, Micio, nam homines meliores verba peiorum non curant. Davus nunc tacebit; mihi autem haec nota sunt: In terris alienis plurima animalia mira sunt plurimaeque gentes mirae: aliis unus pes, aliis plures pedes sunt quam nobis; alii maiores, alii minores sunt quam nos; aliis capita canum aut equorum sunt, aliis unus tantum oculus ingens est …

PH.: Quis ignorat? Cyclopes nominantur! Maximi omnium mortalium sunt, haud raro maiores quam maximae arbores!

DA.: Pessimae fabulae vobis notae sunt,
quas sine pudore[1] narrare audetis … *(ridet)*

LU.: Cur risisti, Dave? Nonne tibi suasi, ut taceres?
Nonne te Micio tacere iussit?

MI.: Nunc non iam me teneo, amici optimi!
Quietus mansissem, nisi iste …

LU.: Cur tantā irā moveris?
Ecce, Davus se iam fugā celerrimā
servavit!

1) pudor, -oris *m*: Scham, Scheu

Cn. Pompeius

Se

Minima non curat praetor.
Non omnia apud maiores meliora.

V

Den Besten an die Spitze!

(Als der König Mithridates von Pontus im Jahre 66 v. Chr. die römischen Provinzen in Kleinasien bedroht, empfiehlt der Redner M. Tullius Cicero, den Oberbefehl dem Cn. Pompeius Magnus zu übertragen:)

1. Cicero Romanis haec *suasit*: – 2. „Hoc bellum *maius* est quam cetera, quod *maxima* vectigalia[1] populi Romani in *summo* periculo sunt. – 3. Itaque *meliore* imperatore ad hoc bellum indigemus[2] quam ad cetera bella. – 4. Quis autem mihi *meliorem* ducem nominare potest quam Pompeium, qui *summa* virtute atque *optima* scientia[3] militari[3] iam *plurimas* victorias reportavit[4]? – 5. Nonne Pompeius auxilio Iovis[5] *Optimi Maximi* Hispaniam vobis servavit? – 6. Nonne ille *pessima* scelera piratarum, qui nos tam diu *riserunt,* classe nostra bene ornata vindicavit? – 7. Certe is etiam caedem *peiorem* virorum, feminarum, liberorum Romanorum vindicabit!“

1) vectīgal, -alis *n*: Steuereinnahme 2) indigere *(m. Abl.)*: bedürfen
3) scientia militaris: Kriegserfahrung 4) reportare *(hier)*: erringen 5) Iovis: *Gen. zu* Iuppiter

47 G 1: Unregelmäßige Komparation des Adjektivs
G 2: Perfekt-Aktiv-Stamm: Bildung mit -s-

G 1 Vergleiche!

viel	mehr	am meisten
much	more	most
multum	plus, pluris	plurimum
gut	besser	am besten
good	better	best
bonus	melior	optimus

Worin besteht die Unregelmäßigkeit der Komparativ- und Superlativformen von MULTUM/MULTI, BONUS/MALUS, MAGNUS/PARVUS (↗ GB)?
Wie werden diese Formen dekliniert?

G 2 Wie erfolgt die Perfekt-Aktiv-Bildung?

salta-re	dele-re	cense-re	mŏve-re	da-re	ride-re
salta-**v**-i	dele-**v**-i	cens -**u**-i	m**ō**v---i	**de**d---i	ri**s**---i

T Bilde zu folgenden Positiven jeweils den Komparativ und den Superlativ!

boni *(Gen.)* – parvo *(Abl.)* – bona *(Pl.)* – magnum *(Mask.)* – mala *(Fem. Sg.)* – mala *(Abl.)* – multum *(Neutrum)* – multi *(Pl.)* – magno *(Dat.)* – multorum – bonis *(Dat. und Abl.)*

E In den folgenden Text sind Komparativ- und Superlativformen von MULTUM/MULTI – BONUS/MALUS – MAGNUS/PARVUS so in der richtigen Deklinationsform einzusetzen, dass sich sinnvolle Sätze ergeben! Übersetze!

1. „Micio, amice ______, narra nobis de ______ periculis, quae tibi imminebant, de tempestate ______, quae navem tuam alta nocte per maria agitavit. – 2. Nam, si vera narras, nemo ______ pericula superavit quam tu; nemo ______ curis vexatus est, nemo de itineribus ______ narrare potest!" – 3. „Exspectate, amici, nam certe vobis ______ narrare possum: de monstris ______, de nanis (nanus, -i: *Zwerg*) ______, de ______ regionibus, quas per maria navigans vidi."

Ü **Polyphem lästert**

1. *Polyphem*: „Wer ist größer, besser, stärker als wir Kyklopen[1]? – Wir kümmern uns nicht um° die Götter, welche diese winzigen Menschen da für die besten und größten halten. – Die Götter vermögen nicht mehr als wir! – Im Gegenteil, wir vermögen überhaupt° am meisten!"
2. *Odysseus:* „Sehen die Götter nicht alles? – Was ist schlimmer, als die von den Göttern selbst gegebenen Rechte zu verletzen? – Aber bald werden deine überaus schlechten Taten gerächt werden!"

1) Kyklopen: Cyclópes, -um

48 Die Abergläubische

L

(Lydia trifft ihre Freundin Syra auf der Straße und ist überrascht, dass diese einen ganz verstörten Eindruck macht:)

LYDIA: Cur tam maesta es, Syra? Quid times?

SYRA: Tu me rogas, cur timeam, cur trepidem, cur tristis sim? Num ignoras, quod fatum huic urbi, huic terrae cunctisque hominibus impendeat?

LY.: Ignoro. Narres igitur, si licet, quibus periculis terrearis!

SY.: Vates sapientissimi in caelo stellam crinitam[1], omen terribile, terrae appropinquantem viderunt. Ea stella tanta est, ut totum orbem terrarum delere possit.

LY.: Exspectemus! Ne simus timidae! Iam multae stellae crinitae[1] apparuerunt neque tamen terra deleta est.

SY.: Haec autem stella appropinquat, ut hominum flagitia vindicentur, ut huic generi mortalium sine mora finis atrocissimus paretur.

LY.: Te moneo, ne desperes. Sit tibi animus fortis!

1) stella (-ae) crinita (-ae): Schweifstern, Komet; ↗ *Information auf S. 151.*

Se Do, ut des.

V **Alexander der Große muntert seine Soldaten auf**

(Als Alexander mit seinen Macedonen bis weit nach Asien hinein vorgedrungen war, musste er seine erschöpften Soldaten aufmuntern.)

1. Alexander milites, cum itineribus diuturnis et pugnis acribus fatigati essent, his verbis admonuit: – 2. „Saepe nonnulli e vobis me praetoresque meos rogant, cur post plurimas victorias non ad uxores, ad liberos, ad parentes *remeemus*[1]. – 3. Rogant me etiam, cur iterum atque iterum novas regiones atque gentes Asiae *temptemus*. – 4. Ego vos, per[2] deos immortales, oro, ut omnes labores[3] mecum animo forti *sustineatis*! – 5. Oro, ne timidi *sitis*.

(Fortsetzung 49 V)

1) re-meare: zurückkehren 2) per *(hier)*: bei 3) labor, -oris *(hier)*: Strapaze

Alexander im Kampf mit dem Perserkönig Darius (Mosaik)

48 G 1: Konjunktiv Präsens: Aktiv und Passiv
G 2: Konjunktiv Präsens: Verwendung

G 1 Suche die Konjunktivformen aus 48 L (ggf. 48 V) heraus und erstelle das Konjugationsschema für den Konjunktiv Präsens (Aktiv und Passiv)!

G 2.1 Vergleiche die nachfolgenden lateinischen Sätze mit ihrer Übersetzung!

„Narr**e**s nobis de itinere tuo, Micio!"	„Du **sollst** uns von deiner Reise erzählen, Micio!" („Erzähle uns doch ...!")
„Narrabo. Sed iste Davus tace**at**!"	„Ich werde erzählen. Doch dieser Davus da **soll** schweigen!"
„D**e**mus aures verbis Micionis!"	**„Wollen wir** die Worte des Micio anhören! („Lasst uns ... anhören!")

Welche Aufgabe (Funktion) erfüllt jeweils der Konjunktiv Präsens in den lateinischen Sätzen?

2.2 Welche Art von Gliedsatz liegt jeweils vor? Vergleiche die Modi der lateinischen Sätze mit denen der deutschen!

„Te rogo, Micio, **cur** hic mane**as**."	„Ich frage dich, Micio, warum **du** hier bleib**st**."
„Cavete, **ne** me verbis malis fug**etis**!"	„Nehmt euch in Acht, **dass ihr** mich **nicht** durch böses Gerede vertreib**t**!"

T 1 Wandle die folgenden Ausdrücke in Optative ① bzw. Hortative ② um!

① Deus te semper adiuvat.
Fortuna tibi cuncta dat.

② In periculis timidi non sumus.
Hostes a patria arcemus.

Wie ist der lateinische Konjunktiv im Deutschen wiederzugeben?

T 2 Mache die folgenden Sätze jeweils von ROGO, UT / NE ..., ORO, UT / NE ... oder MONEO, UT / NE ... abhängig! (↗ Kasten)

ROGO, UT / NE ...
ORO, UT / NE ...
MONEO, UT / NE ...

▶

1. Concordiā cuncta pericula mecum superatis.
2. De auxilio deorum immortalium desperatis.
3. Adiuvate comites vulneratos!
4. Este viri fortes et audaces!
5. Cavete pericula urbi nostrae impendentia!

Ü **Besuch im Gefängnis**

1. Die Frau des Kaufmanns bittet die Wächter lange vergebens, dass man ihr erlaube (= dass es ihr[1] erlaubt sei), ihren Ehemann[2] zu sehen. – 2. Endlich befehlen sie ihr einzutreten (= dass sie eintritt). – 3. Vergebens ermahnt sie ihren Ehemann[2], dass er nicht verzweifeln solle: – 4. „Ich werde selbst den Kaiser bitten, dass er dich von der Strafe befreien soll." – 5. Aber der Kaufmann sagt[0]: „Wollen wir nicht das Mitleid des Kaisers erhoffen! – 6. Morgen[3] werde ich von den wilden Tieren zerfleischt werden."

1) ihr: *Reflexiv-Pronomen!* 2) Ehemann: marítus, -i 3) morgen: cras

49 Du wirst schon sehen …

L

SY.: Me mones, ne desperem, cum hodie ipsa pessimum omen viderim!
LY.: Narra, quid tibi apparuerit, quae omina te sollicitaverint!
SY.: Animal fatale[1]!
LY.: Quale animal? Narra! Ne tacueris!
SY.: Nefas est nomen eius nominare.
LY.: Non ignoro, quibus animalibus tu iam saepe territa sis.
Narra igitur, utrum mus[2] an aranea[3] fuerit!
O, quanta est religio tua! Quam vana times!
SY.: Ne riseris! Nam mox videbis, num iure monita sis.
Ora cunctos deos deasque, ut te servent tibique provideant!
LY.: Imprimis eos orabo, ut tibi mentem sanam dent.

1) fatalis, -e: unheilvoll 2) mus, muris *m*: Maus 3) aránea, -ae: Spinne

Se

Plus exempla quam peccata nocent.
Sit mens sana in corpore sano!

V

„Wir werden es schaffen!“ (Fortsetzung von 48 V)

1. „Cogitate, amici, quae pericula nobis imminentia, quanta itinera iam *superaverimus!* – 2. Non ignoro, quot annos procul[1] a patria *impleveritis.* – 3. Ne mihi quidem notum est, num[2] audacius *fuerit* etiam Indos temptare. – 4. Summo iure me rogatis, quot comites iam in pugnis *necati sint,* quot corpora militum fortium iam *cremaverimus*[3]. – 5. Sed curare debemus, ne illi vitam frustra *dederint.* – 6. Itaque iterum vos moneo: *Ne desperaveritis* de victoria nostra!“

1) procul *(Adv.)*: fern
2) num: *(hier)* ob
3) cremare: verbrennen

Der Perserkönig Darius im Kampf mit Alexander (Mosaik)

49 **G 1:** Konjunktiv Perfekt: Aktiv und Passiv **G 2:** Konjunktiv Perfekt: Verwendung

G 1 Aus welchen Bestandteilen sind die folgenden Formen des Konjunktiv Perfekt gebildet?

monstraverit fuerit monstratum sit

Bilde mit Hilfe von 49 L (ggf. 44 V) die restlichen Formen des Konjunktiv Perfekt im Aktiv und Passiv!

G 2.1

① Narra nobis illam fabulam!	Erzähle uns jene Geschichte!
Ridete nobiscum!	Lacht mit uns!
② **Ne** narrav**eris** fabulas!	Erzähle keine Märchen!
Ne ris**eritis**!	Lacht nicht!

Welche Aufgabe erfüllt der Konjunktiv Perfekt in den Sätzen der Gruppe ②?

2.2 Vergleiche die folgenden einander gegenübergestellten Sätze! Hauptsätze der linken Reihe sind rechts zu Gliedsätzen geworden:

Syra:	Quid times?	Rogo te, **quid** timeas.
	Quid timuisti?	Rogo te, **quid** timueris.
	Cur territa es?	Ignoro, **cur** territa sis.
Lydia:	Timeo, nam araneam *(Spinne)* vidi.	Timeo, **cum** araneam **viderim**.

Durch welchen Modus ist jeweils die Unterordnung bezeichnet?

T Mache die folgenden Sätze jeweils als indirekte Fragesätze von NARRA MIHI abhängig und übersetze sie dann!

NARRA MIHI →
1. Cur Latona siti acerrima vexata est?
2. Quis ibi/tum apud Latonam fuit?
3. Quis deae immortali aquam[1] necessariam negavit?
4. Quomodo Latona agricolas[2] aquam[1] negantes vindicavit?

1) aqua, -ae: Wasser 2) agrícola, -ae: Bauer

ÜV **Aberglauben**

1. In Asien gibt es (= sind) einige Stämme, deren Aberglauben[1] erstaunlich (= sonderbar) ist. – 2. Oft fragen sich° diese Menschen, von Sorge bewegt, warum sie ein verhängnisvolles[2] Tier in ihrem Landhaus gesehen haben, warum ein Vogel sein° Lied mit schriller (= scharfer) Stimme gesungen hat[3], warum die Vorzeichen überaus schlecht gewesen sind.
3. Cum rogas, quid eos terruerit et cur timeant, clamant: – 4. „Ne rogaveris! Ne riseritis! Mox videbitis, cur ita territi simus.“ – 5. Cogitemus igitur, quomodo homines tam timidos superstitione[1] liberemus!“

1) Aberglauben: superstitio, -onis *f* 2) verhängnisvoll: fatalis, -e 3) singen: cantare

50 Die Meerfahrt der Trinker

L

(In einem Haus auf Sizilien hatten, wie der Historiker Timaios erzählt, einige junge Leute so viel Wein getrunken, dass sich plötzlich alles um sie herum zu drehen und der Boden zu schwanken schien …)

Tum unus ex adulescentibus misere clamans: „Vae[1] nobis, amici! Maxima tempestas navem nostram atrociter agitat! Oremus igitur deos suppliciter, ut vitam nostram servent!“ Alius autem: „Iam gubernator[2] acriter imperavit, ut celerrime navem exoneraremus[3]. Iactemus ergo studiosissime omnia haec in mare!“ Dum adulescentes verbis eius parent mensasque et lectos non in mare, sed e fenestris in forum iactant, subito vigiles[4] intraverunt, ut furorem adulescentium coercerent. Illi autem: „Salvete, magni dei maris! Servate nos clementissime ex his tempestatibus terribilibus!“ Tum vigiles[4] eos ridentes monuerunt, ut postea tardius et moderatius potarent[5].

1) vae: wehe! 2) gubernator, -oris: Steuermann 3) navem exonerare: das Schiff entlasten, Ballast abwerfen 4) vigiles, -um: Wächter; Polizisten 5) potare: trinken

Se

Nemo ante mortem beatus.
E pluribus unum.
Donec[1] eris felix, multos numerabis amicos.

1) donec: solange

V

Schreit lieber nicht!

Allzuviel ist ungesund (Trinkschale).

1. Cum Bias philosophus aliquando in mari navigaret, tempestas navem *atrociter* et *periculose* agitavit. – 2. Statim homines, qui in ea nave erant, deos *misere* oraverunt: – 3. „Ne necaveritis nos *turpissime,* di boni! – 4. Ne nos vindicaveritis *crudelius,* quod *longius* et *audacius* per mare navigamus!“ – 5. Sed Bias, qui plurimos eorum homines pessimos putabat, *mordaciter*[1] eos monuit: – 6. „Melius erit, si tacebitis! – 7. Quid, si dei vos *acerrime* clamantes iam auscultaverunt[2]?“

1) mordax: bissig, sarkastisch 2) auscultare: hören

50 G 1: Adverb: Verwendung im Satz
G 2: Adverb: Bildung in allen Vergleichsstufen

G 1.1 Übersetze! Wie fragst du jeweils nach der fett gedruckten Form?

Homines fort**es** appellamus eos, qui forti**ter** cuncta opera temptant.

1.2 Vergleiche die Bildung der von Adjektiven abgeleiteten Adverbien!

① periculos**us**	**periculos**-i	periculos-**e**
pulch**er**	**pulchr**-i	pulchr-**e**
② cel**er**	**celer**-is	celer-**iter**
crudel**is**	**crudel**-is	crudel-**iter**
③ prude**ns**	**prudent**-is	prudent-**er**

Um welche Formen handelt es sich jeweils in den drei Spalten?
Welcher Unterschied besteht zwischen den Gruppen ①, ②, ③?

G 2 Leite die Regel für die Komparation des Adverbs ab!

Syrus et Barbatus **acriter** et **crudeliter** pugnant.
Syrus et Barbatus **acrius** et **crudelius** pugnaverunt.
Syrus et Barbatus **acerrime** et **crudelissime** pugnaverunt.

T Bilde zu folgenden Adjektiv-Formen das Adverb und übersetze dann!

sapiens – felix – asper – miser – longus – turpis – beatus

Bilde zu den Adverbien jeweils den Komparativ und den Superlativ!

E Setze die im Kasten stehenden Formen sinnvoll in die Sätze ein! Übersetze!

CELERRIME – MELIUS
OPTIME – TURPISSIME
ACERRIME – FORTISSIME

1. Leonidae Thermopylas _____ obtinenti a Persis nuntiatum est: – 2. „Certe _____ vos fugabimus, certe _____ superabimini! – 3. Nam solem[1] obscurabimus[2] sagittis[3] nostris!" – 4. Tum Leonidas: „_____! In umbra[4] enim _____ pugnabimus! Et certe _____ pugnabimus!"

1) sol, solis *m*: Sonne 2) obscurare: verdunkeln 3) sagitta, -ae: Pfeil 4) umbra, -ae: Schatten

ÜV Die Zähigkeit der Weinseligen

1. Wir kennen[1] alle jene Art von (= der) Menschen, welche sich schnell mit Wein anfüllen, wenn sie sich freuen oder traurig sind. – 2. Nicht selten verwüsten sie schrecklich schreiend das Haus. – 3. Wenn Freunde sie warnen (= mahnen), schreien sie noch° heftiger und schändlicher.

4. Saepe vigiles[2] eos homines vituperant: „Molestius clamatis. – 5. Nisi moderatius disputabitis et cantabitis[3], mox in vinculis eritis!" – 6. Mox autem illi iuvenes tacebunt et crinibus male ornatis miserrime iacebunt. – 7. Nam vis vini maxima est.

1) kennen = „nicht nicht kennen" 2) vigiles, -um *m*: Polizisten 3) cantare: singen

RV REPETITIO GENERALIS QUINTA

W 1 Gib zu den folgenden Nomina stammverwandte Verben an:

navis – arx – rex – studiosus – con-tinens – clamor – sedes

W 2 Welche lateinischen Wörter rufen dir die beiden Skizzen in Erinnerung? (Zu unserem Bedauern benehmen sich die Herren Römer gar nicht fein!)

W 3 Stelle mit Hilfe des Wortspeichers ein Sachfeld „Rechtswesen“ zusammen und suche es in Teilbereiche aufzugliedern (z. B.: Gesetz und Recht – Rechtsverletzungen – Anklage/Urteil/Strafe)

T 1 Setze die folgenden Präsensformen ins Perfekt und rechne dabei auch mit dem neu gelernten s-Perfekt!

possidemus – rideo – arcent – moveris – suadetis – cavet – delentur – agitamini – stat – iubes – irrident

T 2 Bilde von den angegebenen Adjektiven nach Kasus, Numerus und Genus übereinstimmende Formen des Komparativs und Superlativs, z. B.: turpia (turpiora, turpissima)! Wo es mehrere Möglichkeiten gibt, steht ein (!).

longorum – bonam – magnos – celere – acer – malas – terribile – parvae (! im Komparativ) – terribiles (! im Superlativ) – crudelium (! im Superlativ) – beata (! im Komparativ) – prudentem (! im Superlativ) – forti (! im Komparativ und Superlativ) – multis – atrox (! im Komparativ und Superlativ)

T 3 Mache die folgenden Sätze als indirekte Fragesätze von ROGANT, CUR… abhängig! (↗ Kasten)

ROGANT, CUR… ▶

1. Romani magnas copias in finibus Gallorum collocant.
2. Caesar inimicos Haeduorum adiuvat.
3. Milites et equites a via arcetis.

Übungen zur Generalwiederholung der Kapitel 41–50

E Im folgenden Text fehlen Adverbien. Bilde sie von den unten angegebenen Adjektiven und füge sie passend ein!

malus – stultus – acer – vehemens

1. Dum Micio de itineribus suis narrat, Davus ______ risit.
2. Itaque Micio eum ______ iussit tacere.
3. Sed Davus: „Nonne licet hominem ______ narrantem irridere?
4. Nisi tam ______ te ipse laudavisses, ego numquam risissem."

In welchen Sätzen kannst du die Adverbform in den Superlativ setzen?

B Welche Aufgabe erfüllt der Konjunktiv in den folgenden Sätzen?

1. Narres mihi, quid te terruerit! Ne tacueris!
2. Nisi ignorarem, cur territa esses, te monere tibique suadere possem.
3. Utinam tibi animus fortis sit! Utinam ne imaginibus vanis sollicitteris!

K Verbinde die Relativsätze ⓐ–ⓓ so mit den Hauptsätzen 1.–4., dass sich ein guter Sinn ergibt!

1. Syra, ..., ab amica frustra monetur.
2. Uxor Gallieni, ..., maxima ira mota a viro postulavit, ut dolum malum vindicaret.
3. Micio, ..., ab omnibus irrisus est.
4. Hercules, ..., multa monstra superavit.

ⓐ ..., qui stulte se ipse laudaverat, ...
ⓑ ..., cui mercator gemmas falsas dederat, ...
ⓒ ..., cuius virtus semper laudabitur, ...
ⓓ ..., quae stellam fatalem[1] timet, ...

1) fatalis, -e: unheilvoll

V **„Wäre ich doch daheim geblieben!"**

(Einer von den jungen Leuten, die plötzlich glauben, auf einem Schiff zu fahren, jammert über sein Schicksal:)

1. „Utinam verbis patris matrisque vehementer me monentium paruissem, utinam apud eos mansissem!
2. Non in ista nave atrociter titubante[1] sederem, non mortem certissimam exspectarem!
3. Di boni, sitis clementes! Vos suppliciter rogo, ut me e summo discrimine servetis!
4. Ne vindicaveritis peccata mea severius!
5. Vos non ignoratis, quot sacrificiis vos placaverim.
6. Curate igitur, ut mortem terribilissimam vitem!"

1) titubare: schwanken

Wv 41–50

Die folgenden Wörter hast du in den Texten und Übungen 41–50 kennen gelernt. Du kannst mit dieser Zusammenstellung überprüfen, ob du noch alle Bedeutungen der lateinischen Wörter kennst.

V.

accusare	perturbare	abstinere	solere	
appropinquare	probare	apparere	suadere	
damnare	sollicitare	dolere		
iactare	sperare	iacere		
implorare	temperare	impendere		aures dare
numerare	trepidare	iubere		poenas dare
orare		providere		

N.

bestia	animus	arbor	religio	crimen
causa	lectus	furor	sermo	
cura		praetor		facinus
fenestra	caelum		dignitas	genus
gemma	fatum	carcer	tempestas	ius
ignorantia	ferrum		fraus	
mensa	flagitium	pes		iter
mora	peccatum		iudex	
stella	pretium		lex	nefas
	regnum		adulescens	
	signum		mens	
	supplicium	nemo		aequus animus
			canis	orbis terrarum
			orbis	

avarus	nimius	alius, alia, aliud		brevis
certus	nullus	qui, quae, quod		gravis
falsus	quantus			qualis
futurus	sanus			similis
iniquus	solus			tristis
longus	studiosus	maior	minor	
mirus	tardus	maximus	minimus	felix
moderatus	totus			supplex
mortuus	vanus	melior	peior	vehemens
		optimus	pessimus	
			plus	
			plures	
			plurimi	
			complures	alii alios adiuvant

P.

brevi	trans	utinam!	at	cum *(mit Konj.)*
magnopere		utinam ne!		ne *(mit Konj.)*
postridie				ut *(mit Konj.)*
vix				utrum . . . an
				num *(ind. Frage)*
				quam *(beim Komp.)*
				iterum atque iterum

(119)

W V

W 1 Verdeutliche dir anhand der Reihe ager – acer – acriter, dass es wichtig ist, die Wörter genau anzusehen, insbesondere aber auch auf das Wortende zu achten!

W 2 Stelle aus allen Deklinationen die bisher gelernten Substantive und Adjektive auf -er zusammen und bilde zu jedem davon den Genitiv Plural!

W 3 Die Vorsilbe in- bezeichnet vielfach das Gegenteil zu dem ohne Vorsilbe gebildeten Wort. Dies ist insbesondere bei Adjektiven zu beobachten, wie z. B.:

aequus	....	–	in-iquus	....
certus	....	–	in-certus	....
gratus	....	–	in-gratus	....
firmus	....	–	....	....
iustus	....	–	....	....
sanus	....	–	....	....
....	....	–	im-mortalis	....
prudens	....	–	....	....

aber:

verus	....	–	falsus	....
parvus	....	–	....	....
pauci	....	–	....	....

Gib die Bedeutungen an bzw. erschließe Wort und Bedeutung!

W 4 Stelle alle Verben zusammen, die den gleichen Stamm wie ein dir bekanntes Substantiv haben (z. B. curare – cura)!

W 5 Mehrere Adverbien sind aus anderen Wortformen zusammengesetzt (z. B. post-ea).

Suche unter den bisher gelernten Adverbien andere derartige Zusammensetzungen heraus und erkläre ihre Bedeutung aus den jeweiligen Bestandteilen!

W 6 Der letzte Buchstabe im römischen Alphabet war ursprünglich nicht das (aus dem Griechischen übernommene) „Z“, sondern der in nebenstehender Reihe ausgefallene Buchstabe.

Ergänze ihn und gib die jeweilige Bedeutung an!

Welche Wörter könntest du noch hinzufügen?

E	
DU	
PA	
MO	
VI	
LE	
AR	
NO	
RE	
VO	

51 So ein Dummkopf!

L *(Im Legionslager Regensburg plagt sich der junge Offizier CN.PAPIRIUS CARBO damit, seinem neuen germanischen Sklaven Latein beizubringen, doch stößt er dabei auf erhebliche Schwierigkeiten:)*

CA.: O, quanta est stultitia[1] istius hominis! Ne minimam quidem rem Latine appellare potest, quamquam eum iam multos dies doceo. Durus est hic labor, per[2] fidem deorum! Ego nomina variarum rerum clara voce nomino, ut iste ea tandem memoriā teneat. Is autem nulla re movetur: Stat et tacet. Ecce! Quod nomen est huic rei? *(Carbo mensam monstrat.)*

SE.: Hem?

CA.: Pernicies! Tu re vera stultior es quam bestiae latarum silvarum, quibus patria tua abundat! Nomen eius rei est ‚mensa'! Quotiens[3] tibi his diebus iam mensam monstravi! Certe ignoras, quam spem in te habeam. Magna enim res est scientia linguae Latinae ...

1) stultitia, -ae: *Substantiv zu* stultus, -a, -um 2) per *(Präp. m. Akk.; hier)*: bei
3) quotiens: wie oft *(hier: Ausruf)*

Se Salus rei publicae suprema lex esto!
Res severa est verum gaudium.

V **Regulus gibt sein Wort ...**

1. Iam ante ea tempora, quibus Romani cum Hannibale pugnabant, Regulus, consul *rei publicae Romanae,* magnas copias in Africam transporta*verat,* ut Carthaginem expugna*ret.* – 2. Neque Fortuna *rebus* Romanis tum favebat[1]. – 3. Immo vero Poeni pugnā atrocissimā Romanos superaverunt et Regulum cum multis militibus captaverunt[2]. – 4. *Spes* Romanorum tum minimae erant, dum[3] Lucius Metellus Poenos in Sicilia superavit. – 5. In hoc discrimine *rerum* Poeni Regulo impera*verunt,* ut cum legatis[4] Punicis Romam naviga*ret* Romanisque condiciones pacis nuntia*ret.* – 6. Regulus Poenis *fidem* dedit: Carthaginem remeabo[5], Romae non manebo. – 7. Tum Romam navigavit.

1) favere: gewogen sein 2) captare: gefangen nehmen 3) dum *(hier)*: bis 4) legatus, -i: Gesandter
5) re-meare: zurückkehren

Ziegelstempel der XXII. Legion aus Xanten

51 G 1: ē-Deklination: Formenbildung und Genusregeln
G 2: Zur Zeitenfolge in konjunktivischen Gliedsätzen

G 1.1 Die Substantive der folgenden Reihen stehen jeweils im selben Kasus. Bestimme ihn und erarbeite so das Deklinationsschema für die ē-Deklination!

a) morae – simulacri – vocis – foederis – **rei**
b) mensae – servi – artes – foedera – **res**
c) ignorantiae – lecto – fraudi – agmini – **rei**
d) stella – domino – morte – turri – **re**
e) formam – animum – montem – turrim – agmen – **rem**
f) piratarum – ludorum – vocum – turrium – animalium – **rerum**
g) scholas – regna – consuetudines – fata – **res**

1.2 Erarbeite aus den Attributen der Substantive in 51 L und 51 V das Genus der ē-Deklination! Achte auf die Besonderheit von DIES!

G 2 Übersetze! Welches Tempus steht jeweils im Hauptsatz, welches im Gliedsatz?

Ignor**as**, cur frater tuus nos non adiuv**et** ①/adiuv**erit** ②.
Labores supera**vi**, cum amicus me adiuva**ret** ①/adiuv**isset** ②.

Welches Zeitverhältnis ist jeweils in ①, welches in ② ausgedrückt? Versuche die entsprechenden Regeln zu erkennen!

B Bestimme und übersetze folgende Formen!

fidus – fida – fide – fido – fidi – fidei – fidem – fidum – fidam – fides – fidos – fidas – deus – deos – deis – dies – diebus – die – des – de – demus – diei – dei – dierum – rerum – re – vere – veri

E Setze die richtigen Ausgänge ein und übersetze dann!

1. Per *(bei)* fid___ deorum, robur tuum maximum est.
2. Quot r___ public___ Europae nominare potes?
3. R___ public___ nostr___ e summis periculis servavisti, consul.
4. Consulibus r___ public___ Roman___ magna potestas erat.
5. Mult___ di___ monumenta Romae antiquae spectavimus.
6. Fid___ sociorum (socius, -i: *Bundesgenosse*) magna erat.

Ü **Augustus**

1. Als Augustus den römischen Staat leitete[1], zeigte sich für° *(Dat.)* die ganze Bürgerschaft neue Hoffnung. – 2. Denn Augustus gab den Menschen das Vertrauen auf° *(Genitiv)* den Frieden zurück°. – 3. Er rettete den Staat aus den Gefahren des Krieges. – 4. Das Verderben, das dem Staate damals drohte, wehrte er ab. – 5. Durch sein Ansehen erneuerte[2] er das Ansehen des Staates.

1) leiten: prae-esse *(m. Dat.)* 2) erneuern: renovare

52 Herrliche Aussichten

L

CA.: Quid? Cave, ne rideas! Nam cum te linguam Latinam docuero, tibi orbis terrarum patebit. Ubique, apud omnes gentes hospes gratus eris. Nam qui verba Latina regulasque[1] linguae diligenter memoriae mandaverit, is non iam barbarus erit. Equidem gaudebo, si barbarie[2] liberatus eris, si te hominem inter homines videro. Tu autem rides! Non vides, quid tibi ostentem? Dolebis igitur, si te ut servum pessimum fugavero, si opera mea vana fuerit. Qui nunc non sua sponte studiose laborat, (is) tum laborabit, cum in pistrinam[3] iactatus erit!

SE.: Pischdrina??

1) regula, -ae: Regel   2) barbaries, -ei *f*: Unbildung
3) pistrina, -ae: „Tretmühle“ *(von den Sklaven gefürchtete Strafarbeit)*

Se

Fortiter in re, suaviter in modo!
In medias res!
Fundamentum est iustitiae fides.

V

... und bezahlt dafür mit dem Leben (Fortsetzung von 51 V)

1. Romae Regulus patribus condiciones pacis a Poenis datas nuntiavit: – 2. „Haec Poeni postulant: ‚Si captivos[1] *permutaveritis*[2] neque ceteras condiciones vestras obtin*ue*ritis, pax esto inter populum Romanum et civitatem Carthaginiensium!‘ – 3. Haec autem ego vobis suadeo: Si nunc Poenis *parueritis,* numquam victoria vobis dabitur. – 4. Si de sorte mea *cogitaveritis,* rei publicae Romanae certe nocebitis. – 5. Ego ne mortem quidem timebo, si victoria nostra *parata erit.*“ – 6. Regulus fidem datam servavit, trans mare Carthaginem remeavit[3], summis tormentis[4] necatus est.

1) captivus, -i: Gefangener   2) permutare: austauschen
3) re-meare: zurückkehren   4) tormentum, -i: Folter, Folterqual

52 G 1: Futur II: Aktiv und Passiv
G 2: Futur II: Verwendung in Gliedsätzen

G 1 Vergleiche die lateinischen Sätze mit ihrer Übersetzung!

① Mox mensam para**veris**.	Bald **wirst** du den Tisch gedeckt **haben**.
Mox mensa para**ta erit**.	Bald **wird** der Tisch gedeckt **(worden) sein**.
② Tum omnes gaudebunt.	Dann werden alle froh sein.

1.1 Welches Tempus des Aktiv und Passiv ist in den Sätzen unter ① ausgedrückt? Welches Zeitverhältnis herrscht zwischen den Sätzen unter ① und Satz ②?

1.2 Gib auf dem Zeitstrahl an, wo Futur I und Futur II einzutragen sind!

G 2 Si mensam para**veris**, } omnes gaudebunt.
Si mensa para**ta erit**, }

Wenn du den Tisch gedeckt **hast**, } werden alle froh sein.
Wenn der Tisch **gedeckt ist**, }

Wie ist hier das Tempus des Gliedsatzes im Deutschen wiedergegeben? Wie lässt sich diese Übersetzung begründen?

E Bestimme und übersetze die Verbformen des Arbeitsbeispiels (▶)! Ergänze zu den anderen Verben die entsprechenden Formen!

▶ laudabam	laudavi	laudaverim	laudavero	laudatus ero
videbas	....	....	....	....
adiuvabat	....	....	....	....
dabatis	....	....	....	....

ÜV **Der verborgene Schatz**

1. Ein Bauer[1], dem der sichere Tod bevorstand, sagte° seinen herbeigerufenen Söhnen: „Ihr werdet all das Meine besitzen, wenn ich gestorben bin (= sein werde). – 2. In unserem Acker liegt (= ist) ein großer Schatz[2]. – 3. Wenn ihr den Schatz[2] im Acker aufspürt[3] *(Futur II)*, werdet ihr bald sehr reich sein!" –
4. Tum mortuus est. – 5. Postquam patrem humaverunt[4], unus e filiis „Nisi", inquit, „falsa narravit pater, mox magnas divitias possidebimus; itaque laborate mecum!" – 6. Ergo summo studio laboraverunt, ut thesaurum[2] indagarent[3], sed frustra. – 7. Tum ille maior „Certe", inquit, „irridebimur, nisi laborem *perpetraverimus*[5]!" – 8. Proximo[6] autem anno ager ingentem copiam frumenti[7] dedit.

1) Bauer: agricola, -ae 2) Schatz: thesaurus, -i 3) aufspüren: indagare 4) humare: beerdigen 5) perpetrare: (erfolgreich) beenden 6) proximus, -a, -um: der Nächste 7) frumentum, -i: Getreide

53 Er kann ja reden!

L

CA.: Ecce res mira! Respondet! Fortasse nunc studebit, cum verbis meis et territus et monitus sit. Quid ergo eum docebo? Nihil prius quam numeros, qui tam necessarii sunt! Ecce: Unus pes, duo pedes! *(Carbo pedes suos monstrat.)*

SE. *(caput suum monstrans)*: Tres pedes, trium pedum, tribus ...

CA.: Quid narras, pessime? Hoc est caput tuum, et homo duobus pedibus stat, non tribus. Fortasse tibi quattuor sunt ut bestiis ...

SE.: Nonnullis bestiolis[1] etiam sex aut octo pedes sunt, neque tamen quinque aut septem aut novem ...

CA. *(attonitus[2])*: Quid? Tu subito Latine respondes, cum decem dies tacueris?

SE.: Tacui, ut praeclaras orationes tuas memoriae mandarem. Nonne nunc optime respondere possum?

CA.: O prudentissime omnium servorum! Statim liber esto!

1) bestiola, -ae: kleines Tier 2) attonitus, -a, -um: verblüfft

Tafelgeschirr aus Manching

Se Parvis quoque rebus magna iuvantur.

V

Todfeinde

1. *Duo* mercatores inimici *una* nave e Sicilia in Graeciam navigaverunt. – 2. Cum *tres* dies navigavissent, tempestas atrocissima navem mercatorum ita agitavit, ut eis pernicies immineret. – 3. Dum ceteri navem servare student, illi per *duas* horas[1] atrociter litigaverunt[2]. – 4. Sed cum navis vi tempestatis deleta esset, cuncti *quinque* horas[1] in mari nataverunt[3]; tum *duae* naves appropinquaverunt, ut eos servarent. – 5. Dum servantur, alter, qui iam in nave erat, alterum in aqua[4] natantem[3] videns „Statim“, inquit, „praecipitatote[5] me in mare, si istum servaveritis!“ – 6. Ii autem, qui eos servaverant: „*Duos* gallinaceos[6] servavimus!“

1) hora, -ae: Stunde 2) litigare: streiten 3) natare: schwimmen
4) aqua, -ae: Wasser 5) praecipitare: stürzen, werfen 6) gallinaceus, -i: (Streit-)Hahn

53 G 1: Grundzahlen: UNUS, DUO, TRES
G 2: Grundzahlen: QUATTUOR bis DECEM

G 1.1 Vergleiche die Deklination und halte die Unterschiede fest!

beatus	beata	beatum	unus	una	unum	duo	duae	duo
beati	beatae	beati		un**ius**		duorum	duarum	duorum
beato	beatae	beato		un**i**		duo**bus**	dua**bus**	duo**bus**
beatum	beatam	beatum	unum	unam	unum	duo(s)	duas	duo
beato	beata	beato	uno	una	uno	duobus	duabus	duobus

1.2 Suche aus 53 L (ggf. 53 V) alle Formen der Grundzahlen 2 und 3 heraus und stelle das Deklinationsschema zusammen!

Überprüfe das Ergebnis mit dem jeweiligen Deklinationsschema im GB!

G 2 Was lässt sich aus 53 L (ggf. 53 V) für die Deklination der Grundzahlen von 4–10 erkennen?

E 1 Setze jeweils die richtige Form von UNUS, UNA, UNUM ein und übersetze!

1. ______ viri virtute servati sumus. – 2. Heredes (heres, -edis: *Erbe*) ______ agrum e duobus adhuc possident. – 3. Utrum ______ amico aures dabimus an omnibus? – 4. Hannibal ______ tantum oculi vim habebat. – 5. Deus non omnia bona *(Güter)* ______ dedit.

E 2 Hier suchen wir die richtigen Formen von DUO, DUAE, DUO bzw. von TRES, TRES, TRIA. Setze sie ein und übersetze!

1. Homini ______ oculi sunt et ______ aures. – 2. Graeci copias Darei et Xerxis, ______ regum Persarum, superaverunt. – 3. ______ virtutes militi necessariae sunt: fortitudo, constantia, disciplina. – 4. Marcus cum Tito et Paulo, ______ amicis, Colosseum intrat.

B Bestimme in den folgenden Reihen jeweils Kasus und Numerus! Achtung: In jeder Reihe steckt ein „Irrläufer"! Übersetze die Formen!

a) unius – sermonis – saxis – istius – rei
b) novem – arbores – dignitas – formas – duas
c) vocum – trium – adulescentium – octo – simulacrum

K Ein Zahlen-Bilder-Rätsel:

54 Römer in Süddeutschland

L De illo servo prudentissimo fabulam tantum fictam[1] narravimus; haec autem vera sunt: A primo usque ad quintum p. Chr. n. saeculum magna pars Germaniae sub imperio Romanorum erat. Augusta Vindelicorum[2] et Castra Regina[3] magna oppida erant, moenibus firmis circumdata praeclarisque aedificiis templisque ornata. Una porta Castrorum Reginorum[3], quae ‚Porta Praetoria' appellabatur, adhuc spectari potest. Secundo p. Chr. n. saeculo aedificata est, cum legio tertia Italica illa castra obtinebat. Castris Reginis[3] finitimum est castellum[4], quod iam primo p. Chr. n. saeculo a quarta cohorte Gallorum collocatum est.
Eius nomen est Abúsina.

1) fictus, -a, -um: erfunden, erdichtet
2) Augusta Vindelicorum: Augsburg
3) Castra Régina: Regensburg
4) castellum, -i: Kastell (kleines Lager)

Porta Praetoria in Regensburg

Se Nusquam est,
qui ubique est.

V **Die römischen Monatsnamen**

1. Romani *primum* mensem[1] anni a[2] Marte deo ‚Martium' (mensem[1]) nominabant; ab[2] eo mense[1] omnes menses[1] dinumerabant[3]. – 2. Simili modo *septimum* mensem[1] (qui est *nonus* apud nos) ‚Septembrem', *octavum* ‚Octobrem', *nonum* a[2] numero NOVEM ‚Novembrem' appellabant. – 3. Nonnullis mensibus[1] postea a[2] viris vel gentibus praeclaris nomina dederunt. – 4. Ab[2] imperatore Augusto *sextum* mensem[1] ‚Augustum', a[2] gente Iulia vel ab[2] ipso C. Iulio Caesare *quintum* mensem[1] ‚Iulium' vocabant. – 5. Origo[4] mensis[1] Aprilis incerta est. – 6. ‚Maius' autem a[2] deo antiquo Romanorum, qui copiam rerum bonarum dedit, sic nominatus est.

1) mensis, -is *m*: Monat 2) a/ab *(hier)*: nach 3) di-numerare: durchnummerieren
4) origo, -inis *f*: Ursprung, Herkunft

54 G 1: Ordnungszahlen: PRIMUS bis DECIMUS
G 2: Ordnungszahlen: Verwendung

G 1.1 Vergleiche die Zahlwörter!

① Multi auctores de **septem** sapientibus narrant.
Duobus consulibus in re publica Romana summa potestas erat.

② **Primo** a. Chr. n. saeculo Caesar totam Galliam occupavit.
Numa Pompilius non **primus**, sed **secundus** rex Romanorum fuit.
Utrum **quartus** *(als ...)* an **quintus** an **sextus** villam intravisti?

Welche Aufgabe erfüllen die Zahlwörter in den Sätzen der Gruppe ①, welche die Zahlwörter in den Sätzen der Gruppe ②?

1.2 Vergleiche die Formenbildung der Ordnungszahlen mit der Deklination der Adjektive auf -us, -a, -um! Welche Gemeinsamkeiten stellst du fest?

G 2 Übersetze folgende Sätze und achte auf die Zahlen bei den Zeitangaben!

① Graeci **decem** annos cum Troianis pugnaverunt.
② Troia **decimo** anno expugnata est.
③ **Nono** p. Chr. n. anno Romanis res atrocissima nuntiata est.

Welche unterschiedliche Verwendung der Zahlen kannst du erkennen?

E Vervollständige die folgenden Sätze und übersetze!

1. Prim___ a. Chr. n. saeculo Augustus populo Romano pacem dedit. – 2. Homini du___ pedes sunt, multis animalibus quatt___. – 3. Utrum no___ an oct___ a. Chr. n. saeculo Carthago aedificata est? – 4. Usque ad quin___ p. Chr. n. saeculum legati[1] et praetores Romani in Germania castra obtinebant. – 5. Plures quam un___ uxorem habere apud multas gentes nefas est.

1) legatus, -i: Legat *(Befehlshaber einer Legion)*

Ü **Zwei Römerstädte**

1. In zwei Städten Deutschlands können wir von den alten Römern erbaute Tore betrachten. – 2. Jene Städte standen (= waren) vom ersten bis zum fünften Jahrhundert unter (= in) der Amtsgewalt römischer Prätoren und Legaten *(legatus, -i)*. – 3. Die eine von° beiden° wurde von der dritten italischen *(Italicus, -a, -um)* Legion gehalten (= behauptet), die andere war im dritten und vierten Jahrhundert zeitweilig (= manchmal) Residenz (= Wohnsitz) römischer Kaiser. – 4. Wer wird uns fünf oder sechs Namen römischer Städte unserer Heimat nennen?

55 Ein Grenzwall quer durch Deutschland

L Haud procul ab Abusina limes Romanus spectari potest. Eum limitem, qui a ripa Danuvii[1] usque ad Rhenum[2] pertinuit, imperatores Romani primo et secundo p. Chr. n. saeculo aedificaverant, quod gentes liberas Germanorum ab ea parte provinciae arcere studebant, quae inter illa flumina sita erat. Cum pericula impendebant, milites e turribus igne aut fumo[3] signa dabant, ut cohortes in acie collocarentur. Post limitem enim Romani magno labore maiora et minora castra collocaverant, ne limes sine praesidio esset. In vicis prope ea castra sitis haud raro familiae militum habitabant, et magna pars eorum, postquam XXV[4] annos militaverunt[5], ibi mansit. Nam multis Romanis regiones Germaniae, quamquam eas inviti intraverant, postremo adeo placebant, ut eas iucundiores putarent quam patriam suam.

1) Danuvius, -i: Donau 2) Rhenus, -i: Rhein 3) fumus, -i: Rauch
4) *Lies*: viginti quinque 5) militare: Kriegsdienst leisten, dienen

Se Summum ius summa iniuria.
Nunc ipsa vocat res.

V **Gänsejagd gefährdet den Limes**

(Plinius der Ältere erzählt in seiner „Naturalis historia" folgende Geschichte:)

1. Anseres[1], *qui* candidi[2] et minores sunt, GANTAE vocantur. – 2. *Quod* plumae[3] eorum molliores[4] sunt, pretium magnum est. – 3. Milites ducesque *ita* et plumas[3] et carnem[5] gantarum amant, *ut* duces auxiliorum saepe vituperentur, *quod* totis cohortibus imperant, *ut* eo aucupio[6] carnem[5] sibi parent. – 4. *Cum* propter periculum impendens signa dantur/signum datur, milites in acie collocari non possunt, *quod* procul a castris aucupio[6] se dant. – 5. Turres limitis autem sine praesidio sunt, *cum* gantae spectantur. – 6. Ne acerrimis quidem poenis milites aucupio[6] arceri possunt.

1) anser, -eris *m*: Gans 2) candidus, -a, -um: weiß 3) pluma, -ae: Feder, Daune
4) mollis, -e: weich, zart 5) caro, carnis: Fleisch 6) aucupium, -i *(hier)*: Gänsejagd

55 G 1: Gliedsätze als Satzglieder
G 2: Sinnrichtungen der Adverbialsätze

G 1 Benenne die in 55 L (ggf. 55 V) übersetzten Gliedsätze nach den im GB angebotenen Kategorien (Subjektsätze – Objektsätze – Adverbialsätze – Attribut-/Relativsätze)! Ordne sie entsprechend!

G 2 Bestimme für die Adverbialsätze jeweils die Sinnrichtung (temporal – kausal – konsekutiv – final – kondizional – konzessiv)! Beachte, welchen Modus jeweils die einzelnen Subjunktionen entsprechend diesen Sinnrichtungen bei sich haben!

K In dem folgenden Kasten sind dir verschiedene Subjunktionen angeboten. Setze jeweils eine dieser Subjunktionen so zwischen die in der linken und rechten Spalte angebotenen Sätze, dass sich sinnvolle Aussagen ergeben!

DUM QUOD NE NISI QUAMQUAM POSTQUAM UT

1. Videant praetores,	castra sine praesidio sint!
2. Romani tantum limitem aedificaverant,	Germani vicos in provincia sitos temptare non possent.
3. Saepe timor[1] auxilia occupavit,	turres firmae erant.
4. Castra Romana Germani raro temptabant	prope castra legiones Romanae in statione[2] erant.
5. Multi milites Romanorum regiones Germaniae amaverunt,	in Germania habitant.
6. Itaque in Germania manserunt,	viginti[3] annos militaverunt[4].
7. Certe numquam in Italiam remeavissent[5],	a Germanis fugati essent.

1) timor, -oris: Furcht 2) statio, -onis: Posten; in statione esse: stationiert sein
3) viginti *(indekl.)*: zwanzig 4) militare: Kriegsdienst leisten 5) re-meare: zurückkehren

Übersetze die Satzgefüge!
Bestimme bei jedem Gliedsatz die Sinnrichtung!

Kastell Saalburg

56 Ein Riegel wird gesprengt

L Sed tertio p. Chr. n. saeculo illo limite impetus Germanorum non iam arceri poterat, quod robur exercitus Romani debilitatum[1] erat. Duces luxui se dederant, milites reditum in patriam desiderabant. Praeterea animi eorum magno metu implebantur, cum magnae manus Germanorum celerrimo cursu acies Romanorum temptabant, ingenti tumultu perturbabant. Neque imperio ducum neque praemiis magistratuum moveri poterant, ut impetibus hostium repugnarent[2], quorum manus firmas timebant, quorum vultibus atrocibus terrebantur.
Num mirum est, quod senatui iterum atque iterum clades exercituum nuntiatae sunt?

1) debilitare: schwächen 2) repugnare: Widerstand leisten, standhalten

Se Manus manum lavat[1].
Melior est pax quam sperata victoria.

1) lavare: waschen

V **Germanen vor Abusina** *(Material für ein Hörbild)*

1. „*Impetus* Germanorum imminet, milites!" – 2. „Ecce! Ibi agmen primum *exercitus* eorum videri potest!" – 3. „*Cursu* celerrimo castello[1] appropinquant!" – 4. „Quanto clamore nos perturbare student; sed nos *metu* vacamus!" – 5. „Sic (est)! Neque *vultus* atroces neque *manus* firmas timemus!" – 6. „Castellum[1] nostrum firmum est! Iam saepe Germanorum *manus* ingenti *tumultu* Abusinam expugnare studuerunt, sed fugatae sunt!" – 7. „Spectate! Ibi dux hostium cum interprete[2] appropinquat! Quid nuntiabit?"

1) castellum, -i: Kastell
2) intérpres, -etis: Dolmetscher

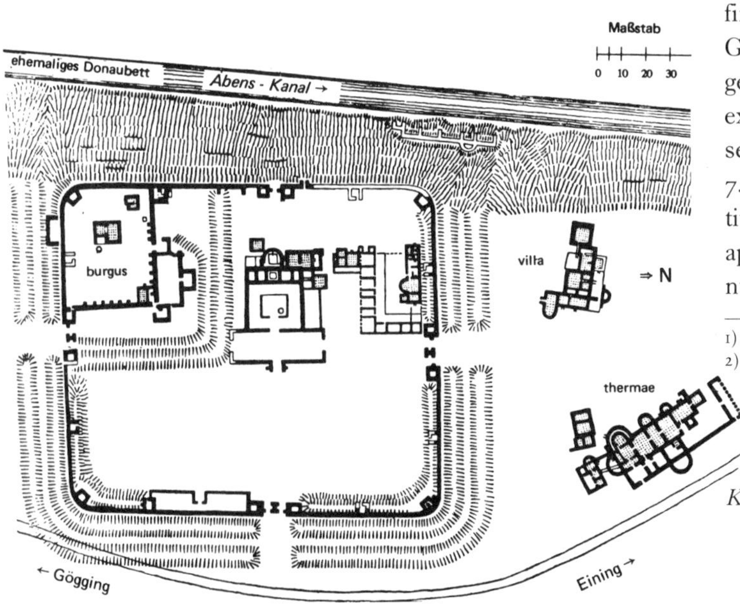

Kastell Abusina

56 G 1: u-Deklination: Formenbildung
G 2: u-Deklination: Genusregeln

G 1 Bestimme in jeder der folgenden Reihen Kasus und Numerus der einzelnen Formen (es ist jeweils derselbe) und erarbeite so das Deklinationsschema für die u-Deklination!

① mensas – saxa – flumina – spes – **impetus**
② stellae – imperii – limitis – aciei – **exercitus**
③ bestiae – vici – laudes – dies breves – **tumultus**
④ ripae – agro – flumini – aciei – **luxui**
⑤ terris – vinis – necessitatibus – rebus – **vultibus**
⑥ feminarum – filiorum – equitum – rerum – **magistratuum**
⑦ causa – ferro – mente – fide – **vultu**

Übersetze die Formen!

G 2.1 Bestimme anhand der adjektivischen Attribute in 56 L (ggf. 56 V) das Genus der Wörter der u-Deklination!

2.2 Welche Ausnahme lässt sich für MANUS erkennen?

K Stelle fest, welche Kasus (in den einzelnen Deklinationen!) jeweils auf die folgende Weise bezeichnet werden können!

-US	-UM	-I	-ES	-EI	-O	-AE

W Mit den folgenden Reihen wollen wir noch einmal das Weiterwirken des Lateinischen in den modernen Sprachen verfolgen:

LATEIN	ENGLISCH	FRANZÖSISCH	ITALIENISCH
familia	family	famille	famiglia
causa	be-cause	chose	cosa
cursus	course	cours/course	corso
numerus	number	numero	numero
crimen	crime	crime	crimine
situs	situation	situation/site	sito
diligens	diligent	diligent	diligente

Ü **Abusina verteidigt sich** (Fortsetzung von 56 V)

1. „Hört mir zu (= schenkt mir Gehör), Römer! – 2. Ich werde euch die Gelegenheit zum Abzug (= der Rückkehr) bieten (= geben), wenn ihr klug seid *(Fut.)*. – 3. Seht ihr nicht, wie groß unser Heer ist? – 4. Eure Soldaten aber sind von Furcht erfüllt (= angefüllt)! – 5. Das Kastell *(castellum, -i)* da werden wir im ersten Ansturm erobern!"
6. „Du bist mit Worten tapferer als mit der Faust (= Hand), Germane! – 7. Es ist aber ein großer *(multum)* Unterschied zwischen Worten und Taten. – 8. Warum zögerst du anzugreifen? Wir erwarten dein Heer. – 9. Bald werdet ihr alle besiegt sein!"

57 Die schönen Häuser!

L

Eodem tempore omnia oppida, castra, castella[1] prope limitem sita vastata sunt. Germani enim simplicibus domibus contenti domos lapideas[2] Romanorum ut sepulcra vitabant. Certe paucissimis eorum notum erat, quam egregie eae domus aedificatae essent. Certe ignorabant, cur sub solo multarum domorum hypocausta[3] essent. Omnes enim domus civium opulentiorum aere fervido[4] calefieri[5] poterant. Praeterea in multis domibus aqua manabat, nam non solum in Italia, sed etiam in provinciis Romani aquaeductus[6] longissimos aedificabant, quorum reliquiae hodie quoque spectari possunt. Romani enim eo luxu, quo domi gaudebant, inviti carebant, cum domo in alienas terras migraverant. Fortasse multi, si diu caruissent, domum properavissent.

1) castellum, -i: Kastell *(kleines Lager)*
2) lapideus, -a, -um: steinern, aus Stein
3) hypocausta, -orum: Heizpfeiler
4) fervidus, -a, -um: heiß
5) calefieri: beheizt werden
6) aquaeductus, -us: Wasserleitung

Se

Saepe (is), cui domi imperatur,
foris[1] imperat.
Concordia domi, foris[1] pax!

1) foris: draußen

Kohlebecken aus Stabiae

V

Die römischen Magistrate

1. *Domi* bellique potestas magistratuum Romanorum magna erat. – 2. Etiam senatus magistratibus parebat. – 3. Magistratus maiores civitatem *domi* gubernabant[1]; imprimis curabant, ut leges servarentur. – 4. In provinciis magistratus minores magna cum diligentia salutem civium[2] Romanorum curabant, ne motu[3] indigenarum[4] aut impetu hostium in periculum vocaretur. – 5. Quinto p. Chr. n. saeculo, cum Germani exercitus Romanos in multis provinciis superavissent, etiam magistratus e provinciis *domum* fugati sunt. – 6. Illis temporibus ne Romae quidem magistratus rem publicam curare solebant, sed quaestui[5] et luxui se dabant. – 7. Magnas divitias sibi parabant, *domos* praeclaras aedificabant, nuntios de periculis imminentibus fictos[6] putabant – sed erant veri!

1) gubernare: lenken, leiten 2) civis, -is: Bürger 3) motus, -us: Bewegung, Aufstand
4) indigena, -ae: Ureinwohner 5) quaestus, -us: Gewinn 6) fictus, -a, -um: erfunden

57 G 1: Deklination von DOMUS
G 2: Adverbiale Sonderbildungen: DOMO, DOMI, DOMUM

G 1 Das Wort DOMUS wird nur teilweise nach der u-Deklination dekliniert. In drei Kasus richtet es sich nach der o-Deklination.
Bestimme diese Kasus anhand von 57 L (ggf. 57 V)!

G 2 Übersetze die folgenden Sätze!
Vergleiche dann die Formen von DOMUS in der linken Spalte mit denen der rechten! Arbeite die Bedeutungsunterschiede heraus!

Fenestrae **domus** nostrae parvae sunt.	Gaudeo, quod **domi** sum.
Prope **domum** nostram arbor alta est.	Cur **domum** properavisti?
De qua **domo** vobis fabulam narravi?	Servi **domo** in agros properaverunt.

B Bestimme die folgenden Formen und übersetze sie dann!
Berücksichtige alle Möglichkeiten (↗ Ziffern in Klammern)!

impetui – rei (2) – domi – domui – domini – dominus – domus (3)
cursibus (2) – domorum – dominorum – domum (!) – exercituum – domo – domino – magistratu – re

E Setze die richtige Form von DOMUS ein und übersetze!

1. Inter arbores nonnullas ______ spectavimus. – 2. Quod nomen ______ novae fuit? – 3. Nonnullae gentes Africae in arboribus ______ sibi aedificabant. – 4. Moenibus altis lumen ab hortis (hortus, -i: *Garten*) complurium ______ arcebatur. – 5. Fenestrae ______ antiquae minimae erant. – 6. ______ inter familiam beati sumus. – 7. Libenter ______ properamus. – 8. Iam ______ nostram spectamus.

Ü **Jeder will Wohnkomfort**

1. In unserer (= dieser) Zeit werden viele neue Häuser gebaut. – 2. Vor allem junge Menschen, die wegen ihres° Berufs[1] von zu Hause in die großen Städte übersiedeln, bauen sich dort neue Häuser. – 3. Aber der Preis dieser Häuser ist so hoch (= groß), dass ihn viele nur mit Mühe bezahlen (= geben) können. – 4. Es ist aber auch angenehm, in einem alten Haus zu wohnen, auch wenn *(etiamsi)* alle Freunde ein schönes neues Haus besitzen.

1) Beruf: officia, -orum

58 Ich bin wieder da!

L

(C. Servilius Caepio, ein reicher junger Römer, hatte sich bei einem Verwandtenbesuch an der Nordgrenze des Imperiums trotz zahlreicher Warnungen einem Kaufmann angeschlossen, der über die Donau ins freie Germanien reiste. Nach seiner Rückkehr schrieb Caepio aus Castra Regina nach Rom:)

C. Servilius Caepio patri matrique optimae salutem[1]!

Valde gaudeo, quod ante paucas horas domum avunculi[2] salvus et incolumis intravi. Tum omnes familiares, qui me tristes salvere iusserant[3], laetissimi salutaverunt; omnes propinqui, qui me supplices retinere studuerant, tum vehementer rogabant, ut de vita moribusque Germanorum liberorum narrarem. Vobis notum est, pater materque, quam cupide ego iam puer optaverim, ut terras alienas viderem. Nunc adulescens Germaniam intravi et a deis ipsis adiutus omnia pericula vitavi et ab omnibus laudatus in provinciam remeavi[4].

Profecto, nisi fortunae filius essem, ut ait[5] avunculus[2], difficultates tanti itineris vix superavissem, ab hominibus ferocibus crudeliter necatus essem aut obses sortem asperam accusarem, dulcem patriam frustra desiderarem. Gaudeo equidem, quod propinqui me integrum vident!

1) *Ergänze z. B.* „wünscht“ 2) avunculus, -i: Onkel 3) te salvere iubeo: ich verabschiede dich *(eigtl.* ich heiße dich gesund bleiben) 4) re-meare: zurückkommen 5) ait: er sagt

Se Dulce etiam nomen est pacis et ipsa res iucunda et salutaris[1].

1) salutaris, -e: heilsam

Hypokausten in einer römischen Villa

V **Sklaven rächen sich**

(Plinius der Jüngere berichtet von einem Racheakt schlecht behandelter Sklaven:)

1. C. Plinius Secundus magnis curis *motus* et paene *maestus* nobis de sorte misera Larcii Macedonis, viri praetorii[1], haec narrat: – 2. Larcius semper dominus superbus (*vgl.* superbia!) et severus fuerat. – 3. Cum aliquando in villa Formiana lavaretur[2], subito nonnulli servi eum *inopinantem*[3] circumdederunt. – 4. Ille eos vehementer vituperavit, tum *trepidans* rogavit, ut ad laborem properarent. – 5. Sed atrociter alius fauces[4] Larcii, alius corpus, alius caput temptavit. – 6. Cum eum mortuum putarent, fugā se servare studebant.

(Fortsetzung 58 VÜ)

1) vir praetorius: ehemaliger Prätor 2) lavari: baden (*wörtl.* gewaschen werden)
3) inopinans, -ntis: nichts ahnend, überrascht 4) fauces, -ium: Kehle

58 G 1: Prädikatsnomen – Prädikativum
G 2: Prädikativum – Adverb

G 1 ① Cum reditus patris nuntiatus esset, filius laetus fuit.
② Filius laetus domum properavit.

Welche Aufgabe erfüllt das Adjektiv in ①, welche in ②?

G 2 Übersetze die folgenden Sätze!

Filius patri **laetus** reditum fratris nuntiavit.	Pater filium audacem **vehementer** vituperavit.
Milites **inviti** verbis imperatoris paruerunt.	Marcus amicis **libenter** templa et monumenta fori monstravit.
Amici me **incolumem** ex incendio servaverunt.	Comites Ulixis tempestates ingentes **fortiter** sustinuerunt.
Orpheus **salvus** e Tartaro remeavit (remeare: *zurückkehren*).	Vobis de calamitate cuncta **breviter** narrabo.

Welche verschiedenen Aufgaben erfüllen die hervorgehobenen Wörter in den gegenübergestellten Sätzen?
Was bezeichnen die Adjektive der linken Reihe ihrer Funktion nach?

K Setze die im Kasten angegebenen Wörter so in die Leerspalten der nachfolgenden Sätze ein, dass sich sinnvolle Aussagen ergeben!

CRUDELITER – ACERRIME – PRIMUS – IGNARI[1] – INVITUS – MISERE – RARI

1. Viri a cane atroci territi ______ clamaverunt. – 2. ______ amicus nos adiuvit. – 3. Equites Romanorum ______ iis locis appropinquaverunt, ubi Galli insidias paraverant. – 4. Barbari cives Romanos ______ necaverunt. – 5. Navis tempestate atroci ______ iactata erat. – 6. Hostes ______ a militibus nostris in itinere spectabantur. – 7. Quis ______ imperatorum Romanorum in Britanniam navigavit?

1) ignarus, -a, -um: ahnungslos, ohne Kenntnis

VÜ **Die Mörder müssen büßen** (Fortsetzung von 58 V)

1. Postea servi fidi dominum graviter vulneratum domum portaverunt; corpus totum lavabant[1]. – 2. Duo(s) dies summo studio laborantes vitam Larcii aegre sustinebant[2].
3. Aber am dritten Tag ist er gestorben, weil er zu schwer verletzt war. – 4. Alle Sklaven aber, die ihn angegriffen hatten, wurden am folgenden Tag verhaftet (= gefangen[3]) und (zum Tod°) verurteilt, weil sie Gewalt gegen *(in m. Akk.)* ihren Herrn angewandt hatten.

1) lavare: waschen 2) sustinere *(hier)*: erhalten 3) fangen: captare

59 Wildes Land

L *(Caepio berichtet weiter:)*

Sine dubio, pater materque, Germania illa, quam vidi, cum his regionibus comparari non potest, neque illi homines cum his neque ille victus cum hoc. Tamen rideo istos ‚viros doctos‘, qui Germanos ferocissimos barbaros putent[1]. Nam ii, quamquam in bello adversarii immanes, interdum etiam crudeles sunt, cultu atque humanitate non omnino carent; idem enim homines, quorum vim et manus milites nostri horrent, me hospitem libenter cibo potuque[2] iuverunt, cum nihil diligentius observarent quam ius hospitii[3]. Germani cibis simplicibus contenti sunt; adversus sitim eis non eadem temperantia[4] est, neque turpe putant per dies noctesque potare[5]. Hoc ego ipse vidi!

1) putent: *Der Konjunktiv braucht beim Übersetzen nicht berücksichtigt zu werden.*
2) potus, -us: Trank, Getränk
3) ius hospitii: Gastrecht
4) temperantia, -ae: Mäßigung, Zurückhaltung
5) potare: trinken

Se Usus est magister optimus.
Dat bene, dat multum,
qui dat cum munere vultum.
Confirmat artes usus.

Germanien im 1. Jh. n. Chr.

V **Zwei berühmte römische Autoren**

1. Multi auctores antiqui Plinium Secundum cum Tacito comparant. – 2. *Illum* quoque commemorant[1], cum de *hoc* narrant. – 3. Sed et Plinius *ipse* libenter *sua* opera cum (operibus) *illius* comparat. – 4. Plinius et Tacitus *eodem* studio litteris se dabant. – 5. In litteris[2] ad Tacitum datis[2] *ille* de „similitudine[3] naturae[3]“ utriusque[4] narrat. – 6. Cum aliquando Tacitus ab equite Romano rogatus esset „(Utrum) Italicus[5] es an provincialis[5]?“ respondissetque „Tibi notus sum, et quidem ex studiis *meis*!“, statim *ille* „Tacitus“, inquit, „es aut Plinius!“ – 7. Plinius *ea* re valde gaudebat.

(Fortsetzung 59 VÜ)

1) commemorare: *(hier)*: zitieren 2) litteras dare: einen Brief schreiben
3) similitudo (-inis) naturae: Wesensähnlichkeit 4) utriusque *(Gen.)*: eines jeden von beiden
5) Italicus – provincialis: aus Italien – aus der Provinz

59 G 1: Demonstrativ-Pronomina (Zusammenfassung) G 2: Personal- und Possessiv-Pronomina (Zusammenfassung)

G 1 Ordne die in 59 L (ggf. 59 V) vorkommenden Demonstrativ-Pronomina (HIC, ILLE, IPSE, ISTE, IS, IDEM) nach folgenden Gesichtspunkten:

Hinweis
Hervorhebung
Bezeichnung der Identität (Übereinstimmung)

G 2 Suche aus 59 L bzw. 59 V alle vorhandenen Formen von Personal- und Possessiv-Pronomina heraus und ordne sie in dementsprechende Gruppen! Bestimme bei jeder Form Kasus, Numerus und Genus!

K 1 Welche Form passt jeweils nicht in die folgenden Reihen? (Bestimme in jedem Fall Kasus, Numerus und Genus!)

idem – ipsum – istud – hoc – illum – id
haec – eae – ista – illa – eadem – ipsa
isti – ei – ipsi – eidem – huic – illis
eum – istum – ipsum – idem – illum – hunc
haec – eaedem – illae – ipsae – eae – istae

K 2 Viele Möglichkeiten für das deutsche SEIN/IHR:
Übersetze und bestimme genau, um welche Pronominal-Form es sich handelt!

1. Frater Romae habitat; domus **eius** magna est. – 2. Frater etiam villam **suam** prope urbem sitam valde amat. – 3. Uxor **eius** villam propter tempestates asperas raro visitat[1]. – 4. Uxor in urbe manet, si frater domo in villam migrat. – 5. Canem **suum** et frater et uxor amant. – 6. Frater tres filias (*vgl.* filius) habet; cubicula[2] **earum** pulchra sunt. – 7. Frater cunctas filias (*vgl.* filius) **suas** amat, imprimis autem Livillam.

1) visitare: besuchen 2) cubiculum, -i: Zimmer

VÜ **Er muss es sein!** (Fortsetzung von 59 V)

1. Similem rem Plinius in eisdem litteris narrat: – 2. Accubabat[1] aliquando Plinius ipse cum Fadio Rufino.
3. Der Begleiter dieses Mannes war an jenem Tag ein Bürger[2] aus° einer° Kleinstadt°, der noch nicht in der Stadt gewesen war. – 4. Rufinus zeigte diesem den Plinius und erzählte ohne Namen viel über dessen Werke. – 5. Darauf sagte jener Bürger[3] sofort: „Also° ist es Plinius!"

1) accubare: bei Tisch liegen 2) Bürger (aus einer Kleinstadt): municeps, -cipis

60 Feind und Vorbild

L Aleam[1] quoque summo studio exercent, et haud raro omnibus bonis, servis, uxore, liberis, postremo ipsa libertate privantur! Crebrae sunt inter ludum et potum[2] rixae[3], crebrae caedes et vulnera! Itaque, si indulserimus vitiis Germanorum, eos facilius superabimus quam armis. Ceterum mores eorum non peiores sunt quam nostri, sed meliores: Quis fortitudinem et fidem Germanorum satis laudabit? Quis ignorat, quam severa sint ibi matrimonia[4]? Prope soli barbarorum singulis uxoribus contenti sunt, quarum consilia minime repudiant[5]. Rarissima sunt inter tot homines adulteria[6], nam nemo ibi haec vitia ridet, bonique mores ibi plus valent quam alibi bonae leges. Utinam omnes Romani hoc exemplum videant! Equidem vidi.
Valete!

1) alea, -ae: Würfel, Würfelspiel 2) potus, -us: Trinken 3) rixa, -ae: Streit
4) matrimonium, -i: Ehe 5) repudiare: zurückweisen, verschmähen 6) adulterium, -i: Ehebruch

Se Semper idem!
Citius[1], altius, fortius!

1) cito *(Adv.)*: schnell

V **Zwei Rivalen und Freunde** *(Nach Caesar, Bellum Gallicum V44)*

1. Erant in eadem legione duo centuriones[1] fortissimi, Pullo et Vorenus, qui de primo loco certabant[2]. – 2. Cum in pugna acerrima Pullo audacius hostes temptavisset et multitudine hostium circumdatus valde urgeretur[3], Vorenus laborantem fortiter adiuvit. – 3. Sed cupidius instans[4] ipse a nonnullis adversariis vulneratus iacuit. – 4. Hunc autem ille Pullo inimicus adiuvit atque e periculo liberavit. – 5. Postremo ambo[5] incolumes se ex illo loco servaverunt. – 6. Sic fortuna in pugna eos probavit, ut alter alterum summa vi adiuvaret neque iudicari posset, uter[6] utri[6] praestaret.

1) centurio, -onis: Hauptmann
2) certare: wetteifern
3) urgere: bedrängen
4) instare: nachsetzen, bedrängen
5) ambo: beide
6) uter, *Dat.* utri: welcher (von beiden)?

Der Adler als Symbol römischer Macht
(Kameo 40 n. Chr.)

60 Zusammenfassende Wiederholungen

T 1 Zur Generalwiederholung der Verbformen:

Wandle nach dem Muster von 7 T um!

LAUDO ⟶ 2. Person → Futur I → 3. Person → Plural → Passiv → Imperfekt → 2. Pers. → Perfekt → Aktiv → Plqperfekt → Konjunktiv → 1. Pers. → Singular → Indikativ → Futur II → Perfekt → Konjunktiv

MONEO ⟶ 3. Pers. → Plural → Imperfekt → Konjunktiv → Passiv → 2. Pers. → Singular → Indikativ → Futur I → Aktiv → Futur II → 1. Person → Perfekt → Passiv → Plqperf. → Konjunktiv → Präsens → Aktiv → Indikativ

T 2 Bilde zu folgenden Verbformen das Perfekt!

vastas – sustinetis – apparet – irrideor – debeant – stamus – dem – adiuvant – moveant – potestis – terreris – monentur

Z 1 Dreimal SITIS!

Wie musst du die folgenden sechs Teilsätze zusammenordnen, damit sich drei Satzgebilde mit sinnvoller Aussage ergeben?

Ut etiam vos contenti		homines atrocissime vexabat.
Media in aqua	SITIS	mercatores Romani habitabant.
In oppidis post limitem		fabulam iterum narrabo.

Z 2 Hier ist ein Zettelkasten durcheinandergeraten! Versuche, die Perfektformen ggf. zu ergänzen und den zu ihnen passenden Zetteln mit den verschiedenen Bildungsmöglichkeiten (v-Perfekt usw.) zuzuordnen!

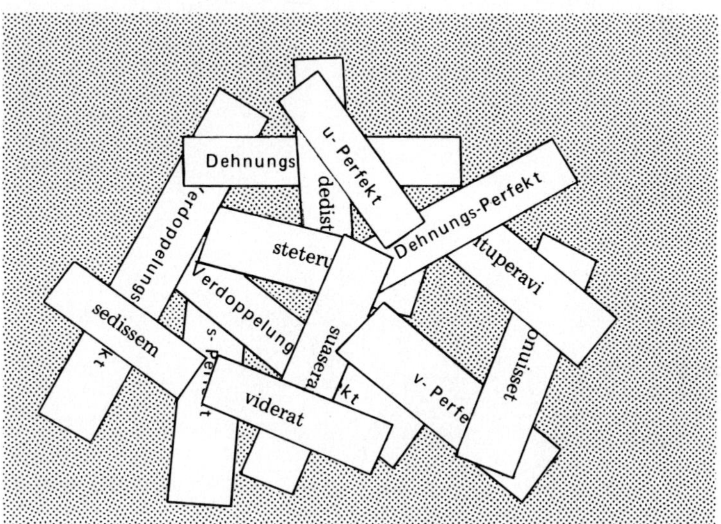

Information Limes, Kastelle, Römerstädte

Der Versuch der Römer, Germanien bis zur Elbe zur Provinz zu machen, scheiterte mit der Niederlage des *Varus* im Teutoburger Wald (9 n. Chr.). Nun galt es die Rhein- und Donaugrenze zu halten und das unmittelbare Vorfeld zu sichern.
Während seines Krieges gegen die Chatten im heutigen Hessen begann Kaiser *Domitian* 83 n. Chr. damit, in dem eroberten Gebiet Straßen und Kastelle anzulegen. Von den Kastellen führten Wege zu kleineren Schanzen mit etwa 100 Mann Besatzung. Davor erhoben sich hölzerne Türme, die ein Patrouillenweg miteinander verband – der *„limes"*. Ähnlich wurde das Gebiet zwischen Miltenberg am Main und Eining *(Abusina)* an der Donau (über Aalen, Hesselberg, Weißenburg) geschützt.

Die Kaiser *Trajan* und *Hadrian* führten im 2. Jh. den von Domitian begonnenen Grenzausbau fort. Allmählich wurde der *Limes* zu einem großartigen Verteidigungssystem ausgebaut mit zum Teil steinernen Türmen, die ein Palisadenwall (der „obergermanische Limes" oder Pfahl) bzw. eine Mauer verband. Hinter dem Palisadenzaun hob man auch noch einen Graben aus. Die Soldaten, die zunächst in Baracken innerhalb der Lager lebten, erhielten mit der Zeit das Recht, zu ihren Frauen in die *Canabae*[1] genannten Quartiere außerhalb der *castra* zu ziehen. Um 250 n. Chr. stattete man sie sogar mit Grundbesitz und Arbeitsgerät aus und siedelte sie im Umkreis des Lagers an.
Da kultivierten sie nun in ihrer Freizeit Zwiebeln und Kürbisse, Petersilie und Liebstöckel – bis die wilden Scharen der Alemannen den Limes überrannten und die Römer hinter die großen Flüsse zurückwarfen.
Wie die Römerstädte auf dem westlichen Rheinufer (Xanten: *Castra vetera*; Köln: *Colonia Agrippina*; Bonn: *Bonna*; Mainz: *Mogontiácum*) blieben auch die festen Plätze Süddeutschlands bis ins 5. Jh. eine einigermaßen sichere Zuflucht der Landbevölkerung.

1) Von *Canabae* ist das deutsche Wort Kneipe abgeleitet.

Schatzfund von Kirchmatting

Pferdekopf aus vergoldeter Bronze, von einer Reiterstatue des Kaisers Marcus Aurelius (Augsburg)

Information zu den Texten 48/49 Römischer Aberglaube

Ob die Römer noch abergläubischer waren als andere antike Völker, ist schwer zu entscheiden; jedenfalls spielte der Glaube an böse Geister, Wiedergänger, Gespenster, Hexen und Werwölfe bei ihnen eine ziemlich große Rolle und es gab unzählige magische Formeln und Kunstgriffe, durch die man angeblich das überall lauernde Böse bannen konnte.

So nagelte man Wolfszähne an die Türen der Häuser, vergrub Amulette unter der Schwelle oder bestrich den Türstock mit Pech, um die nachts aus ihren Gräbern steigenden Toten draußen zu halten. Man konnte ja nie wissen, ob nicht irgendein persönlicher *Feind* einen von ihnen in Dienst genommen hatte! Wer nämlich einem anderen schaden wollte, ritzte Flüche gegen den Verhassten auf ein Bleitäfelchen und verscharrte dieses in einem Grab, dessen Bewohner sich bei nächster Gelegenheit an die Ausführung seines Auftrags machte.

Besonders schlimm war es, wenn man ein *Gespenst* im Hause hatte: Das ängstigte meist die bedauernswerten Einwohner mit Stöhnen, Seufzen und Kettenklirren zu Tode, wenn sie ihm nicht rechtzeitig das Feld räumten. Flüsternd und mit Gebärden, die das Übel abwenden sollten, erzählte man von derartigen Spukhäusern, in denen zum Beispiel die Seelen Ermorderter ihr Unwesen trieben.

Bevorstehendes Unglück glaubte man an zahlreichen Vorzeichen *(omina)* erkennen und mit Hilfe von Priestern, Wahrsagern und Sterndeutern (Astrologen) abwenden zu können. Dass die *Sterne* das Schicksal der Menschen beeinflussen, glauben auch heute noch manche Leute, und viele empfinden noch Furcht beim Erscheinen eines Kometen.

W VI

Und so lebt Latein in einer modernen Sprache weiter ...

In den letzten Texten unseres Cursus (58–60) hast du erfahren, wie ein junger Römer das freie Germanien erlebte. Wenn du heute ins ‚Land der Römer' fährst, wird dir zwar auch vieles neuartig vorkommen; an der Sprache der Italiener wirst du aber wahrscheinlich manches entdecken, was dir aus dem Lateinunterricht vertraut ist. Vielleicht begegnen dir auch die folgenden Wörter und Wendungen, die du auch in den modernen Formen entschlüsseln kannst, vor allem, wenn sie dir schriftlich vorliegen.

l'acqua	il corso	l'autore	la fame
la finestra	il lavoro	il mare	la fine
l'isola	il secolo	il nome	la notte
la porta	il tavolo		la legge
la vita	il teatro	l'uomo	la salute
	il vento		la voce
	il vino		la sorella
	il negozio		l' estate

alto	breve	mio	nostro	il mio amico
buono	difficile	tuo	vostro	i miei amici
caro	dolce	suo	loro	
libero	facile			
molto	grave	mio padre		
nuovo		tua madre		

io	noi
tu	voi
lui/lei	loro

pubblico
tanto
tutto

buono--migliore--ottimo
piccolo--minore--minimo

uno, -a	il primo
due	secondo
tre	terzo
quattro	quarto
cinque	quinto
sei	sesto
sette	settimo
otto	ottavo
nove	nono
dieci	decimo

stare

(io) sto	(noi) stiamo
(tu) stai	(voi) state
(lui) sta	(loro) stanno

vedere

(io) vedo	(noi) vediamo
(tu) vedi	(voi) vedete
(lui) vede	(loro) vedono

amare
dare
lavorare
portare

ridere
rispondere

éssere

io sono	noi siamo
tu sei	voi siete
lui è	loro sono

bene	sempre	
molto bene		e (= et!)
male	con	

W VI

Pensate già alle ferie? *(Nach M.-L. Christl-Licosa)*

Si, sempre! Durante le ferie d'estate vado con i genitori e con mia sorella in Italia in macchina. Quante cose ci sono da vedere! Cartelli stradali come „lavori in corso", „passo carrabile", „senso unico", „lasciate libero l'ingresso" ecc. Godiamo tutte le belle cose: il sole, il mare, il tempo! Ci piace andare a fare la spesa nei negozi. Compriamo dei panini, del latte, dell'acqua minerale, del vino, della carne, di pesce e della frutta. La lingua non fa difficultà, perché abbiamo studiato il latino e così capiamo tante parole senz' altro. Ciao!

durante: *vgl. e.* during; durare: dauern *(Lw.)*, währen. – mácchina: *Welche Art von „Maschine" ist wohl gemeint?* (pars pro toto!). – cartelli stradali: Verkehrsschilder. – come: wie. – lasciare: lassen. – ingresso: Eingang, Einfahrt. – tempo: (Un-)Wetter; *vgl. lat.* tempestas. – andare: *vgl.* Andante *(Musik im [Geh-]Tempo)*. – fare: facere. – spesa: *vgl.* Spesen; fare la spesa: Geld ausgeben, einkaufen. – comprare: comparare. – fa: facit; *vgl. o.* fare. – perché: quia (per quia). – abbiamo studiato: *Perfektbildung wie im Dt. und im Englischen.* – cosí: so. – capire: kapieren; *vgl. lat.* captare: (im Geist) fangen.

Neapel, Sonnenaufgang am Vesuv

WORTSPEICHER

V. steht für Verbum, N. für Nomen, P. für Partikel, J. für Junktur
Konj. steht für Konjunktion, *Subj.* steht für Subjunktion

Wortart	LATEIN	DEUTSCH	Lernhilfen
		1.	
V.	**exspectat**	er/sie/es hält Ausschau, wartet, erwartet	e.: to expect
	gaudet	er freut sich	Gaudi
	rīdet	er lacht	
	sedet	er sitzt	
	est	er ist, befindet sich	
P.	autem *(nachgestellt)*	aber, jedoch	
	diū (*sprich:* dí-u)	lange, lange Zeit	
	et	und; auch	& = et
	etiam	auch, sogar	
	hodiē (*sprich:* hódi-e)	heute	
	ibī	da, dort	
	nam	denn, nämlich	
	tandem	endlich	
	ubī	wo	
		2.	
V.	dēlectat	er erfreut, macht Freude	
	nārrat	er erzählt, berichtet	
	salūtat	er grüßt, begrüßt	salutieren; Salut
	sunt	sie sind, befinden sich	
N.	**amīca**	die Freundin	
	amīcus	der Freund	
	lūdus	das Spiel, Schauspiel; die Schule	Prä-ludium
P.	ecce!	sieh da! schau! / seht da! schaut!	Ecce homo!
	hīc	hier	
	nōn	nicht	
	nunc	nun, jetzt	
	sed	aber; *(nach Negationen:)* sondern	
	sōlum *(nachgestellt)*	nur	
J.	nōn sōlum . . . sed etiam	nicht nur . . . sondern auch	

Wortspeicher

3.

V.	clāmat	er schreit, ruft	re-klamieren
	intrat	er tritt ein, betritt	e.: to enter
	pūgnat	er kämpft	
	stat	er steht	Stativ
	vocat	er ruft, nennt	Vokal
	tacet	er schweigt	
N.	tuba	Tuba, Trompete	
	(gerade Trompete mit tiefem Ton, vor allem als Signalinstrument verwendet)		
	adversārius	Gegner, Feind	
	pópulus	Volk, Publikum	populär e.: people
P.	fortasse	vielleicht	
	iam	schon, bereits	
	ítaque	deshalb	
	súbitō	plötzlich	

4.

V.	necat	er tötet	
	rogat	er fragt, bittet	Inter-rogativ-pronomen
	spectat	er schaut an, betrachtet	↗1: ex-spectat
	temptat	er macht einen Versuch; greift an	
	vúlnerat	er verwundet, verletzt	
	respondet	er antwortet, erwidert	Kor-respondenz
	tenet	er hält, hält fest/gefangen	
N.	lácrima	Träne	
	pūgna	Kampf	↗3: pūgnat
	turba	Menschenmenge, Getümmel	turbulent
	gladius	Schwert	Gladiator
P.	cūr	warum	
	libénter	gerne, mit Vergnügen	
J.	nōn iam	nicht mehr	↗2: nōn; ↗3: iam

5.

V.	amat	er liebt, hat gern	Amateur
	cṓgitat	er denkt, bedenkt, beabsichtigt	
	invī́tat	er lädt ein	
	videt	er sieht, erblickt	Video-recorder

N.	**aedificium**	Bauwerk, Gebäude	
	argentum	Silber	Argentinien
	aurum	Gold	
	dōnum	Geschenk, Gabe	
	forum	Marktplatz, Forum	
	monumentum	Denkmal	Monument; e.: monument
	templum	Tempel, Heiligtum	
P.	certē	sicherlich, gewiss	e.: certainly
	cum	(dann/jedes Mal) wenn	
	imprīmīs	in erster Linie, besonders, vor allem	

6.

V.	póssidet	er besitzt	Possessiv-pronomen
	potest	er kann	↗ 1: est
N.	dīvitiae *(Pluralwort)*	Reichtum, Schätze	
	fābula	Geschichte, Märchen; Theaterstück	Fabel
	puella (*sprich:* pu-élla)	Mädchen	
	theātrum	Theater, Schauplatz	e.: theatre
	bonus, -a, -um	gut, tüchtig	Bonbon
	contentus, -a, -um	zufrieden	
	fīdus, -a, -um	treu, zuverlässig	
	grātus, -a, -um	dankbar, angenehm, willkommen	e.: grateful
	māgnus, -a, -um	groß, bedeutend, wichtig	
	multus, -a, -um	viel, zahlreich	multi-plizieren
	stultus, -a, -um	dumm, töricht	
P.	quod	weil; dass	

7.

V.	errat	er irrt (sich), verirrt sich	
	timet	er fürchtet (sich)	

sum	ich bin
es	du bist
sumus	wir sind
estis	ihr seid

N.	laetus, -a, -um	froh, fröhlich; üppig	
	rārus, -a, -um	selten, vereinzelt	rar, Rarität
P.	num? *(Fragepartikel, die als Antwort „nein“ erwarten lässt)*	etwa? etwa gar?	
	numquam *(Adv.)*	niemals	
	tam } *(bei Adj. und Adv.)*	so, in solchem Grade	
	quam } *(bei Adj. und Adv.)*	wie	

8.

V.	dubitāre	zögern, zweifeln	
	iuvāre	erfreuen, unterstützen	
	iuvat *(unpersönlich)*	es erfreut, macht Freude	
	laudāre	loben, preisen, gutheißen	
	mōnstrāre	zeigen	Monstranz
	properāre	eilen, sich beeilen	
N.	patria, -ae	Vaterland, Heimat, Heimatstadt	Patriot
	terra, -ae	Land, Erde	Terrarium
	deus, -ī (*sprich:* dé-us)	Gott, Gottheit	
	dea, -ae	Göttin	
	aliēnus, -a, -um (*sprich:* ali-énus)	fremd, abgeneigt	
	antīquus, -a, -um	alt, altehrwürdig	antik
	clārus, -a, -um	hell, klar, leuchtend; berühmt	
	cūnctus, -a, -um	sämtlich, gesamt, ganz	
	(meist. Pl.:) cūnctī, -ae, -a	alle	
P.	neque	und nicht, auch nicht, aber nicht	

9.

V.	imperāre	befehlen, gebieten, beherrschen	Imperativ
	dēbēre	müssen, schulden, verdanken	
	pārēre	gehorchen	parieren
	studēre *(m. Dat.)*	sich bemühen *(um)*, streben *(nach)*	Student; e.: to study
	valēre	gesund sein; vermögen, Einfluss haben; gelten	Valenz; e.: value
	inquit *(in die wörtl. Rede eingeschoben)*	sagt er, sagte er	
N.	fēmina, -ae	Frau	Femininum
	inimīcus, -ī	Feind	↗ 2: amicus;
	inimīcus, -a, -um	feindlich, verfeindet	e.: enemy
	summus, -a, -um	der Höchste, Oberste Bedeutendste	Summe
	ūnus, -a, -um	ein, einer, ein Einziger	Union
P.	aut	oder	
	igitur *(nachgestellt)*	also, daher, folglich	
	tum	da, dann, darauf, damals	
	valdē	sehr	
J.	multum valēre	großen Einfluss haben	
	aut ... aut	entweder ... oder	

10.

V.	cūrāre *(m. Akk.)*	besorgen, sich kümmern *(um)*, pflegen; verehren	kurieren
N.	āra, -ae	Altar	
	dīligentia, -ae	Sorgfalt, Gewissenhaftigkeit, Aufmerksamkeit	
	via, -ae	Weg, Straße	Via-dukt
	dominus, -ī	Herr, Gebieter	dominieren
	servus, -ī	Sklave, Diener	servieren e.: servant
	sacrificium, -ī	Opfer	
P.	minus	weniger	
	posteā	nachher, später	

PRÄPOSITIONEN MIT ABLATIV

cum	(zusammen) mit, in Begleitung von/ in Verbindung mit
dē	von . . . (herab); von (. . . her); über
ē/ex	aus (. . . heraus); von . . . an, seit
in	in, an, auf *(auf die Frage „wo?")*

J.	nōn minus quam	nicht weniger als, ebenso wie	

11.

V.	placāre	beruhigen, besänftigen; versöhnen	
	superāre	besiegen, überwinden	
	vacāre *(mit Abl.)*	frei sein *(von)*, nicht haben	vakant; Vakuum
	vituperāre	tadeln	
	habēre	haben, halten, besitzen	
	irrīdēre	verlachen, verspotten	↗1: rīdēre
N.	īra, -ae	Zorn, Wut	
	iocus, -ī	Scherz, Spaß	Jux; e.: joke
	vīnum, -ī	Wein	e.: wine
	cēterī, -ae, -a	die Übrigen, alle Übrigen	et cetera (*Abk.* etc.)
	timidus, -a, -um	furchtsam, schüchtern	↗7: timēre
	vērus, -a, -um	wahr, wirklich, echt; aufrichtig	e.: very
P.	prō *(Präp. mit Abl.)*	für, an Stelle von; vor	
	tamen	dennoch, trotzdem	
J.	neque tamen	aber/und dennoch nicht	

12.

V.	portāre	tragen, bringen	Porto
N.	culpa, -ae	Schuld	
	ēloquentia, -ae	Beredsamkeit	Eloquenz
	nōtus, -a, -um	bekannt	

PERSONALPRONOMINA			
ego	ich	**nōs**	wir
mihi	mir	nōbīs	uns *(Dat.)*
mē	mich	nōs	uns *(Akk.)*
dē mē	über mich	dē nōbīs	über uns
mēcum	mit mir	nōbīscum	mit uns
tū	du	**vōs**	ihr
tibi	dir	vōbīs	euch *(Dat.)*
tē	dich	vōs	euch *(Akk.)*
dē tē	über dich	dē vōbīs	über euch
tēcum	mit dir	vōbīscum	mit euch

P.	semper	immer, stets
	statim	auf der Stelle, sofort
	ā/ab *(Präp. m. Abl.)*	von, von . . . her/an, seit
J.	et . . . et	sowohl . . . als auch

13.

V.	fugāre	verjagen, vertreiben	
	carēre *(m. Abl.)*	entbehren, nicht haben	Karenz-tage
N.	fīlia, -ae	Tochter	Filiale
	vīlla, -ae	Landhaus, Landgut	e.: village
	vīta, -ae	Leben	vital
	ager, agrī	Acker, Feld; Gebiet	Agrar-wirtschaft
	līberī, līberōrum	Kinder	
	puer, puerī	Knabe, Junge	
	vir, virī	Mann, Ehemann	
	līber, lībera, līberum	frei, ungebunden	
	miser, misera, miserum	elend, unglücklich, armselig	
	pulcher, pulchra, pulchrum (*sprich:* púlkcher . . .)	schön, hübsch	
	nihil *(Nom./Akk.)*	nichts	Nihilist
P.	nisi	wenn nicht, außer	
	ut	wie, wie z. B.	

14.

V.	occupāre	besetzen, in Besitz nehmen	e.: to occupy
	putāre	glauben, meinen; *(mit dopp. Akk.)* halten für	

	docēre	lehren, unterrichten	Dozent
	sustinēre	aushalten, ertragen	
N.	indústria, -ae	Fleiß, Betriebsamkeit	Industrie e.: industry
	supérbia, -ae	Hochmut, Stolz, Übermut	
	bárbarus, -a, -um	ausländisch, barbarisch; ungebildet	e.: barbarous
	bárbarus, -ī *(Subst.)*	Ausländer; Barbar	
	doctus, -a, -um	gelehrt, gebildet, gescheit	↗ docēre; Doktor
	hūmānus, -a, -um	menschlich, menschenfreundlich; gebildet	human e.: human
	necessārius, -a, -um	notwendig, nötig; nahe stehend, verwandt	e.: necessary
	quis? quid?	wer? was?	
	sē *(Akk. Sg./Pl.)*	sich	
P.	tantum *(nachgestellt)*	nur, bloß	
J.	īmmō vērō	vielmehr, im Gegenteil	

15.

V.	negāre	verneinen, leugnen; verweigern	Negation
	saltāre	tanzen, springen	Salto
	violāre	verletzen, kränken	
	vītāre	meiden; entgehen	
	audēre	wagen	
	manēre	bleiben, fortbestehen; erwarten	
	esse	sein	↗ 7: sum
N.	contumēlia, -ae	Beleidigung, Schmach, Schande	
	oppidum, -ī	Festung, Stadt	
	quiētus, -a, -um (*sprich:* qui-étus . . .)	ruhig, gelassen	e.: quiet
	meus, mea, meum (*sprich:* mé-us . . .)	mein	e.: my
	tuus, tua, tuum	dein	
	noster, nostra, nostrum	unser	Pater noster
	vester, vestra, vestrum	euer	
J.	neque . . . neque	weder . . . noch	

16.

V.	adiuvāre	unterstützen, helfen	↗ 8: iuvāre
	dare	geben	Dativ, Datum
	implēre	anfüllen; erfüllen	
	terrēre	*(jemanden)* erschrecken	Terror
N.	schola, -ae (*sprich:* skóla)	Schule	e.: school

	exemplum, -ī	Beispiel, Vorbild	Exempel e.: example
	opuléntus, -a, -um	wohlhabend, vermögend, mächtig	opulent
P.	sī	wenn *(bedingend)*, falls	↗13: nisi

17.

V.	habitāre	wohnen, bewohnen	e.: inhabitant
	rēgnāre	König sein, herrschen	e.: to reign
	obtinēre	festhalten, innehaben, behaupten	e.: to obtain
N.	iniūria, -ae	Unrecht, Ungerechtigkeit	
	īnsidiae, -ārum *(Pluralwort)*	Hinterhalt, Nachstellung(en)	
	tyrannus, -ī	Alleinherrscher, Tyrann	
	imperium, -ī	Befehl, Macht, Herrschaft, Reich	Imperialismus e.: empire
	iūstus, -a, -um	gerecht, rechtmäßig, gebührend	e.: just
	nōnnūllī, -ae, -a	einige, manche	
P.	dum *(Subj.)*	so lange (als)	
	intérdum	bisweilen, manchmal	
	ōlim	einst, vor Zeiten	
	quamquam *(Subj.)*	obwohl, obgleich	
	quidem *(nachgestellt)*	zwar, wenigstens, freilich, gewiss	

18.

V.	parāre	bereiten, vorbereiten, (sich) verschaffen; *(m. Inf.)* sich anschicken *(etwas zu tun)*	parat haben
	servāre	retten, bewahren	Kon-serve
	delēre	zerstören, vernichten	
N.	concórdia, -ae	Eintracht, Einigkeit	f.: concorde
	cōpia, -ae	Vorrat, Menge; Möglichkeit	Kopie; e.: copy
	cōpiae, -ārum	Truppen, Streitkräfte	
	fuga, -ae	Flucht; Verbannung	↗13: fugāre
	glōria, -ae	Ruhm	e.: glory
	praeda, -ae	Beute	
	fīlius, -ī	Sohn	↗13: fīlia
	bellum, -ī	Krieg	
	perīculum, -ī	Gefahr	
	parvus, -a, -um	klein, gering	
P.	iterum	wiederum, zum zweiten Mal	
	mox	bald	

19.

V.	dēsīderāre	ersehnen, vermissen	e.: desire
	labōrāre	arbeiten, sich anstrengen; leiden	Labor
	nocēre	schaden	
N.	lingua, -ae	Zunge; Sprache	e.: language
	serva, -ae	Sklavin, Dienerin	↗ 10: servus
	oculus, -ī	Auge	Okular
	magister, magistrī	Lehrer, Meister	e.: master
	firmus, -a, -um	stark, fest	e.: firm
	maestus, -a, -um	traurig, betrübt	
	malus, -a, -um	schlecht, schlimm, böse	
	novus, -a, -um	neu, neuartig	Novum
	sevērus, -a, -um	streng, ernst	e.: severe
	is, ea, id	dieser, diese, dieses; er, sie, es	
P.	bene *(Adv.)*	gut	

20.

V.	comparāre	zusammenbringen, beschaffen, erwerben;	↗ 18: parāre
		vergleichen	Komparativ
	nāvigāre	*(zur See)* fahren, segeln	Navigation
	nōmināre	nennen, benennen	nominieren, Nominativ
	trānsportāre	hinüberschaffen, hinüberbringen	↗ 12: portāre Transport
N.	domina, -ae	Herrin, Gebieterin	↗ 10: dominus
	pīrāta, -ae ***m***	Seeräuber, Pirat	
	vinculum, -ī	Band, Fessel; *(Pl.:)* Gefängnis	
	dūrus, -a, -um	hart, unempfindlich, hartherzig	Dur-Tonart
P.	inde	von da, von dort; hierauf	
	quōmodo	auf welche Weise, wie	
	saepe	oft	
	sīc *(bei Verben)*	so, auf diese Weise	
	vel	oder	
J.	vel . . . vel	entweder . . . oder	

21.

V.	dōnāre	schenken, beschenken	↗ 5: dōnum
	līberāre	befreien	↗ 13: līber
	mūtāre	wechseln, tauschen, ändern	Mutation
	monēre	mahnen, auffordern, erinnern	Monitor
	vexāre	quälen; verheeren	Vexierbild

N.	fortūna, -ae	Schicksal, Glück	Fortuna *(Glücksgöttin)* e.: fortune
	pecūnia, -ae	Geld, Vermögen	
	gaudium, -ī	Freude, Vergnügen	↗ 1: gaudēre
	servitium, -ī	Sklaverei, Knechtschaft	↗ 10: servus Service
	verbum, -ī	Wort, Ausdruck	verbal
	molestus, -a, um	lästig, beschwerlich	
	varius, -a, -um	verschieden, verschiedenartig, bunt; wandlungsfähig	Variation e.: various
	asper, aspera, asperum	rau, bitter, herb	
	suus, -a, -um	sein, ihr, sein	

22.

V.	disputāre	erörtern, diskutieren	Disput
	licet (licuit) *(unpersönlich)*	es ist erlaubt, es ist möglich	Lizenz
	placēre (placuī)	gefallen, Beifall finden	sein Plazet geben
	cōnstantia, -ae	Standhaftigkeit, Beständigkeit	konstant
	disciplīna, -ae	Unterricht, Unterrichtsfach; Zucht; Ordnung	Disziplin
	littera, -ae	Buchstabe	e.: letter
	litterae, -ārum	Brief; Wissenschaft(en)	Literatur e.: literature
	modestia, -ae	Mäßigung, Bescheidenheit, Besonnenheit	e.: modesty
	philósophus, -ī	Philosoph	e.: philosopher
	vitium, -ī	Fehler, schlechte Eigenschaft, Laster	
	peregrīnus, -a, -um	fremd, ausländisch	
	perīculōsus, -a, -um	gefährlich	↗ 18: perīculum
	perniciōsus, -a, -um	verderblich, schädlich	
	iste, ista, istud	dieser da, dieser dein	
P.	nōnne? *(Fragepartikel, die als Antwort „ja" erwarten lässt)*	(etwa) nicht? denn nicht?	

PERFEKT-AKTIV-STAMM MIT -**u**:

monēre (21) mahnen mon**uī**

Von den bisher gelernten Verben der ē-Konjugation bilden das Perfekt Aktiv ebenso:

carēre (13), docēre (14), habēre (11), nocēre (19), obtinēre (17), parēre (9), placēre (22), studēre (9), sustinēre (14), tacēre (3), tenēre (4), terrēre (16), timēre (7), valēre (9).

23.

V.	dēspērāre (dē *m. Abl.*)	die Hoffnung aufgeben, verzweifeln *(an)*	Desperado
	cēnsēre (cēnsuī)	schätzen, der Ansicht sein, meinen	zensieren
	movēre	bewegen, beeinflussen	e.: to move
N.	misericordia, -ae	Mitleid, Barmherzigkeit	↗ 13: miser
	porta, -ae	Tor *(einer Stadt oder eines Lagers)*	Pforte
	arma, -ōrum	Waffen	Armee e.: army
	incendium, -ī	Brand, Feuer, Brandstiftung	

P.

PRÄPOSITIONEN MIT AKKUSATIV	
ad	zu, an, bei; zu . . . hin
ante	vor *(zeitlich und örtlich)*
apud	bei *(vor allem bei Personen),* in der Nähe (von)
contrā	gegen
in	*(auf die Frage: wohin?)* in, nach, auf; gegen
post	nach *(zeitlich)*; hinter *(örtlich)*
propter	wegen

postquam *(Subj. m. Ind. Perf.)*	nachdem	
cēterum *(Adv.)*	übrigens, im Übrigen	↗ 11: cēterī

24.

V.	expūgnāre	erstürmen, erobern	↗ 3: pūgnāre
	nūntiāre	melden, mitteilen	Nuntius e.: to announce
	postulāre	fordern, verlangen	Postulat
	spoliāre *(m. Abl.)*	berauben *(einer Sache)*; plündern	
N.	auxilium, -ī	Hilfe, Schutz	
	auxilia, -ōrum	Hilfstruppen	
	cōnsul, cōnsulis *m*	Konsul	
	dictātor, dictātōris *m*	Diktator	
	imperātor, -ōris *m*	Feldherr; Herrscher, Kaiser	↗ 17: imperium e.: emperor
	victor, -ōris *m*	Sieger	
P.	– que *(angehängt; verbindet zwei eng zusammengehörige Begriffe)*	und	

25.

V.	iūrāre	schwören	
N.	**comes, comitis** *m*	Begleiter, Gefährte	
	comes, comitis *f*	Begleiterin, Gefährtin	
	eques, equitis *m*	Reiter, Ritter	
	mīles, mīlitis *m*	Soldat, Krieger	Militär
	pedes, peditis *m*	Soldat zu Fuß, Infanterist	
	frāter, frātris *m*	Bruder	
	māter, mātris *f*	Mutter	e.: mother
	pater, patris *m*	Vater	↗8: patria
	patrēs, patrum *(Pl.)*	Vorfahren; Senatoren	
	custōs, custōdis *m*	Wächter, Beschützer	Küster
	honōs, honōris *m*	Ehre	e.: honour
	iūcundus, -a, -um	erfreulich, angenehm	↗8: iuvāre
P.	aliquandō	(irgend)einmal, einst	
	anteā	vorher, früher	↗23: ante
	sine *(Präp. m. Abl.)*	ohne	

26.

V.	armāre	ausrüsten, bewaffnen	↗23: arma
	fatīgāre	*(jemanden)* ermüden	
	vāstāre	verwüsten, verheeren	
	admonēre (admónuī, admónitum)	erinnern, ermahnen	↗21: monēre
N.	studium, -ī	Eifer, Bemühung; *(wissenschaftl.)* Betätigung	Studium e.: study
	tēctum, -ī	Dach; Haus	
	mercātor, -ōris *m*	Kaufmann	e.: merchant
	diutúrnus, -a, -um	lang dauernd	↗1: diū
	quot? *(indeklinabel)*	wie viele?	
	tantus, -a, -um	so groß, so bedeutend	
P.	nōndum	noch nicht	

27.

V.	īgnōrāre	nicht wissen, nicht kennen	Ignorant
	retinēre (retínuī, reténtum)	behalten, zurückbehalten, festhalten, zügeln	↗4: tenēre
N.	prōvincia, -ae	Provinz *(von den Römern unterworfenes Gebiet außerhalb Italiens)*	Provence
	victōria, -ae	Sieg	↗24: victor e.: victory
	triumphus, -ī	Triumph, Triumphzug	triumphieren

condiciō, condiciōnis *f*	Bedingung, Verabredung; Lage	Kondition e.: condition
legiō, legiōnis *f*	Legion *(4200–6000 Soldaten)*	
regiō, regiōnis *f*	Gegend, Gebiet; Richtung	regional e.: region
fortitūdō, fortitūdinis *f*	Tapferkeit, Mut	
homō, hóminis ***m***	Mensch; *(Pl.)* Leute	↗14: hūmanus
multitūdō, multitūdinis *f*	Vielzahl, Menge	↗6: multus
dux, ducis { *m*	Führer	e.: duke
{ *f*	Führerin	
pāx, pācis *f*	Friede	e.: peace

28.

V.	praestāre (praestitī)		
	(m. Dat.)	voranstehen, übertreffen	
	(m. Akk.)	leisten, erweisen	
	imminēre *(ohne Perf.)*	drohen, bevorstehen	
N.	memoria, -ae	Gedächtnis, Erinnerung	e.: memory
	auctōritās, auctōritātis *f*	Ansehen, Einfluss	Autorität
	calamitās, -ātis *f*	Unheil, Schaden, Verlust	
	cīvitās -ātis *f*	Bürgerschaft, Gemeinde, Staat	e.: city
	crūdēlitās, -ātis *f*	Grausamkeit, Brutalität	e.: cruelty
	hūmānitās, -ātis *f*	Menschlichkeit, Bildung	↗14: hūmānus Humanität
	lībertās, -ātis *f*	Freiheit, Unabhängigkeit	↗13: līber e.: liberty
	salūs, salūtis *f*	Wohl, Heil, Rettung	
	servitūs, servitūtis *f*	Sklaverei, Knechtschaft	↗10: servus
	virtūs, virtūtis *f*	Mannhaftigkeit, Tapferkeit, Tüchtigkeit, Tugend	↗13: vir
	aequus, -a, -um	gleich, gleichmütig; gerecht	Äquator
P.	adhūc *(Adv.)*	bis jetzt, noch immer	
J.	sē praestāre *(m. Akk.)*	sich zeigen *(als)*	
	memoriā tenēre	im Gedächtnis behalten	

PERFEKT-AKTIV-STAMM DURCH REDUPLIKATION		
dare (16)	geben	**de**dī
stāre (3)	stehen	**ste**tī

29.

V.	coercēre (*sprich:* ko-ercére) (coércuī, coércitum)	in Schranken halten, zügeln	
N.	**agmen, agminis** *n*	Heereszug, Schar, Trupp	
	carmen, carminis *n*	Lied, Gedicht	Carmina Burana
	discrīmen, discrīminis *n*	Unterschied; Entscheidung, Gefahr	diskriminieren
	lūmen, lūminis *n*	Licht, Leuchte, Glanz	Il-lumination
	nōmen, nōminis *n*	Name, Benennung, Begriff	Nominativ
	ōmen, ōminis *n*	Vorzeichen, Vorbedeutung	ominös
	foedus, foederis *n*	Bündnis, Vertrag	Foederation
	opus, óperis *n*	Werk, Arbeit	operieren
	corpus, córporis *n*	Körper, Leib	
	decus, décoris *n*	Zierde, Schmuck; Ruhm	dekorieren
	tempus, témporis *n*	Zeit, Zeitpunkt	Ex-temporale
	rōbur, róboris *n*	*(körperliche)* Kraft; Elite	robust
	prīmus, -a, -um	der Erste	prima; Prim-Zahl
J.	agmen prīmum	Vorhut *(des Heeres)*	

30.

V.	ōrnāre	ausstatten, schmücken	Ornament
	praedicāre	rühmen, öffentlich bekannt machen	Prädikat; predigen
N.	avāritia, -ae	Habsucht, Geiz	
	inopia, -ae	Mangel, Not	
	luxuria, -ae	Üppigkeit, Verschwendungssucht	e.: luxury
	annus, -ī	Jahr	Annalen; anno domini (*Abk.* a. d.)
	saeculum, -ī	Zeitalter, Jahrhundert	Säkularisation
	labor, -ōris *m*	Mühe, Anstrengung, Arbeit	↗19: labōrāre
	laus, laudis *f*	Lob, Ruhm	↗8: laudāre
	māiōrēs, -rum *m*	Vorfahren, Ahnen	
	mōs, mōris *m*	Sitte, Brauch; Art und Weise	Moral
	mōrēs, mōrum	Charakter, Gesinnung	
	occāsiō, -ōnis *f*	Gelegenheit	e.: occasion
	paucī, -ae, -a	wenige	
P.	sub *(Präp. m. Akk. auf die Frage „wohin?“ m. Abl. auf die Frage „wo?“)*	unter	

31.

V.	appellāre	anreden, nennen, benennen	appellieren e.: to appeal
N.	nūntius, -ī	Bote; Meldung, Nachricht	↗ 24: nūntiāre
	aestās, aestātis *f*	Sommer	
	necessitās, -ātis *f*	Notwendigkeit, Notlage	e.: necessity
	ars, artis *f*	Kunst, Fertigkeit	Artist; e.: art
	continēns, -entis *f* (*Abl.* -ī)	Festland	Kontinent
	gēns, gentis *f*	Sippe, Geschlecht, Volksstamm	
	mors, mortis *f*	Tod	
	parentēs, -tum/-tium ***m***	Eltern	e.: parents
	sors, sortis *f*	Los, Schicksal	sortieren
	urbs, urbis *f*	*(große)* Stadt *(insbesondere Rom)*	urbanisieren e.: suburb
	vēr, vēris ***n***	Frühling	
J.	nē . . . quidem	nicht einmal	

32.

V.	ēducāre	erziehen, aufziehen	e.: education
	flēre (flēvī, flētum)	weinen, beklagen	flennen
N.	avus, -ī	Großvater	
	dolor, -ōris *m*	Schmerz, Kummer	
	uxor, -ōris ***f***	Ehefrau, Gattin	
	incertus, -a, -um	ungewiss, unsicher	↗ 5: certē
	sibi *(Reflexiv-Pron., Dat.)*	sich	↗ 14: sē *(Akk.)*
	sēcum	mit sich	↗ 14: sē
P.	enim *(nachgestellt)*	denn, nämlich	
	frūstrā	vergebens, umsonst	frustrieren
	inter *(Präp. m. Akk.)*	zwischen *(räumlich und zeitlich)*, inmitten, während	inter-national

33.

V.	agitāre	treiben, jagen, hetzen; betreiben	Agitation
	dissimulāre	verbergen, verheimlichen; so tun, als ob nicht	
	cavēre (cāvī) *(m. Akk.)*	sich in Acht nehmen, sich hüten *(vor)*	Kaution
N.	nātūra, -ae	Natur, Wesen	e.: nature
	dolus, -ī	List, Betrug	

cōnsuētūdō, -dinis *f*	Gewohnheit, Brauch	e.: custom
hospes, hóspitis *m*	Gastfreund, Gast, Fremder	e.: hospital
mulier, mulíeris ***f***	Ehefrau	
precēs, precum *f*	Bitten, Gebet	prekär
alter, altera, alterum	der/die/das Andere *(von zweien)*	alternativ
P. haud *(verneint meist einzelne Begriffe)*	nicht	
rārō *(Adv.)*	selten	↗ 7: rārus
-ne? *(Fragepartikel, an das betonte Wort angehängt, lässt die Antwort „ja" oder „nein" erwarten)*		
J. dī bonī *(Vokativ)*	ihr guten Götter!	

PERFEKT-AKTIV-STAMM DURCH DEHNUNG

iuvāre	(8)	erfreuen, unterstützen	i**ū**vī
adiuvāre	(16)	unterstützen, helfen	adi**ū**vī
cavēre	(33)	sich in Acht nehmen	c**ā**vī
movēre	(23)	bewegen, beeinflussen	m**ō**vī
sedēre	(1)	sitzen	s**ē**dī
possidēre	(6)	besitzen	poss**ē**dī
vidēre	(5)	sehen	v**ī**dī

34.

V. salvē! / salvēte! (*Imp. I zu* salvēre)	sei gegrüßt! / seid gegrüßt!	Salve
N. fōrma, -ae	Form, Gestalt, Schönheit	
īnsula, -ae	Insel; Wohnblock	
scientia, -ae	Wissen, Kenntnis, Wissenschaft	e.: science
error, -ōris *m*	Irrtum, Irrfahrt	↗ 7: errāre
imāgō, imā́ginis *f*	Bild, Ebenbild	e.: image
potestās, ātis *f*	Macht, Gewalt; Amtsgewalt; Möglichkeit	↗ 6: potest
cārus, -a, -um	teuer, lieb, wert	e.: careful
nātus, -a, -um	geboren	e.: native
īdem, éadem, idem	der-, die-, dasselbe, der/die/das Nämliche, Gleiche	identisch; e.: identity
ipse, ipsa, ipsum	selbst	
P. atque *(drückt eine besonders enge Verbindung aus)*	und, und auch	
paene *(Adv.)*	beinahe, fast	
profectō *(Adv.)*	in der Tat, auf alle Fälle	
J. īdem atque	derselbe wie, der Nämliche wie	

35.

V.	aedificāre	bauen, errichten	↗ 5: aedificium
	collocāre	aufstellen, unterbringen	
N.	equus, -ī	Pferd	↗ 25: eques
	simulācrum, -ī	Götterbild, Abbild	
	caedēs, caedis *f*	Blutbad, Mord	
	classis, classis *f*	Flotte; Abteilung, Klasse	e.: class
	finis, finis ***m***	Grenze; Ziel, Ende	Finale;
	finēs, finium ***m***	Gebiet	e.: finish, final
	hostis, hostis ***m***	Feind, Staatsfeind	
	ignis, ignis ***m***	Feuer, Brand	
	iúvenis, iuvenis ***m***	junger Mann	
	nox, noctis *f*	Nacht	
	rēx, rēgis ***m***	König	↗ 17: rēgnāre
	altus, -a, -um	hoch, tief	Alt-stimme
P.	aegrē *(Adv.)*	nur mit Mühe, kaum; ungern	

36.

V.	arcēre (arcuī)	abhalten, fern halten, abwehren	
N.	virgō, vírginis *f*	Mädchen, (junge) Frau	e.: Virginia
	auris, auris *f*	Ohr	
	nāvis, nāvis *f*	Schiff	↗ 20: nāvigāre
	famēs, famis *f*	Hunger	
	sitis, sitis *f*	Durst	
	turris, turris *f*	Turm	e.: tower
	vīs, vim *(Akk.)*, **vī** *(Abl.) f*	Gewalt, Kraft; Menge	↗ 15: vi-olāre
	vīrēs, vīrium *f*	Kräfte, Streitkräfte	
	animal, animālis *n*	Lebewesen, Tier	animalisch e.: animal
	mare, maris *n*	Meer, (die) See	Marine
	moenia, moenium *n* *(Pluralwort)*	Stadtmauer	
P.	dum *(Subj. m. Ind. Präs.)*	während	↗ 17: dum (solange als)
	per *(Präp. m. Akk.)*	durch, hindurch *(räumlich und zeitlich)*	„per Eilboten“

37.

V.	adhibēre (adhibuī, adhíbitum)	anwenden, heranziehen	↗ 11: habēre
	iūdicāre	richten, urteilen, beurteilen	
	interest *(unpersönl.)*	es besteht ein Unterschied; es ist wichtig	↗ 32: inter
N.	poēta, -ae ***m*** (*sprich:* po-éta)	Dichter	Poët
	auctor, -ōris *m*	Urheber, Verfasser, Schriftsteller; Stammvater	↗ 28: auctōritās Autor e.: author
	senex, senis ***m***	alter Mann, Greis	senil
	pietās, pietātis *f* (*sprich:* pí-etas)	Frömmigkeit, Pflichtgefühl	Pietät
	hic, haec, hoc	dieser, diese, dieses	
	ille, illa, illud	jener, jene, jenes	
P.	ergō *(Konj.)*	folglich, also	
	ita *(bei Verben)*	so	

38.

V.	circúmdare (-dedī, -datum)	umgeben	↗ 16: dare
	vindicāre	beanspruchen; befreien; bestrafen	
N.	flamma, -ae	Flamme, Feuer, Glut	e.: flame
	poena, -ae	Strafe, Buße	Pein
	locus, -ī	Ort, Platz, Stelle; Rang	Lokal
	loca, -ōrum ***n***	Orte; Gegend	
	mōnstrum, -ī	Ungeheuer, Ungetüm	e.: monster
	clāmor, -ōris *m*	Geschrei, Lärm	↗ 3: clāmāre
	crīnis, crīnis ***m***	Haar	
	arx, arcis *f*	Burg, befestigte Anhöhe	
	vōx, vōcis *f*	Stimme, Laut; Wort	↗ 3: vocāre e.: voice
	caput, cápitis ***n***	Kopf, Haupt; Hauptstadt	e.: capital
	flūmen, flūminis *n*	Fluss, Strom	
	scelus, scéleris *n*	Verbrechen, Frevel	
	quī?, quae?, quod? *(adjektiv. Frage-Pron.)*	welcher?, welche?, welches?	

39.

V.	lacerāre	zerreißen, zerfleischen	
	patēre (patuī)	offen stehen; offenbar sein	
N.	saxum, -ī	Fels, Felsblock	
	avis, avis *f*	Vogel	
	mōns, montis ***m***	Berg; *(Pl.)* Gebirge	e.: mount
	ācer, ācris, ācre	scharf, spitz, heftig	
	celer, celeris, celere	schnell, rasch	
	crūdēlis, crūdēle	grausam, gefühllos	↗28: crūdelitās; e.: cruel
	immānis, immāne	ungeheuer, riesig, schrecklich	
	mortālis, mortāle	sterblich	↗31: mors
	immortālis, immortāle	unsterblich	
	omnis, omne	ganz, all, jeder	Omnibus
	terribilis, terribile	schrecklich, Furcht erregend	↗16: terrēre e.: terrible
	turpis, turpe	hässlich, schändlich, unanständig	

40.

N.	ōtium, -ī	Muße, Freizeit, Ruhe	
	sēdēs, sēdis *f*	Sitz, Wohnsitz	↗1: sedēre
	vātēs, vātis *m*	Seher, Prophet	
	vātēs, vātis *f*	Seherin, Prophetin	
	beātus, -a, -um	glücklich, glückselig	Beate
	pius, -a, -um	fromm, gewissenhaft, pflichtgetreu	↗37: pietās
	fortis, -e	tapfer, mutig	↗27: fortitūdō
	atrōx, *(Gen.:)* **atrōcis**	schrecklich, furchtbar, wild	
	audāx, *(Gen.:)* **audācis**	kühn, mutig, verwegen	↗15: audēre
	clēmēns, *(Gen.:)* **clēmentis**	mild, sanft, nachsichtig	Clemens
	ingēns, *(Gen.:)* **ingentis**	ungeheuer, gewaltig	
	potēns, *(Gen.:)* **potentis**	mächtig, einflussreich, fähig	↗6: potest
	prūdēns, *(Gen.:)* **prūdentis**	klug, umsichtig, gescheit	
	sapiēns, *(Gen.:)* **sapientis**	weise, verständig	Homo sapiens
J.	nōn ignōrāre	genau wissen, genau kennen	↗27: ignōrāre

41.

V.	damnāre	verurteilen; büßen lassen	e.: damned
	dolēre (doluī)	Schmerz empfinden, bedauern	↗32: dolor
N.	bēstia, -ae	(wildes) Tier, Raubtier	Bestie; e.: beast
	causa, -ae	Ursache, Grund; Sachverhalt; Prozess	Kausalzusammenhang e.: cause
	gemma, -ae	Edelstein	Gemme
	pretium, -ī	Preis, Wert	Pretiosen
	crīmen, crīminis *n*	Vorwurf, Anklage; Verbrechen	kriminell
	fraus, fraudis *f*	Betrug, Täuschung	
	dīgnitas, -ātis *f*	Ansehen, Rang, Würde	
	falsus, -a, -um	falsch, unecht	
	complūrēs *m/f*, complūra *n* }, -ium	mehrere, ziemlich viele	
	quī, quae, quod *(Relativ-Pron.)*	der, die, das; welcher, welche, welches	

42.

V.	accūsāre	anklagen, beschuldigen	Akkusativ
	ōrāre	reden, bitten, beten	Oratorium
	iubēre *(m. Akk.)*	*(jmd.)* befehlen, anordnen, lassen	
	suādēre	raten, zureden	
N.	ánimus, -ī	Geist, Sinn; Verstand, Mut	re-animieren
	carcer, -eris *m*	Kerker, Gefängnis	Karzer
	iūdex, iūdicis ***m***	Richter	↗37: iudicāre
	fácinus, facínoris *n*	Tat, Untat, Verbrechen	
	certus, -a, -um	bestimmt, zuverlässig, gewiss	Zertifikat ↗5: certē
	inīquus, -a, -um	ungleich, ungerecht	↗28: aequus
P.	ut *(Subj. m. Konj.)*	dass, so dass; damit	
	nē *(Subj. m. Konj.)*	dass nicht, damit nicht	
	útinam	wenn doch, hoffentlich	
	útinam nē	wenn doch nicht, hoffentlich nicht	
J.	aequus animus	Gleichmut, Gelassenheit	

43.

V.	iactāre	werfen, schleudern	
	spērāre	hoffen, erhoffen	↗23: dēspērāre
	temperāre *(m. Dat.)*	mäßigen; *(jemanden)* schonen	temperieren
	abstinēre (abstínuī) *(m. Abl.)*	abhalten; verzichten *(auf)*, sich *(einer Sache)* enthalten	Abstinenz ↗4: tenēre ↗27: re-tinēre

N.	iūs, iūris *n*	Recht	Jurist ↗17: iūstus
	lēx, lēgis *f*	Gesetz, Gebot, Regel	legal
	avārus, -a, -um	habsüchtig, geizig	↗30: avāritia
	futūrus, -a, -um	zukünftig	Futur
	brevis, -e	kurz	Brief
	fēlix, *(Gen.:)* fēlīcis	glücklich	Felix
	nēmō	niemand, keiner	
P.	at *(Konj., drückt starken Gegensatz aus)*	aber, jedoch, dagegen	
	cum *(Subj. m. Konj.)*	als; da, weil, obwohl	↗5: cum *(mit Ind.)*

44.

V.	appropinquāre	sich nähern, herannahen	
	implōrāre	anflehen, erflehen	e.: to implore
	probāre	prüfen; gutheißen, billigen	Probe; e.: to prove
	trepidāre	sich ängstigen, ängstlich hin und her laufen	
N.	sīgnum, -ī	Zeichen, Merkmal; Feldzeichen	Signal
	supplicium, -ī	demütiges Flehen; Todesstrafe, Hinrichtung	
	nimius, -a, -um	zu groß, zu viel, übermäßig	
	alius, alia, aliu**d**	ein anderer	
P.	magnópere	in hohem Grade, sehr	↗6: māgnus ↗29: opus
	postrīdiē *(Adv.)*	am folgenden Tag	↗1: ho-diē
J.	aliī aliōs adiuvant	die einen helfen den anderen; sie helfen sich gegenseitig	
	aurēs dare	Gehör schenken	↗36: auris
	poenās dare *(m. Gen.)*	bestraft werden *(für)*	↗38: poena

45.

N.	cūra, -ae	Sorge, Sorgfalt	Kur ↗10: cūrāre
	īgnōrantia, -ae	Unkenntnis, Unwissenheit	↗27: īgnōrāre
	iter, itíneris ***n***	Weg, Reise, Marsch	
	sermō, sermōnis ***m***	Gespräch, Sprache	
	tempestās, -ātis *f*	Sturm, Unwetter; Wetter	e.: tempest
	longus, -a, -um	lang, weit; langwierig	e.: long
	gravis, -e	schwer *(von Gewicht)*, gewichtig, drückend	Gravitation
	véhemēns, *(Gen.:)* veheméntis	heftig, leidenschaftlich, energisch	e.: vehement
P.	quam *(beim Komparativ)*	als	↗7: quam (wie)

46.

V.	perturbāre	(völlig) verwirren, beunruhigen, stören	↗4: turba
	appārēre (appāruī)	sich zeigen, offenkundig sein	↗9: pārēre
	iacēre (iacuī)	(auf dem Boden) liegen, daliegen	↗43: iactāre
	solēre	gewohnt sein, pflegen	
N.	ferrum, -ī	Eisen, Schwert	
	rēgnum, -ī	Königreich, Königsherrschaft	↗17: rēgnāre
	mortuus, -a, -um	tot, gestorben	↗31: mors
	nūllus, -a, -um	kein, keiner	Null
	sōlus, -a, -um	allein, bloß	↗2: sōlum Solo
	similis, -e	ähnlich, gleichartig	As-similation ↗33: dis-simulāre
P.	brevī *(Abl. als Adv.)*	in Kürze, bald	↗43: brevis
	vix *(Adv.)*	kaum, mit Mühe	
	trāns *(Präp. m. Akk.)*	über . . . hinüber, jenseits	trans-atlantisch ↗20: trāns-portāre

47.

N.	arbor, árboris ***f***	Baum	
	canis, canis ***m***	Hund	
	pēs, pedis ***m***	Fuß *(auch als Längenmaß, ca. 30 cm)*	Pedal
	praetor, -ōris *m*	Prätor	
	mīrus, -a, -um	wunderbar, sonderbar	
	māior, māius	größer, der Größere	Majorität; e.: mayor
	maximus, -a, -um	der Größte, sehr groß	Maximum
	minor, minus	kleiner, der Kleinere	Minorität, Minus
	minimus, -a, -um	der Kleinste, sehr klein	Minimum
	melior, melius	besser, der Bessere	
	optimus, -a, -um	der Beste, sehr gut	Optimist
	pēior, pēius	schlechter, der Schlechtere	
	pessimus, -a, -um	der Schlechteste, sehr schlecht	Pessimist
	plūs, plūris *(Sg.)*	mehr *(Sg.)*	Plus
	plūrēs, plūra *(Pl.)*, *(Gen.:)* **plūrium**	mehr *(Pl.)*	↗41: complūrēs Plural
	plūrimi, -ae, -a	die Meisten, sehr viele	

PERFEKT-AKTIV-STAMM MIT **-s-**

manēre (15)	bleiben	mān**sī**	–
iubēre (42)	befehlen	ius**sī**	iussum
rīdēre (1)	lachen	rī**sī**	rīsum
suādēre (42)	raten	suā**sī**	suāsum

48.

V.	impendēre	drohen, bevorstehen	
N.	mora, -ae	Verzögerung, Aufschub, Weile	Moratorium
	stēlla, -ae	Stern, Sternbild	Kon-stellation
	caelum, -ī	Himmel, Wetter, Klima	e.: ceiling
	fātum, -ī	Schicksal, Geschick, Götterspruch	fatal
	flāgitium, -ī	Schandtat, Niederträchtigkeit	
	genus, géneris *n*	Geschlecht, Gattung, Art	Genus
	orbis, orbis ***m***	Kreis, Kreislauf; Scheibe	e.: orbit
	tōtus, -a, -um	ganz	total
	trīstis, -e	traurig, schmerzlich	trist
J.	orbis terrārum	Erdkreis	↗8: terra
	iterum atque iterum	immer wieder	

49.

V.	sollicitāre	heftig erregen, beunruhigen, aufwiegeln	
	prōvidēre *(m. Dat.)*	sorgen *(für)*	↗5: vidēre
	(m. Akk.)	vorhersehen; (im voraus) besorgen	
N.	peccātum, -ī	Fehler, Sünde	
	mēns, mentis *f*	Geist, Verstand; Gedanke	mental
	nefās ***n*** *(indeklinabel)*	Unrecht, Frevel	
	religiō, -ōnis *f*	religiöses Gefühl; Glaube; Aberglaube	Religion
	quālis, quāle	wie beschaffen, von welcher Art	Qualität
	quantus, -a, -um	wie groß	Quantität
	sānus, -a, -um	gesund, heil	Sanatorium
	vānus, -a, -um	nichtig, eitel, leer	e.: vain
P.	num *(indirekte Frage)*	ob	↗7: num
	utrum . . . an *(Partikel der Wahlfrage)*	(ob) . . . oder	

50.

V.	numerāre	zählen, rechnen; zahlen	numerieren
N.	fenéstra, -ae	Fenster	
	mēnsa, -ae	Tisch	Mensa
	lectus, -ī	Bett, Liege	
	adulēscēns, adulescēntis *m*	junger Mann	
	furor, -ōris *m*	Raserei; Toben, Wahnsinn	Furie
	moderātus, -a, -um	maßvoll, besonnen	↗22: modestia; Moderator
	studiōsus, -a, -um	eifrig, bemüht	↗9: studēre
	tardus, -a, -um	langsam, träge	
	supplex, *(Gen.:)* súpplicis	demütig bittend, flehentlich	↗44: supplicium

51.

V.	abundāre *(m. Abl.)*	Überfluss haben *(an)*	
N.	silva, -ae	Wald	Silvia
	diēs, diḗī ***m*** *(sprich:* di-es, di-é-i)	Tag	↗ 1: ho-diē
	fidēs, fideī *f*	Treue, Glaube, Vertrauen; Treuwort	↗ 6: fīdus
	perníciēs, perniciḗī *f*	Verderben, Untergang	↗ 22: perniciōsus
	rēs, réī *f*	Sache, Gegenstand; Angelegenheit, Ereignis, Lage	Realität e.: real
	spēs, spéī *f*	Hoffnung, Erwartung	↗ 43: spērāre
	lātus, -a, -um	breit, weit	
	pūblicus, -a, -um	öffentlich, staatlich; *(Neutr. Sg.)* Öffentlichkeit	Publikum
	suprēmus, -a, -um	der Oberste, Höchste, Letzte	e.: supreme
J.	rē vērā	in Wirklichkeit, tatsächlich	↗ 11: vērus
	rēs pūblica, reī pūblicae	Staat, Gemeinwesen	Republik; e.: republic
	spem habēre in *(mit Abl.)*	Hoffnung setzen *(auf jmd./etw.)*	↗ 11: habēre
	in hōc discrīmine rērum	in dieser entscheidenden Lage	↗ 29: discrīmen

52.

V.	mandāre	anvertrauen, übergeben, auftragen	Mandat
	ostentāre	(prahlend) zeigen, zur Schau stellen	ostentativ
N.	iūstitia, -ae	Gerechtigkeit	↗ 17: iūstus Justiz; e.: justice
	opera, -ae	Arbeit, Mühe	
	modus, -ī	Maß; Art, Weise	↗ 22: modestia Mode
	fundāmentum, -ī	Grund, Grundlage	Fundament
	medius, -a, -um	der Mittlere	Medium
	dīligēns, *(Gen.:)* dīligéntis	sorgfältig, gewissenhaft	↗ 10: dīligentia
	suāvis, -e	süß, lieblich, angenehm	e.: sweet
P.	équidem	allerdings; ich jedenfalls	↗ 17: quidem
	sponte (meā, tuā . . .)	aus eigenem Antrieb, freiwillig	spontan
	ubīque *(Adv.)*	überall	↗ 1: ubī
J.	memoriae mandāre	sich einprägen, lernen	↗ 28: memoria

53.

N.	numerus, -ī	Zahl; Rang	↗50: numerāre e.: number
	ōrātiō, -ōnis *f*	Rede, Redegabe	↗42: ōrāre
	praeclārus, -a, -um	glänzend, herrlich, berühmt	↗8: clārus
	prior, prius	früher, eher; der Frühere	Priorität
	duo, duae, duo	zwei	Duo, Duett
	trēs, tria	drei	Trio
	quattuor (*indeklinabel*)	vier	
	quīnque (*indeklinabel*)	fünf	
	sex (*indeklinabel*)	sechs	
	septem (*indeklinabel*)	sieben	September
	octō (*indeklinabel*)	acht	Oktober
	novem (*indeklinabel*)	neun	November
	decem (*indeklinabel*)	zehn	Dezember
P.	quoque *(Konj., nachgestellt)*	auch	

54.

N.	castra, -ōrum	(Heer-)Lager	e.: -chester/-cester, -caster *(in Ortsnamen)*
	cohors, cohortis *f*	Kohorte *(Heeresabteilung, 10. Teil einer Legion)*	
	pars, partis *f*	Teil, Rolle, Richtung	Partei; e.: part
	fīnitimus, -a, -um	benachbart, angrenzend	↗35: fīnis
	secundus, -a, -um	der Zweite, Folgende, Nächste; günstig	Sekunde; e.: second
	tertius, -a, -um	der Dritte	Terz
	quārtus, -a, -um	der Vierte	Quartett
	quīntus, -a, -um	der Fünfte	Quint
	sextus, -a, -um	der Sechste	Sextett
	septimus, -a, -um	der Siebte	Septime
	octāvus, -a, -um	der Achte	Oktave
	nōnus, -a, -um	der Neunte	
	decimus, -a, -um	der Zehnte	Dezimal-System
P.	nusquam *(Adv.)*	nirgends	
J.	ūsque ad *(m. Akk.)*	bis zu	↗23: ad
	ante Chrīstum nātum (*abgekürzt:* a. Chr. n.)	vor Christi Geburt	
	post Chrīstum nātum (*abgekürzt:* p. Chr. n)	nach Christi Geburt	

55.

V.	pertinēre (pertinuī) (ad)	sich erstrecken, sich beziehen *(auf)*, gehören *(zu)*	↗4: tenēre ↗27: re-tinēre
N.	familia, -ae	Hausgemeinschaft, Familie	e.: family
	rīpa, -ae	Ufer	
	vīcus, -ī	Dorf, Gehöft; Stadtviertel	
	praesidium, -ī	Schutz; Posten, Besatzung	
	līmes, līmitis *m*	Grenzweg, Grenzwall	e.: limit
	aciēs, aciēī *f*	Schärfe; Schlachtordnung	↗39: ācer
	invītus, -a, -um	ungern, widerwillig	
	situs, -a, -um	gelegen, befindlich	e.: site
P.	adeō *(Adv.)*	so sehr	
	postremō *(Adv.)*	zuletzt, schließlich	
	procul *(Adv.)*	fern, weit weg	
	prope *(Präp. m. Akk.)*	nahe bei	↗44: ap-propinquāre
	(Adv.)	in der Nähe; fast, beinahe	

56.

N.	praemium, -ī	Belohnung, Auszeichnung	Prämie; e.: premium
	clādēs, -is *f*	Niederlage, Verlust	
	cursus, -ūs *m*	Lauf, Kurs	CURSUS LATINUS
	exércitus, -ūs *m*	Heer	exerzieren
	ímpetus, -ūs *m*	Ansturm, Angriff; Trieb, Schwung	
	luxus, -ūs *m*	Üppigkeit, Ausschweifung, Verschwendung	Luxus ↗30: luxuria
	magistrātus, -ūs *m*	Behörde, Amt; Beamter	↗19: magister
	manus, -ūs *f*	Hand; Schar	manuell
	metus, -ūs *m*	Furcht, Angst	
	réditus, -ūs *m*	Rückkehr	
	senātus, -ūs *m*	Senat; Senatsversammlung	↗37: senex
	tumúltus, -ūs *m*	Aufruhr, Unruhe; Getöse	Tumult
	vultus, -ūs *m*	Gesichtsausdruck, Miene	
P.	praetereā *(Adv.)*	außerdem, überdies	

57.

V.	mānāre	fließen, strömen	E-manation
	migrāre	wandern; übersiedeln	e-migrieren
N.	aqua, -ae	Wasser	Aquarium
	reliquiae, -ārum *(Pluralwort)*	Überreste, Rest	Reliquien
	sepulcrum, -ī	Grab, Grabmal	
	solum, -ī	Boden, Erdboden	
	āer, āeris *m* (*sprich:* á-er, á-eris)	Luft	e.: air
	cīvis, -is ***m***	Bürger	↗28: cīvitās
	domus, -ūs *f*	Haus	Dom
	domum	nach Hause	
	domō	von daheim	
	domī	zu Hause	
	ēgrégius, -a, -um	hervorragend, ausgezeichnet	
	simplex, *(Gen.:)* simplicis	einfach, schlicht	e.: simple
J.	domī bellīque	im Krieg und im Frieden	
	hodiē quoque	(auch) heute noch	↗53: quoque

58.

V.	optāre	wünschen	Option
N.	hōra, -ae	Stunde, Tageszeit	
	difficultās, -ātis *f*	Schwierigkeit	e.: difficulty
	obses, óbsidis ***m***	Geisel, Bürge	
	cúpidus, -a, -um *(m. Gen.)*	begierig *(nach)*	
	propínquus, -a, -um	nahe, benachbart; verwandt	↗55: prope
	dulcis, -e	süß, lieblich, angenehm	
	familiāris, -e	zur Familie gehörig, vertraut	↗55: familia
	ferōx, *(Gen.:)* ferōcis	wild, trotzig	
	salvus, -a, -um	wohlbehalten, unverletzt	↗34: salvē!
	ínteger, íntegra, íntegrum	unversehrt; untadelig, anständig	
	incólumis, -e	unversehrt, wohlbehalten	

59.

V.	cōnfirmāre	stärken, bekräftigen	↗19: firmus
	observāre	beobachten, beachten	Observatorium
	horrēre (horruī) *(m. Akk.)*	schaudern, sich entsetzen *(vor)*	Horror
N.	cibus, -ī	Speise, Nahrung	
	mūnus, mūneris *n*	Amt, Aufgabe; Geschenk	
	cultus, -ūs *m*	Pflege, Verehrung; Lebensweise; Bildung	Kult
	ūsus, -ūs *m*	Gebrauch, Umgang; Nutzen	e.: use
	vīctus, -ūs *m*	Lebensunterhalt, Lebensweise	Viktualien-markt
	dubius, -a, -um	zweifelhaft, schwankend	↗8: dubitāre
P.	adversus *(Präp. m. Akk.)*	gegen, gegenüber	↗3: adversārius
	omnīnō *(Adv.)*	gänzlich, überhaupt, im Ganzen	↗39: omnis
J.	sine dubiō	ohne Zweifel	↗25: sine

60.

V.	prīvāre *(m. Abl.)*	berauben *(einer Sache)*	privat
	exercēre (exércuī)	üben; betreiben; quälen	↗36: arcēre exerzieren e.: exercise
	indulgēre (indulsī, indultum)	Nachsicht schenken, nachgeben	
N.	bona, -ōrum *n*	Güter, Hab und Gut	↗6: bonus
	cōnsilium, -ī	Rat, Ratsversammlung; Plan, Beschluss	e.: counsel
	vulnus, vulneris *n*	Wunde, Verwundung	↗4: vulnerāre
	crēber, crēbra, crēbrum	häufig, zahlreich	
	singulī, -ae, -a	je einer, einzeln	Singular
	facilis, -e	leicht *(zu tun)*, mühelos	
	tot *(indeklinabel)*	so viele	
P.	álibī *(Adv.)*	anderswo	Alibi
	satis *(Adv.)*	genug	satt
J.	alter alterum adiuvat	einer hilft dem anderen; zwei helfen sich gegenseitig	↗44: alius alium adiuvat

EIGENNAMENVERZEICHNIS

Abúsina, -ae f: Abusina; römisches Kastell an der Donau bei Eining.
Achilles, -is: ↗ Homerus.
Aegeus, -ei: sagenhafter König von Athen (↗ Athenae), Vater des ↗ Theseus.
Aegyptus, -i f: Ägypten, das alte Kulturland im Niltal zwischen dem Delta des Stroms und dem heutigen Assuan; die Einwohner: Aegyptii, -orum.
Aenéas, Aenéae m: Aeneas; trojanischer Held, Sohn des Anchises und der Aphrodite (↗ Venus), verlässt auf Befehl der Götter nach der Eroberung Trojas die brennende Stadt, wobei er seinen alten Vater ↗ Anchises auf den Schultern trägt und auch die Hausgötter (Penaten) rettet. Mit anderen Flüchtlingen zusammen gelangt er nach zahlreichen Irrfahrten an die Küste Afrikas, wo ihn Dido, die Königin von ↗ Carthago, aufnimmt. Jupiter selbst veranlasst Aeneas, der gerne geblieben wäre, heimlich weiterzusegeln. Die verlassene Dido tötet sich selbst. Endlich erreicht Aeneas Italien, wo er den Seinen eine neue Heimat schaffen soll. Die ↗ Sibylle von Cumae (nahe Neapel) führt ihn in die Unterwelt, wo ihm der Schatten seines Vaters die Zukunft offenbart. Nach dreijährigem Kampf gewinnt Aeneas die Herrschaft in Latium und wird unter die Unsterblichen versetzt.
Aethra, -ae: Mutter des ↗ Theseus.
Africa, -ae: Afrika; für die Römer vor allem der Norden des Erdteils bis zur Sahara, der in der Antike sehr fruchtbar und wesentlich wildreicher (Nashörner, Elefanten, Strauße, Löwen, Leoparden, Gazellen) war als heute.
Africanus, -i: „Der Afrikasieger"; Beiname ↗ Scipios, vom Senat nach dem Sieg über ↗ Hannibal verliehen.
Agamemnon, -onis: ↗ Homerus.
Agrippina, -ae: Iulia Agrippina die Jüngere (15–59 n. Chr.), geboren in Köln, das nach ihr den Namen Colonia Agrippinensis erhielt (früher: Ara Ubiorum). Aus ihrer ersten Ehe mit L. Domitius Ahenobarbus stammte der spätere Kaiser Nero. Ihren zweiten Mann, Kaiser Claudius, räumte Agrippina durch Gift aus dem Weg, um ihren Sohn Nero auf den Thron zu bringen. Auf seinen Befehl wurde sie später getötet.
Alexander, Alexandri: Alexander; Sohn König ↗ Philipps von Makedonien, 356–323 v. Chr., eroberte das Perserreich einschließlich Ägypten, drang bis über den Indus vor, gründete zahlreiche Städte (Alexandria!) und suchte Griechen und Perser miteinander zu verschmelzen. Bevor er seine teilweise phantastischen Pläne hatte verwirklichen können, starb er an der Malaria in Babylon.
Alpes, Alpium f: die Alpen.
Amphitruo, -onis: Verwechslungskomödie des Plautus, in der Zeus/Jupiter, der Göttervater, in Gestalt des Königs von Theben, Amphitryon, zu dessen Gattin Alkmene kommt. Dieser Verbindung entstammte ↗ Hercules.
Anchises, Anchisis: Anchises; Vater des ↗ Aeneas.
Androgeus, -i: Sohn des Königs ↗ Minos.
Antiochus, -i: Name verschiedener Könige in der Nachfolge Alexanders des Großen. Antiochus III. (242–187 v. Chr.) herrschte über ein riesiges Reich von Kleinasien über Syrien und Persien bis Indien, war aber trotzdem den Römern nicht gewachsen und musste ihnen nach zwei schweren Niederlagen große Teile der heutigen Türkei überlassen.
Ariadna, -ae: Ariadne, Tochter des Königs ↗ Minos von Kreta, ermöglicht dem Theseus die Rückkehr aus dem Labyrinth und wird von diesem entführt.
Arminius, -i: lateinischer Name des Anführers der germanischen Cherusker, der 9 n. Chr. im ‚Teutoburger Wald' drei römische Legionen vernichtete.
Artemisia, -ae: Gattin des Königs Mausolos, dem sie im kleinasiatischen Halikarnassos (heute Bodrum) ein weltberühmtes Grabmal, das ‚Mausoleum', errichtete.
Ascanius, -i: Sohn des ↗ Aeneas, auch Iulus genannt.
Asia, -ae: Asien; für die Römer hauptsächlich Kleinasien, die Provinz Asia.
Assus, -i: Stadt an der kleinasiatischen Küste, nicht weit von Troja.

Athenae, -arum: Athen; das kulturelle Zentrum des antiken Griechenland mit der Akropolis und zahlreichen Tempeln, die Heimat bedeutender Dichter, Künstler, Philosophen und Politiker.

Athenienses, -ium: die Athener.

Attica, -ae: griechische Halbinsel mit dem Hauptort ↗Athen.

Augusta Vindelicorum (Augustae V.): römische Kolonie und Zentrum des Keltenstamms der Vindeliker, heute Augsburg.

Augustus, -i: Gaius Iulius Caesar Octavianus Augustus („der Erhabene"), 63 v. Chr. bis 14 n. Chr., wurde nach Siegen über die Mörder seines Adoptivvaters ↗Caesar und über seinen zeitweiligen Verbündeten Marcus Antonius erster römischer Kaiser *(imperator)*. Schon vor seinem Tod wurde er in den Provinzen als Gott verehrt; seine Nachfolger errichteten ihm und seiner Gattin Livia auch in Rom Tempel.

Barbatus, -i: Barbatus („der Bärtige"); Eigenname.

Bias, -antis: Bias, einer der sogenannten Sieben Weisen.

Britannia, -ae: Britannien, das heutige England.

Bucephalus, -i: „Kuhkopf", das berühmte Pferd Alexanders des Großen, dem zu Ehren sogar eine Stadt gegründet wurde, Bucephala (-ae).

Caepio, -onis: häufiger Beiname in der römischen *gens Servilia.*

Caesar, Cáesaris m: Gaius Iulius Caesar, 100–44 v. Chr., bedeutender römischer Politiker, Heerführer und Schriftsteller, eroberte das heutige Frankreich, kämpfte erfolgreich mit den Germanen und unternahm zwei Flottenexpeditionen nach England. Im Bürgerkrieg siegte er über Pompeius und errang die Alleinherrschaft. Da er nach der Königskrone strebte, wurde er an den Iden des März (15. März) 44 v. Chr. ermordet. Seine Parteigänger behaupteten bald danach, er sei unter die Götter aufgenommen worden.

Cannae, -arum: ↗Hannibal.

Capitolium, -i: das Kapitol, die Burg von Rom, auf der auch der Haupttempel der Stadt errichtet war. In ihm wurden Jupiter, Juno und Minerva verehrt.

Carneades, -is: Karneades, griechischer Philosoph, der 155 v. Chr. in Rom durch zwei Reden für Aufsehen sorgte. In der ersten führte er den Beweis, dass kein Staat ohne Gerechtigkeit existieren könne, in der zweiten dagegen stellte er fest, dass Herrschaft nur auf der Grundlage der Ungerechtigkeit möglich sei. Dadurch brachte er vor allem Marcus Porcius ↗Cato gegen sich auf.

Capreae, -arum: die Insel Capri im Golf von Neapel.

Carthago, Carthágini f: Karthago; Handelsstadt an der Küste des heutigen Tunesien, um 800 v. Chr. von Phöniziern (↗Poeni) gegründet, führte drei Kriege mit Rom und wurde 146 v. Chr. zerstört.

Carthaginienses, -ium: die Einwohner von Karthago, die Karthager.

Castra Régina (Castrorum Reginorum) n: das heutige Regensburg.

Catilína, -ae: Anstifter der sog. Catilinarischen Verschwörung (63 v. Chr.), welche ↗Cicero vereitelte. Er fiel 62 v. Chr. bei Pistorium (heute: Pistoia).

Catilinarii, -orum: Anhänger des ↗Catilina.

Cato, Catonis: Marcus Porcius Cato, 234–149 v. Chr., trug durch seine unversöhnliche Haltung viel zum dritten Krieg mit Karthago bei.
In dem Bemühen altrömische Eigenart zu bewahren, bekämpfte Cato den griechischen Einfluss in Rom.

Cérberus, -i: Cerberus; dreiköpfiger, ungeheuer großer Hund, der den Eingang zur Unterwelt bewacht.

Cicero, -onis: Marcus Tullius Cicero (106–43 v. Chr.), Staatsmann, Anwalt, Redner und Schriftsteller. Als Konsul deckte er 63 v. Chr. die Verschwörung des ↗Catilina auf. Als begeisterter Griechenfreund stellte er die griechische Philosophie in latenischer Sprache dar.

Circe, Circae f: Circe, griech. Kirke; eine mächtige Zauberin, die die Gefährten des Odysseus in Schweine verwandelte. Mit göttlicher Hilfe widerstand Odysseus selbst ihrer Kunst und stimmte sich Circe günstig.

Claudius, -i: römischer Kaiser, der von 41–54 n. Chr. regierte; ↗Agrippina.

Colosseum, -i n: das Colosseum; auch *amphitheatrum Flavium* genannt (nach dem Kaiser Titus Flavius Vespasianus, der es 80 n. Chr. vollendete).

Cornelia, -ae: Cornelia; während Männer in Rom in der Regel drei Namen hatten (Vorname, Familienname, Beiname), führten Frauen meist nur den Familiennamen ihres Vaters mit weiblicher Endung. Cornelia hießen somit sämtliche Töchter eines Cornelius. Auch freigelassene Sklaven nahmen den Familiennamen ihres ehemaligen Herrn an.

Cornelius, -i: Cornelius; verbreiteter römischer Familienname, ↗ Scipio.

Creta, -ae: Kreta, griech. Insel im östlichen Mittelmeer.

Croesus, -i: Croesus, griech. Kroisos; König der kleinasiatischen Lyder, sprichwörtlich wegen seines Reichtums.

Cyclópes, -um m: die Zyklopen, griech. Kyklopes; einäugige Riesen.

Cyrus, -i: Cyrus, griech. Kyros; Gründer des Perserreichs, regierte 640–600 v. Chr.

Daedalus, -i: Daedalus, griech. Daidalos; sagenhafter Erfinder aus Athen; erbaute auf Kreta dem ↗ Minotaurus das Labyrinth.

Damocles, -is: Freund des Tyrannen ↗ Dionysios, dem dieser mit dem berühmten „Schwert des Damocles" vor Augen führte, welcher Bedrohung ein Gewaltherrscher stets ausgesetzt ist.

Danuvius, -i m: die obere Donau.

Daréus, -i: Darius, griech. Dareios; Perserkönig, der ein Heer gegen Griechenland führte und 490 v. Chr. von den Athenern bei Marathon geschlagen wurde.

Davus, -i: Davus; Eigenname, verbreitet bei einfachen Leuten.

Delus, -i f: Delos, Insel im ägäischen Meer, dem Apollon und der Artemis/Diana heilig, die dort geboren sein sollen.

Demarátus, -i: Demarat, griech. Demáratos; Eigenname.

Demosthenes, -is: griechischer Redner des 4. Jhs. v. Chr., berühmt wegen seines – freilich erfolglosen – politischen Kampfes gegen den Makedonenkönig ↗ Philipp II.

Diána, -ae: Diana, griech. Artemis; Göttin der Jagd.

Dionýsius, -i: Dionys(ios); Name zweier Tyrannen von ↗ Syrakus; vgl. Schillers Ballade „Die Bürgschaft". ↗ Moerus.

Elysium, -i n: Elysium; die „Gefilde der Seligen", eine Art Paradies, in das nach Ansicht der griechischen Dichter die besonderen Günstlinge der Götter versetzt wurden.

Ephesii, -orum: die Einwohner der Stadt Ephesus an der kleinasiatischen Westküste.

Epírus, -i f: Epirus, griech. Épeiros („Festland"); Landschaft in Nordwestgriechenland, Heimat des Königs ↗ Pyrrhus.

Euphrates, -is: der Fluss Euphrat im heutigen Irak.

Europa, -ae: Europa; phönizische Königstochter, die Zeus in Gestalt eines Stiers über das Meer entführte. Nach ihr soll der Erdteil, in den sie gelangte, benannt sein.

Eurydice, -ae (-es): Eurydike, die Gattin des ↗ Orpheus.

Eurystheus, -ei: König von Mykene (Mycenae), in dessen Auftrag Herakles (Hercules) seine 12 ‚Arbeiten' verrichtete.

Fabius, -i: Quintus Fabius Maximus mit dem Beinamen Cunctator („der Zauderer") suchte im Hannibalkrieg seinen Gegner durch Hinhalten zu zermürben.

Fabius Rufinus, -i: Freund des C. ↗ Plinius.

Falernus (ager): ein Gebiet im nordwestlichen Kampanien am Mons Massicus; berühmt war der dort angebaute Wein *(vinum Falernum).*

Formiana villa: ein Landhaus bei Formiae im Süden von ↗ Latium.

Fortúna, -ae: Fortuna; römische Glücksgöttin.

Furia, -ae: Furie, Rachegöttin; den römischen Furien entsprachen die griechischen Erinnyen oder Eumeniden; vgl. Schillers Ballade „Die Kraniche des Ibykus".

Gaius, -i: häufiger römischer Vorname (abgekürzt: C.).

Galli, -orum: die Gallier (Bewohner Galliens), zusammenfassende Bezeichnung zahlreicher keltischer Stämme.

Gallienus, -i: Gallienus; römischer Kaiser (260–268 n. Chr.).

Germania, -ae: Germanien; Germania nannten die Römer sowohl zwei Provinzen am linken Rheinufer wie auch das Wohngebiet freier Germanenstämme.

Germani, -orum: die Germanen (Bewohner Germaniens); Adj.: Germanus, -a, -um.

Gnaeus, -i: Gnaeus; römischer Vorname (abgekürzt: Cn.).

Graeci, -orum: die Griechen; Adj. Graecus, -a, -um.

Graecia, -ae: Griechenland.

Graeculi, -orum: „die verdammten Griechen" (herabsetzende Bezeichnung der Griechen in Rom).

Haedui, -orum: keltischer Stamm (↗ Galli), Verbündete der Römer.

Hamílcar, Hamílcaris m: Hamilcar; Vater ↗Hannibals, leistete im ersten Krieg Karthagos gegen die Römer auf Sizilien erfolgreich Widerstand und eroberte später den Karthagern Spanien.

Hánnibal, Hanníbalis m: Hannibal; karthagischer Heerführer, drang von Spanien aus über Südfrankreich und die Alpen nach Italien ein und siegte über die Römer an den Flüssen Ticinus und Trebia in der Po-Ebene, am Trasimenersee (lacus Trasumenus) in Mittelitalien und in einer für Rom außerordentlich verlustreichen Umfassungsschlacht bei dem Dorf Cannae in Apulien.
Seine Streitkräfte reichten aber nicht aus, Rom zu nehmen. Nach der Niederlage und dem Tod seines Bruders Hasdrubal am Fluss Metaurus in Umbrien sowie römischen Erfolgen in Spanien und auf Sizilien wurde Hannibal nach Afrika zurückgerufen, wo er 202 v. Chr. ↗Scipio bei Zama unterlag. Auf Betreiben der Römer aus Karthago verbannt, suchte Hannibal in Kleinasien und Syrien Feinde Roms zu unterstützen und endete durch Selbstmord, als ein König, bei dem er Zuflucht gesucht hatte, ihn an die Römer ausliefern wollte.

Hásdrubal, -alis: Bruder ↗Hannibals.

Hector, -oris: ↗Homerus.

Hélena, -ae: die wunderschöne Gattin des Spartanerkönigs Menelaos, deren Entführung durch den trojanischen Prinzen Paris nach der Sage den Krieg der Griechen mit den Trojanern auslöste.

Hércules, -is: Herkules (griech. Herakles), Halbgott und Sohn des Zeus, der mit übermenschlicher Kraft zwölf scheinbar unmögliche „Arbeiten" ausführte.

Hipparchus, -i: Sohn des Tyrannen ↗Pisistratus, 514 v. Chr. ermordet.

Hippias, -ae: Sohn und Nachfolger des ↗Pisistratus, der zunächst milde regierte, aber nach der Ermordung seines Bruders sich durch Härte und Misstrauen verhasst machte. Er wurde 510 v. Chr. aus Athen vertrieben.

Hispania, -ae: Spanien.

Homérus, -i: Homer; sagenhafter griechischer Dichter des 8. Jahrhunderts v. Chr., dem die Ilias und die Odyssee als Hauptwerke zugeschrieben werden.
Die Ilias behandelt einen Ausschnitt aus dem trojanischen Krieg, beginnend mit der Beleidigung des Achilles durch Agamemnon, endend mit Hektors Tod.

Q. Horatius Flaccus: der Dichter Horaz, Verfasser von Oden, Satiren und Episteln, lebte von 65 bis 8 v. Chr. Er gehörte dem Dichterkreis um Maecenas und Augustus an.

Icaria, -ae: Ikaria oder Ikaros, Insel vor der Westküste Kleinasiens, wo ↗Daedalus seinen Sohn bestattet haben soll; heute: Nikaria.

Ícarus, -i: Ikarus; Sohn des ↗Daedalus, entfloh zusammen mit seinem Vater mit Hilfe von Flügeln der Gefangenschaft auf Kreta und stürzte ins Meer. Nach der Sage war er der Sonne zu nahe gekommen, so dass das Wachs schmolz, das die Federn seiner Schwingen verband.

India, -ae: Indien, die Bewohner: Indi, -orum.

Italia, -ae: Italien.

Italicus, -a, -um: italisch, aus Italien; die in Regensburg stationierte 3. italische Legion *(legio III Italica)* bestand aus römischen Bürgern.

Iulia gens (Iuliae gentis): das Julische Kaiserhaus, das sich über Iulius ↗Caesar auf Iulus ↗Ascanius zurückführt.

Iulius, -i: Julius; römischer Familienname, ↗Caesar.

Iulus, -i: ↗Ascanius.

Iuno, -onis: Gattin des Jupiter, griech. Hera.

Iuppiter, Iovis: Jupiter; höchster römischer Gott, griech. Zeus; häufig wird der Gott als Optimus Maximus bezeichnet.

Labyrinthus, -i: das Labyrinth, das ↗Daedalus der Sage nach für das Scheusal ↗Minotaurus erbaute.

Larcius Macedo, -onis: Römer des 1. Jhs. n. Chr.

Latinus, -a, -um: lateinisch; ursprünglich war Latein die Sprache der Latiner *(Latini, -orum)*, der Einwohner der mittelitalienischen Landschaft Latium.

Latium, -i n: ↗Latinus.

Latóna, -ae: röm. Name der griechischen Göttin Leto, welche als Mutter des göttlichen Geschwisterpaares ↗Phoebus Apollo(n) und ↗Diana verehrt wurde.

Leonidas, -ae: König der Spartaner, der im 2. Perserkrieg 480 v. Chr. den Engpass der Thermopylen verteidigte.

Lernaea hydra (-ae, -ae): die vielköpfige Wasserschlange von Lernai in Argos (Südgriechenland), der für jeden abgeschlagenen Kopf zwei neue nachwuchsen. ↗ Hercules besiegte sie, indem er die Halsstümpfe mit Fackeln ausbrannte.

Livius, -i: der Geschichtsschreiber Titus Livius (59 v. Chr.–17. n. Chr.) beschrieb die Geschichte Roms von der Gründung der Stadt an bis zum Tode des Drusus (9 v. Chr.). Von den ursprünglich 142 Büchern sind 35 erhalten.

Lycii, -orum: die Lykier, Einwohner von Lykien in Kleinasien.

Lydia, -ae: Lydia („die Lyderin", aus Lydien in Kleinasien); Name einer Sklavin oder Freigelassenen.

Magna Dea (-ae -ae): die ‚Große Göttin', auch Magna Mater oder Kybele genannt, die die Römer zur Zeit des Hannibalkriegs aufgrund eines Orakelspruchs nach Italien holten, abwohl ihr Kult wild und befremdlich war.

Magnes mons (Magnetis montis): der Magnetberg, von dem viele Seefahrergeschichten handeln: Da er alles Eisen anzieht, gibt es für Schiffe, die in seine Nähe kommen, kein Entrinnen mehr.

Mahárbal, Mahárbalis m: Maharbal; Reiterführer ↗ Hannibals.

Manlius, -i: Marcus Manlius Torquatus, mehrfacher Diktator und Konsul, soll nach der Sage seinen im Heer als Reiteroberst dienenden Sohn haben hinrichten lassen, weil er einem militärischen Befehl nicht gehorchte.

Marcellus, -i: Neffe des Augustus, zur Nachfolge des Kaisers bestimmt, aber jung verstorben. Zu seinem Andenken wurde das Marcellus-Theater in Rom errichtet.

Marcus, -i: Marcus; römischer Vorname (abgekürzt: M.).

Mars, Martis: Der Kriegsgott Mars, nach der Sage der Vater des ↗ Romulus, des ersten Königs der Römer.

Martius (mensis): der März, ursprünglich der erste Monat des römischen Kalenders.

Mausolus, -i/Mausoleum, -i: ↗ Artemisia.

Melii, -orum: die Bewohner der kleinen griechischen Insel Melos, die von den Athenern im Krieg gegen Sparta grundlos überfallen und getötet oder versklavt wurden. Ihr Schicksal hat der große Geschichtsschreiber Thukydides in seinem Werk dargestellt.

Maximus, -i: ↗ Fabius, ↗ Iuppiter.

Melissa, -ae: Melissa („Biene"), Eigenname.

Menaechmi, -orum: „Die beiden Menaechmus"; Titel einer Komödie des ↗ Plautus, in der Zwillingsbrüder zufällig auch noch die gleichen Namen tragen, was zu zahlreichen Verwechslungen Anlass gibt.

Menelaus, -i: ↗ Helena.

Mercurius, -i: Merkur, Gott des Handels, Götterbote, Geleiter der Seelen der Toten, in der bildenden Kunst mit Flügeln an Hut und Sandalen dargestellt.

Metellus, -i: Lucius Metellus siegte 251 v. Chr. über die Karthager in Sizilien und führte bei seinem Triumph erbeutete Elefanten mit.

Micio, Micionis: Micio; Männername.

Minerva, -ae: Minerva; römische Göttin der Wissenschaft und des Kriegs, der griechischen Athene entsprechend.

Minos, -ois: Minos, König von Kreta, ließ sich von ↗ Daedalus das Labyrinth erbauen, in welchem er den ↗ Minotaurus eingesperrt hielt. Wegen der Ermordung des ↗ Androgeus machte Minos Athen tributpflichtig, bis ↗ Theseus die Athener davon befreite.

Minotaurus, -i: Minotaurus („Minosstier"); ein sagenhaftes Ungeheuer, das auf einem Menschenleib einen Stierkopf trug. ↗ Daedalus.

Mithridates, -is: Herrscher über die Landschaft Pontos am Schwarzen Meer, gefährlicher Gegner der Römer, von ↗ Pompeius 66 v. Chr. besiegt. Der Krieg gegen M.: *bellum Mithridaticum.*

Moerus, -i: Moerus versuchte nach der Sage ein Attentat auf den Tyrannen ↗ Dionysius. Als es misslang und er zum Tode verurteilt wurde, bat er um einen Hinrichtungsaufschub von drei Tagen, um seine Schwester verheiraten zu können. Als Bürge bot sich ein Freund an.

Molossus, -i: Molosserhund (große, bissige Hunderasse aus Epirus in Nordwestgriechenland).

Moschus: Moschus (sprich: Mos-chus), Vater der ↗ Menaechmi.

Mosella, -ae: die Mosel.

Mycenae, -arum: frühgriechische Burganlage auf der Peloponnes, der Sage nach Burg des ↗ Agamemnon.

Naevius, -i: Marcus Naevius, ein Gegner des großen ↗ Scipio, war 184 v. Chr. Volkstribun.

Nemaeus (-i) leo (-onis): der Löwe von Nemea auf der Peloponnes, den Herakles erwürgte, weil kein Schwert die Bestie verwunden konnte. Das Fell des Löwen diente dem Helden später als Umhang.

Neptunus, -i: Neptun, römischer Gott der Meere.

Níoba, -ae: Niobe; sagenhafte Königin von Theben in Mittelgriechenland, die voll Stolz auf ihre sieben Söhne und sieben Töchter die Göttin ↗ Latona beleidigte. Deren Kinder Apollo und Artemis (Diana) töteten sämtliche Söhne und Töchter der Niobe; sie selbst wurde in Stein verwandelt.

Numa (-ae) Pompilius (-i): sagenhafter zweiter König der Römer.

Odyssea, -ae: ↗ Homerus.

Odysseus: ↗ Ulixes.

Olympia, -ae: Heiligtum auf der Peloponnes, wo alle vier Jahre die berühmten Spiele (‚olympische Spiele') stattfanden.

Olympus, -i: der Olymp, Berg in Nordostgriechenland, Wohnsitz der Götter.

Orcus, -i: der Orcus, die Unterwelt; Gesamtbezeichnung im Gegensatz zum ↗ Tartarus, dem Ort der Verdammten.

Orpheus, Orphéi: Orpheus; Sänger, der nach der Sage durch seine Lieder wilde Tiere besänftigte und sogar die Götter der Unterwelt rührte, so dass sie ihm seine verstorbene Gattin Eurydike unter der Bedingung zurückgaben, er dürfe sie nicht anblicken, bevor er den Orcus verlassen habe. Aus Liebe zu Eurydike übertrat Orpheus das Gebot und verlor seine Gemahlin für immer.

Ovidius, -i: Ovid, römischer Dichter zur Zeit des Kaisers Augustus, der unter anderem kunstvoll miteinander verknüpfte Verwandlungssagen schrieb.

Paris, -idis: ↗ Helena.

Penelope, -ae (-es): die Gattin des Odysseus, ↗ Ulixes.

Persae, -arum m: die Perser; ihr von ↗ Cyrus gegründetes Reich umfasste zur Zeit seiner größten Ausdehnung Kleinasien, Ägypten, Syrien, das Zweistromland und das Indusgebiet. Eroberungskriege der Perserkönige ↗ Dareus und ↗ Xerxes gegen Griechenland scheiterten.

Pharus, -i: riesiger Leuchtturm bei Alexandria, eines der ‚Sieben Weltwunder'.

Philippus, -i: Philipp („der Pferdefreund"), griechischer Eigenname; König Philipp von Makedonien, Vater ↗ Alexanders, unterwarf die griechischen Stadtstaaten seiner Herrschaft. Bevor er einen Kriegszug gegen das Perserreich beginnen konnte, wurde er von einem persönlichen Feind ermordet.

Phoebus, -i: Phoebus, Kultname des Gottes Apollo(n), des Sohnes der ↗ Latona und Bruders der ↗ Diana. Apollo war der Gott des Lichts (später dem Sonnengott gleichgesetzt), der Weissagung (Heiligtum in Delphi), der Poesie und der Heilkunde.

Pisístratus, -i: griech. Peisistratos; „Tyrann" (Alleinherrscher) von Athen, sorgte besonders für die ärmere Bevölkerung durch großzügige Bauvorhaben, bei denen viele Menschen Arbeit fanden.

Plautus, -i: Plautus („der Plattfuß"); um 250–184 v. Chr., schuf in freier Bearbeitung griechischer Vorlagen eine große Anzahl höchst wirkungsvoller Komödien, denen eingelegte Gesangspartien eine gewisse Ähnlichkeit mit Operetten verliehen. Plautus' Sprache ist allerdings deftiger; schließlich schätzte sein Publikum Schimpf- und Prügelszenen.

Plinius, -i: C. Plinius Secundus, röm. Schriftsteller des 1. Jhs. n. Chr.

Pluto, Plutonis: Pluto, griech. Hades; der Gott der Unterwelt.

Poeni, -orum: die Punier, Karthager, griech. Phoínikes; römische Bezeichnung der Einwohner von Karthago.

Polyphémus, -i: Polyphem; einer der ↗ Cyclopen, in dessen Höhle Odysseus auf seinen Irrfahrten geriet. Der einäugige Riese, der sich nicht um Götter und Gastrecht kümmerte, fraß sechs Begleiter des Odysseus auf, der ihn mit Wein betrunken machte und behauptete, er heiße „Niemand".
Mit einem glühenden Pfahl brannten die Griechen das einzige Auge des Riesen aus, der in seinem Schmerz immer wieder brüllte, „Niemand" trachte ihm nach dem Leben. Deshalb hielten die anderen Cyclopen Polyphem für verrückt und kamen ihm nicht zu Hilfe.

Pompeius, -i: römischer Staatsmann und General, Sieger über ↗ Mithridates und die Seeräuber, Gegner ↗ Caesars, im Bürgerkrieg von diesem besiegt.

Porcius: ↗ Cato.

(porta) Praetoria, -ae: die „Porta Praetoria", ein teilweise noch erhaltenes römisches Lagertor in Regensburg.

Priamus, -i: König von Troja.

Pullo, -onis: tapferer römischer Soldat, von dem ↗ Caesar in seinem Werk über den Krieg in Gallien berichtet.

Punicus, -a, um: punisch, ↗ Poeni.

Pyrrha, -ae: Stadt auf der Insel Lesbos.

Pyrrhus, -i: König von ↗Epirus in Nordwestgriechenland, siegte 280 und 279 über die Römer in zwei äußerst verlustreichen Schlachten („Pyrrhussiege") und wurde schließlich zum Abzug aus Italien gezwungen.

Regulus, -i: römischer General, der im 1. Krieg mit Karthago beim Vorstoß nach Afrika besiegt und gefangen wurde. Er sollte in Rom über einen Gefangenenaustausch sprechen und sagte zu, im Fall der Erfolglosigkeit seiner Mission nach Karthago zurückzukehren. Angeblich riet er seinen Landsleuten zum Durchhalten, erfüllte sein Versprechen und wurde von den Karthagern grausam umgebracht.

Rhenus, -i m: der Rhein.

Rhodus, -i: Rhodos, die ‚Roseninsel' vor der Südküste Kleinasiens; die Einwohner: Rhodii, -orum.

Roma, -ae: Rom; der Sage nach 753 v. Chr. von ↗Romulus gegründet.

Romulus, -i: sagenhafter Gründer und erster König Roms, ↗Mars.

Romani, -orum: die Römer (sowohl die Bürger der Stadt wie des römischen Reichs); Adj. Romanus, -a, -um. ↗Roma.

Rubico, -onis: Grenzfluss zwischen Italien und der Provinz Gallia citerior.

Rufinus, -i: ↗Fabius

Saturnus, -i: Saturnus; altrömischer Gott der Saaten, des Ackerbaus; später mit dem griechischen Kronos, dem Vater des Zeus, gleichgesetzt.

Scipio, Scipionis: Publius Cornelius Scipio Africanus Maior; römischer Heerführer und Sieger über ↗Hannibal.

Semiramis, -idis: sagenhafte Königin von Babylon, das sie durch die ‚Hängenden Gärten', wohl eine terrassenförmige Parkanlage, verschönert haben soll.

Servilius, -i: ↗Caepio.

Sibylla, -ae: die Sibylle; eine Prophetin, die ↗Aeneas in die Unterwelt begleitet.

Sicilia, -ae: Sizilien.

Sirénes, Sirénum f: die Sirenen („Verlockerinnen"); Mischwesen, halb Mädchen, halb Vögel, die durch ihren wunderbaren Gesang Seefahrer auf ihre Insel lockten, um sie zu töten. Da ihnen das bei Odysseus und seinen Gefährten nicht gelang (↗36), stürzten sie sich ins Meer und wurden in Klippen verwandelt.

Sísyphus, -i: Sisyphus (-os); verschlagener und gewalttätiger König von Korinth, der nach der Sage sogar die Götter betrog. In der Unterwelt muss er zur Strafe einen Felsblock, der immer wieder herabrollt, auf einen hohen Berg wälzen.

Sol, Solis: Der Sonnengott der Römer, sozusagen die Personifikation der Sonne.

Solo, -onis: athenischer Staatsmann des 6. Jh. v. Chr., der eine schwere politische Krise seiner Vaterstadt durch kluge Gesetzgebung löste. Er wurde deshalb zu den ‚Sieben Weisen' gerechnet.

Sósicles, Sosiclis: Sosicles; griech. Eigenname, ↗Text 31–34'

Spartiatae, -arum m: die Spartaner, die große Teile der Peloponnes unter ihre Herrschaft brachten. Sie galten als besonders tapfer und wortkarg.

Syracusae, -arum: Syrakus; griechische Großstadt an der Ostküste Siziliens mit eindrucksvollen Befestigungen und Hafenanlagen.

Syracusani, -orum: Syrakusaner, Einwohner von Syrakus; Adj. Syracusanus, *-a, -um.*

Syrus, -i: Syrus („der Syrer", f. *Syra, ae*); Herkunftsbezeichnungen als Namen sind vor allem bei Sklaven häufig. ↗Lydia.

Taenarum, -i: Ort auf der Peloponnes, wo sich ein Zugang zur Unterwelt (*Taenaria porta*) befinden sollte.

Tacitus: Cornelius Tacitus, röm. Geschichtsschreiber des 1. Jh.s. n. Chr.

Talus, -i: Talus, Gehilfe des ↗Daedalus, der nach der Sage durch die Erfindung des Zirkels, der Säge und der Töpferscheibe den Neid seines Meisters erregte und deswegen von diesem ermordet wurde.

Tántalus, -i: Tantalus (-os); sagenhafter kleinasiatischer König, Liebling und Gast der Götter. Voll Übermut wegen dieser Auszeichnung lud er selbst die Götter zum Mahl und setzte ihnen, um ihre Allwissenheit zu prüfen, seinen eigenen Sohn vor. Zur Strafe in den Tartarus gestürzt, erduldet er dort ewigen Hunger und Durst, obwohl er bis zum Hals im Wasser steht und fruchtbeladene Zweige über ihm hängen. Aber sooft er trinken will, weicht das Wasser zurück, und sooft er die Hand nach den Zweigen ausstreckt, schnellen sie in die Höhe.

Tarentum, -i n: Tarent; Stadt in Unteritalien.

Tártarus, -i: der Tartarus (-os); durch

eherne Pforten verschlossener ungeheurer Abgrund, in dem die Verdammten ewige Qualen erdulden.

Thebae, -arum: Theben, die siebentorige Hauptstadt von Böotien in Mittelgriechenland. Sie wurde von dem phönikischen König Kadmus gegründet.

Thebani, -orum: die Thebaner, Bewohner von Theben (↗Thebae).

Themistocles, -is: athenischer Politiker und General, der die Perser in der Seeschlacht bei Salamis besiegte.

Thermopylae, -arum: die Thermopylen, ↗Leonidas.

Theseus, -ei: Sohn des ↗Aegeus, König von Athen; er erlegte den ↗Minotaurus und befreite die Athener von der Tributzahlung an ↗Minos.

Tisíphone, -es f: Tisiphone; eine der ↗Furien, die Rächerin des Mordes; vampirartig mit blutunterlaufenen Augen und Krallen an den Händen, in einem bluttriefenden Mantel gehüllt und mit einer Geißel aus lebenden Schlangen, bewacht sie den Eingang zum Tartarus.

Titus, -i: Titus; römischer Vorname (abgekürzt: T.).

Tityus, -i: der Riese Tityos versuchte nach der Sage, der Göttin Latona Gewalt anzutun und wurde von ↗Phoebus Apollon und Artemis/Diana getötet. In der Unterwelt muss er gefesselt büßen: Geier zerhacken seine immer wieder nachwachsende Leber.

Troia, -ae: Troja; Stadt an der Nordwestküste der heutigen Türkei, von den Griechen unter ↗Agamemnon der Sage nach zehn Jahre lang belagert, bis sie es dank einer List des Odysseus (hölzernes Pferd) eroberten und zerstörten. Es ist höchst erstaunlich, dass Heinrich Schliemann, nur auf die Berichte ↗Homers gestützt, das antike Troja und einen beträchtlichen Goldschatz entdeckte. Allerdings waren die Gelehrten lange darüber im Unklaren, welche der zahlreichen übereinander liegenden Schuttschichten die des „homerischen" Troja sei.

Troiani, -orum: die Trojaner, Einwohner von ↗Troia; Adj. Troius, -a, -um.

Tullius, -i: Tullius; römischer Geschlechtsname; am bekanntesten ist Marcus Tullius Cicero (106–43 v. Chr.), ↗Cicero.

Tusci, -orum: die Etrusker, ein nicht indoeuropäisches Volk, das in Mittel- und Süditalien Stadtstaaten errichtete und von dem die Römer vor allem die Kunst der Weissagung und Zeichendeutung übernahmen.

Ulixes, Ulixis m: Ulixes, -is: griech. Odysseus, König der Insel Ithaka, beteiligte sich am Krieg gegen ↗Troja und überlistete die Trojaner nach zehnjähriger Belagerung mit dem „Hölzernen Pferd" (↗Text 35). Nach der Eroberung und Zerstörung der Stadt irrte er, vom Zorn des Meergottes Poseideon/Neptunus verfolgt – er hatte dessen Sohn ↗Polyphem geblendet – durch die Welt und bestand viele Abenteuer, bis er endlich in seine Heimat zurückkehren konnte.

Venus, Véneris f: Venus, griech. Aphrodite; die Göttin der Liebe, Mutter des ↗Aeneas.

Vergilius, -i: Vergil; bedeutender römischer Dichter (70–19 v. Chr.), Verfasser der Aeneis, in der er nach dem Vorbild ↗Homers die Taten des ↗Aeneas darstellt.

Vesta, -ae: Vesta; römische Göttin des Herdfeuers. In ihrem Rundtempel auf dem Forum bewahrten die sechs Vestalinnen, die ein Ehelosigkeitsgelübde abgelegt hatten, die heilige Flamme.

Vorenus, -i: nach Caesar ein tapferer Legionär, persönlicher Feind des ↗Pullo.

Vulcanus, -i: Vulkan (griech. Hephaistos), der gelähmte Gott des Feuers und der Schmiedekunst, war ein Sohn des ↗Jupiter und der Juno. Seine Frau war ↗Venus.

Xenophanes, -is: griechischer Philosoph des 6. Jh. v. Chr., der scharfe Kritik an der allzu menschlichen Götterdarstellung in den Dichtungen ↗Homers übte.

Xerxes, Xerxis: Xerxes; Perserkönig, Sohn des ↗Dareus, führte 480 v. Chr. ein großes Heer nach Griechenland, vernichtete am Thermopylenpass ein spartanisches Kontingent unter Leonidas, zerstörte das von der Bevölkerung geräumte Athen und erlitt in der Seeschlacht von Salamis eine empfindliche Niederlage, weil seine Flotte sich in der Meerenge zwischen der Insel Salamis und dem Festland nicht entfalten konnte. Sein Landheer wurde 479 bei Platää geschlagen.

Zama, -ae f: ↗Hannibal.

LATEINISCH-DEUTSCHES WÖRTERVERZEICHNIS

Die Ziffern geben an, in welchem Kapitel die lateinischen Wörter erstmals erscheinen; dort finden sie sich natürlich auch im Wortspeicher. (Für die 3. Deklination ist immer, für die übrigen Deklinationen nur bei Ausnahmen das Genus angegeben)

A

a/ab (Präp. m. Abl.) von, von ... her/an, seit 12
abstinere abhalten; *(m. Abl.)* verzichten *(auf)*, sich *(einer Sache)* enthalten 43
abundare (m. Abl.) Überfluss haben *(an)* 51
accusare anklagen, beschuldigen 42
acies, aciei f Schärfe; Schlachtordnung 55
acer, acris, acre scharf, spitz, heftig 39
ad (Präp. m. Akk.) zu, an, bei; zu ... hin 23
  usque ad bis zu 54
adeo (Adv.) so sehr 55
adhibere anwenden, heranziehen 37
adhuc (Adv.) bis jetzt, noch immer 28
adiuvare (m. Akk.) unterstützen, helfen 16
admonere erinnern, ermahnen 26
adulescens, adulescentis m junger Mann 50
adversarius, -i Gegner, Feind 3
adversus (Präp. m. Akk.) gegen, gegenüber 59
aedificare bauen, errichten 35
aedificium, -i Bauwerk, Gebäude 5
aegre (Adv.) nur mit Mühe, kaum; ungern 35
aequus, -a, -um gleich, gleichmütig; gerecht 28
  aequus animus Gleichmut, Gelassenheit 42
aër, áeris m Luft 57
aestas, -atis f Sommer 31
ager, agri Acker, Feld; Gebiet 13
agitare treiben, jagen, hetzen; betreiben 33
agmen, agminis n Heereszug, Schar, Trupp 29
  agmen primum Vorhut *(des Heeres)* 29
alibi (Adv.) anderswo 60
alienus, -a, -um fremd; abgeneigt 8
aliquando (Adv.) (irgend)einmal, einst 25
alius, alia, aliud ein anderer 44
  alii alios adiuvant die einen helfen den anderen; sie helfen sich gegenseitig 44
alter, altera, alterum der, die, das eine/andere *(von zweien)* 33
  alter alterum adiuvat einer hilft dem andern; zwei helfen sich gegenseitig 60
altus, -a, -um hoch, tief 35
amare lieben, gern haben 5
amicus, -i Freund 2
  amica, -ae Freundin 2
an: s. *utrum*
animal, animalis n Lebewesen, Tier 36
animus, -i Geist, Sinn, Verstand; Mut 42
  aequus animus Gleichmut, Gelassenheit 42
annus, -i Jahr 30
ante (Präp. m. Akk.) vor *(örtlich u. zeitlich)* 23
ante Christum natum (abgek.: a. Chr. n.) vor Christi Geburt 54
antea (Adv.) vorher, früher 25
antiquus, -a, -um alt, altehrwürdig 8
apparere sich zeigen, offenkundig sein 46
appellare anreden, nennen, benennen 31
appropinquare sich nähern, herannahen 44
apud (Präp. m. Akk.) bei *(vor allem bei Personen)*, in der Nähe *(von)* 23
aqua, -ae Wasser 57
ara, -ae Altar 10
arbor, arboris f Baum 47
arcere abhalten, fern halten, abwehren 36
argentum, -i Silber 5
arma, -orum Waffen 23
armare ausrüsten, bewaffnen 26
ars, artis f Kunst, Fertigkeit 31
arx, arcis f Burg, befestigte Anhöhe 38
asper, aspera, asperum rau, bitter, herb 21
at (Konj., drückt starken Gegensatz aus) aber, jedoch; dagegen 43
atque (Konj., drückt eine besonders enge Verbindung aus) und, und auch 34
atrox, (Gen.:) atrocis schrecklich, furchtbar, wild 40
auctor, -oris m Urheber, Verfasser, Schriftsteller; Stammvater 37
auctoritas, -atis f Ansehen, Einfluss 28
audax, (Gen.:) audacis kühn, mutig, verwegen 40
audere wagen 15
auris, auris f Ohr 36
  aures dare Gehör schenken 44
aurum, -i Gold 5
aut (Konj.) oder 9
  aut ... aut entweder ... oder 9

Wörterverzeichnis lateinisch / deutsch

autem (Konj., nachgestellt) aber; jedoch 1
auxilium, -i Hilfe, Schutz 24
auxilia, -orum Hilfstruppen 24
avaritia, -ae Habsucht, Geiz 30
avarus, -a, -um habsüchtig, geizig 43
avis, avis f Vogel 39
avus, -i Großvater 32

B

barbarus, -a, -um ausländisch, barbarisch; ungebildet 14
(Subst.) Ausländer; Barbar 14
beatus, -a, -um glücklich, glückselig 40
bellum, -i Krieg 18
bene (Adv.) gut 19
bestia, -ae (wildes) Tier, Raubtier 41
bonus, -a, -um gut, tüchtig 6
bona, -orum Güter, Hab und Gut 60
brevis, -e kurz 43
brevi (Abl. als Adv.) in Kürze, bald 46

C

caedes, caedis f Blutbad, Mord 35
caelum, -i Himmel, Wetter, Klima 48
calamitas, -atis f Unheil, Schaden, Verlust 28
canis, canis m Hund 47
caput, cápitis n Kopf, Haupt; Hauptstadt 38
carcer, -eris m Kerker, Gefängnis 42
carere (m. Abl.) (etwas) entbehren, nicht haben 13
carmen, carminis n Lied, Gedicht 29
carus, -a, -um teuer, lieb, wert 34
castra, -orum (Heer-)Lager 54
causa, -ae Ursache, Grund; Sachverhalt; Prozeß 41
cavere (m. Akk.) sich in Acht nehmen, sich hüten *(vor)* 33
celer, celeris, celere schnell, rasch 39
censere schätzen, der Ansicht sein, meinen 23
certus, -a, -um bestimmt, zuverlässig, gewiß 42
certe (Adv.) sicherlich, gewiss 5
ceteri, -ae, -a die Übrigen, alle Übrigen 11
ceterum (Adv.) übrigens, im Übrigen 23
circumdare umgeben 38
cibus, -i Speise, Nahrung 59
civis, -is ***m*** Bürger 57
civitas, -atis f Bürgerschaft, Gemeinde, Staat 28
clades, cladis f Niederlage, Verlust 56
clamare schreien, rufen 3
clamor, -oris m Geschrei, Lärm 38
clarus, -a, -um hell, klar, leuchtend; berühmt 8
classis, classis f Flotte; Abteilung, Klasse 35
clemens, (Gen.:) clementis mild, sanft, nachsichtig 40
coërcere in Schranken halten, zügeln 29
cogitare denken, bedenken, beabsichtigen 5
cohors, cohortis f Kohorte *(Heeresabteilung, 10. Teil einer Legion)* 54
collocare aufstellen, unterbringen 35
comes, comitis m/f Begleiter/Begleiterin, Gefährte/Gefährtin 25
comparare zusammenbringen, beschaffen, erwerben; vergleichen 20
complures, complura, (Gen.:) complurium mehrere, ziemlich viele 41
concordia, -ae Eintracht, Einigkeit 18
condicio, -onis f Bedingung, Verabredung; Lage 27
confirmare stärken; bekräftigen 59
consilium, -i Rat, Ratsversammlung; Plan, Beschluss 60
constantia, -ae Standhaftigkeit, Beständigkeit 22
consuetudo, -dinis f Gewohnheit, Brauch 33
consul, consulis m Konsul 24
contentus, -a, -um zufrieden 6
continens, continentis (Abl. -i) f Festland 31
contra (Präp. m. Akk.) gegen 23
contumelia, -ae Beleidigung, Schmach, Schande 15
copia, -ae Vorrat, Menge; Möglichkeit 18
copiae, -arum Truppen, Streitkräfte 18
corpus, corporis n Körper, Leib 29
creber, crebra, crebrum häufig, zahlreich 60
crimen, criminis n Vorwurf, Anklage; Verbrechen 41
crinis, crinis m Haar 38
crudelis, -e grausam, gefühllos 39
crudelitas, -atis f Grausamkeit, Brutalität 28
culpa, -ae Schuld 12
cultus, -us m Pflege, Verehrung; Lebensweise, Bildung 59
cum (Präp. m. Abl.) (zusammen) mit, in Begleitung von, in Verbindung mit 10
cum (Subj. m. Ind.) (dann/jedes Mal) wenn; (damals) als; seitdem 5
(Subj. m. Konj.) als; da, weil; obwohl 43
cunctus, -a, -um sämtlich, gesamt, ganz; *(Pl.)* alle 8
cupidus, -a, -um (m. Gen.) begierig *(nach)* 58
cur? warum? 4
cura, -ae Sorge, Sorgfalt 45
curare (m. Akk.) besorgen, sich kümmern *(um)*, pflegen; verehren 10

D

E

F

facilis, -e leicht *(zu tun)*, mühelos 60
facinus, facinoris n Tat, Untat, Verbrechen 42
falsus, -a, -um falsch, unecht 41
fames, famis f Hunger 36
familia, -ae Hausgemeinschaft, Familie 55
familiaris, -e zur Familie gehörig, vertraut 58
fatigare (jmd.) ermüden 26
fatum, -i Schicksal, Geschick, Göttersspruch 48
felix, (Gen.:) felicis glücklich 43
femina, -ae Frau 9
fenestra, -ae Fenster 50
ferox, ferocis wild, trotzig 58
ferrum, -i Eisen, Schwert 46
fides, fidei f Treue, Glaube, Vertrauen; Treuwort 51
fidus, -a, -um treu, zuverlässig 6
filia, -ae Tochter 13
filius, -i Sohn 18
finis, finis m Grenze; Ziel, Ende 35
fines, finium m Gebiet 35
finitimus, -a, -um benachbart, angrenzend 54
firmus, -a, -um stark, fest 19
flagitium, -i Schandtat, Niederträchtigkeit 48
flamma, -ae Flamme, Feuer, Glut 38
flere weinen, beklagen 32
flumen, fluminis n Fluss, Strom 38
foedus, foederis n Bündnis, Vertrag 29
forma, -ae Form, Gestalt, Schönheit 34
fortasse (Adv.) vielleicht 3
fortis, -e tapfer, mutig 40
fortitudo, -dinis f Tapferkeit, Mut 27
fortuna, -ae Schicksal, Glück 21
forum, -i Marktplatz, Forum 5
frater, fratris m Bruder 25
fraus, fraudis f Betrug, Täuschung 41
frustra (Adv.) vergebens, umsonst 32
fuga, -ae Flucht; Verbannung 18
fugare verjagen, vertreiben 13
fundamentum, -i Grund, Grundlage 52
furor, -oris m Raserei; Toben, Wahnsinn 50
futurus, -a, -um zukünftig 43

G

gaudere sich freuen 1
gaudium, -i Freude, Vergnügen 21
gemma, -ae Edelstein 41
gens, gentis f Sippe, Geschlecht, Volksstamm 31
genus, generis n Geschlecht, Gattung, Art 48
gladius, -i Schwert 4
gloria, -ae Ruhm 18
gratus, -a, -um dankbar; angenehm, willkommen 6
gravis, -e schwer *(von Gewicht)*, gewichtig, drückend 45

H

habere haben, halten, besitzen 11
spem habere in (m. Abl.) Hoffnung setzen *(auf)* 51
habitare wohnen, bewohnen 17
haud (verneint meist einzelne Begriffe) nicht 33
hic, haec, hoc dieser, diese, dieses 37
hic (Adv.) hier 2
hodie (Adv.) heute 1
hodie quoque (auch) heute noch 57
homo, hominis m Mensch; *(Pl.)* Leute 27
honos, honoris m Ehre 25
hora, -ae Stunde, Tageszeit 58
horrere (m. Akk.) schaudern, sich entsetzen *(vor)* 59
hospes, hospitis m Gastfreund, Gast, Fremder 33
hostis, hostis m Feind, Staatsfeind 35
humanitas, -atis f Menschlichkeit; Bildung 28
humanus, -a, -um menschlich, menschenfreundlich; gebildet 14

I

iacere (auf dem Boden) liegen, daliegen 46
iactare werfen, schleudern 43
iam (Adv.) schon, bereits 3
non iam nicht mehr 4
ibi (Adv.) da, dort 1
idem, éadem, idem derselbe, der Nämliche, der Gleiche 34
idem atque derselbe wie, der Nämliche wie 34
igitur (Konj., nachgestellt) also, daher, folglich 9
ignis, ignis m Feuer, Brand 35
ignorantia, -ae Unkenntnis, Unwissenheit 45
ignorare nicht wissen, nicht kennen 27
non ignorare genau wissen, genau kennen 40
ille, illa, illud jener, jene, jenes 37
imago, imaginis f Bild, Ebenbild 34

immanis, -e ungeheuer, riesig, schrecklich 39
imminere drohen, bevorstehen 28
immo vero (Konj.) vielmehr, im Gegenteil 14
immortalis, -e unsterblich 39
impendere drohen, bevorstehen 48
imperare befehlen, gebieten, beherrschen 9
imperator, oris m Feldherr; Herrscher, Kaiser 24
imperium, -i Befehl, Macht, Herrschaft, Reich 17
ímpetus, -us m Ansturm, Angriff; Trieb, Schwung 56
implere anfüllen, erfüllen 16
implorare anflehen, erflehen 44
imprimis (Adv.) in erster Linie, besonders, vor allem 5
in (Präp. m. Akk., auf die Frage ‚wohin?') in, nach, auf; gegen 23
(Präp. m. Abl., auf die Frage ‚wo?') in, an, auf 10
incendium, -i Brand, Feuer, Brandstiftung 23
incertus, -a, -um ungewiss, unsicher 32
incolumis, -e unversehrt, wohlbehalten 58
inde (Adv.) von da, von dort; hierauf 20
indulgere Nachsicht schenken, nachgeben 60
industria, -ae Fleiß, Betriebsamkeit 14
ingens, (Gen.:) ingentis ungeheuer, gewaltig 40
inimicus, -i (persönlicher) Feind 9
inimicus, -a, -um feindlich, verfeindet 9
iniquus, -a, -um ungleich, ungerecht 42
iniuria, -ae Unrecht, Ungerechtigkeit 17
inopia, -ae Mangel, Not 30
inquit (in die wörtl. Rede eingeschoben) sagt er, sagte er 9
insidiae, -arum (Pluralwort) Hinterhalt, Nachstellung(en) 17
insula, -ae Insel, Wohnblock 34
integer, integra, integrum unversehrt; untadelig, anständig 58
inter (Präp. m. Akk.) zwischen *(räumlich und zeitlich)*; inmitten, während 32
interdum (Adv.) bisweilen, manchmal 17
interest (unpersönl.) es besteht ein Unterschied; es ist wichtig 37
intrare eintreten, betreten 3
invitare einladen 5
invitus, -a, -um ungern, widerwillig 55
iocus, -i Scherz, Spaß 11
ipse, ipsa, ipsum selbst 34
ira, -ae Zorn, Wut 11
irridere verlachen, verspotten 11
is, ea, id dieser; er 19
iste, ista, istud dieser da, dieser dein 22
ita (bei Verben) so 37
ítaque (Konj.) deshalb 3
iter, itineris n Weg, Reise, Marsch 45
iterum (Adv.) wiederum, zum zweiten Mal 18
iterum atque iterum immer wieder 48
iubere (m. Akk.) (jmd.) befehlen, anordnen, lassen 42
iucundus, -a, -um erfreulich, angenehm 25
iudex, iudicis m Richter 42
iudicare richten, urteilen, beurteilen 37
iurare schwören 25
ius, iuris n Recht 43
iustitia, -ae Gerechtigkeit 52
iustus, -a, -um gerecht, rechtmäßig, gebührend 17
iuvare erfreuen, unterstützen 8
iuvat es erfreut, es macht Freude 8
iuvenis, iuvenis m junger Mann 35

L

labor, -oris m Mühe, Anstrengung, Arbeit 30
laborare arbeiten, sich anstrengen; leiden 19
lacerare zerreißen, zerfleischen 39
lácrima, -ae Träne 4
laetus, -a, -um froh, fröhlich, üppig 7
latus, -a, -um breit, weit 51
laudare loben, preisen, gutheißen 8
laus, laudis f Lob, Ruhm 30
lectus, -i Bett, Liege 50
legio, -onis f Legion *(4200–6000 Soldaten)* 27
lex, legis f Gesetz, Gebot, Regel 43
libenter (Adv.) gerne, mit Vergnügen 4
liber, libera, liberum frei, ungebunden 13
liberare befreien 21
liberi, -orum Kinder 13
libertas, -atis f Freiheit, Unabhängigkeit 28
licet es ist erlaubt, es ist möglich 22
limes, limitis m Grenzweg, Grenzwall 55
lingua, -ae Zunge; Sprache 19
littera, -ae Buchstabe 22
litterae, -arum Brief; Wissenschaft(en) 22
locus, -i Ort, Platz, Stelle; Rang 38
loca, -orum Orte; Gegend 38
longus, -a, -um lang, weit; langwierig 45
ludus, -i Spiel, Schauspiel; Schule 2
lumen, luminis n Licht, Leuchte, Glanz 29
luxuria, -ae Üppigkeit, Verschwendungssucht 30

luxus, -us m Üppigkeit, Ausschweifung, Verschwendung 56

M

maestus, -a, -um traurig, betrübt 19
magister, magistri Lehrer, Meister 19
magistra Lehrerin 30
magistratus, -us m Behörde, Amt; Beamter 56
magnopere (Adv.) in hohem Grade, sehr 44
magnus, -a, -um groß, bedeutend, wichtig 6
maior, maius größer, der Größere 47
maiores, maiorum m Vorfahren, Ahnen 30
malus, -a, -um schlecht, schlimm, böse 19
manare fließen, strömen 57
mandare anvertrauen, übergeben, auftragen 52
memoriae mandare sich einprägen 52
manere bleiben, fortbestehen; erwarten 15
manus, -us f Hand; Schar 56
mare, maris n Meer, die See 36
mater, matris f Mutter 25
maximus, -a, -um der Größte, sehr groß 47
me mich 12
mecum mit mir 12
medius, -a, -um der Mittlere 52
melior, melius besser, der Bessere 47
memoria, -ae Gedächtnis, Erinnerung 28
memoriā tenere im Gedächtnis behalten 28
memoriae mandare sich einprägen 52
mens, mentis f Geist, Verstand, Gedanke 49
mensa, -ae Tisch 50
mercator, -oris m Kaufmann 26
metus, -us m Furcht, Angst 56
meus, -a, -um mein 15
migrare wandern, übersiedeln 57
mihi mir 12
miles, militis m Soldat, Krieger 25
minimus, -a, -um der Kleinste, sehr klein 47
minor, minus kleiner, der Kleinere 47
minus (Neutr. als Adv.) weniger 10
non minus quam nicht weniger als, ebenso wie 10
mirus, -a, -um wunderbar, sonderbar 47
miser, misera, miserum elend, unglücklich armselig 13
misericordia, -ae Mitleid, Barmherzigkeit 23
moderatus, -a, -um maßvoll, besonnen 50
modestia, -ae Mäßigung, Bescheidenheit, Besonnenheit 22
modus, -i Maß; Art, Weise 52
moenia, moenium n Stadtmauer 36
molestus, -a, -um lästig, beschwerlich 21
monere mahnen, auffordern; erinnern 21
mons, montis m Berg; *(Pl.)* Gebirge 39
monstrare zeigen 8
monstrum, -i Ungeheuer, Ungetüm 38
monumentum, -i Denkmal 5
mora, -ae Verzögerung, Aufschub, Weile 48
mors, mortis f Tod 31
mortalis, -e sterblich 39
mortuus, -a, -um tot, gestorben 46
mos, moris m Sitte, Brauch; Art und Weise 30
mores, morum m Charakter, Gesinnung 30
movere bewegen, beeinflussen 23
mox (Adv.) bald 18
mulier, mulíeris f Ehefrau 33
multitudo, -dinis f Vielzahl, Menge 27
multus, -a, -um viel, zahlreich 6
multum valere großen Einfluss haben 9
munus, muneris n Amt, Aufgabe; Geschenk 59
mutare wechseln, tauschen, ändern 21

N

nam (Konj.) denn, nämlich 1
narrare erzählen, berichten 2
natura, -ae Natur, Wesen 33
natus, -a, -um geboren 34
navigare (zur See) fahren, segeln 20
navis, navis f Schiff 36
ne (Subj. m. Konj.) dass nicht, damit nicht 42
ne ... quidem nicht einmal ... 31
-ne (Fragepartikel, an das betonte Wort angehängt, lässt die Antwort ‚ja' oder ‚nein' erwarten) 33
necare töten 4
necessarius, -a, -um notwendig, nötig; nahe stehend, verwandt 14
necessitas, -atis f Notwendigkeit, Notlage 31
nefas n *(indeklinabel)* Unrecht, Frevel 49
negare verneinen, leugnen; verweigern 15
nemo niemand, keiner 43
neque (Konj.) und nicht, auch nicht; aber nicht 8
neque ... neque weder ... noch 15
neque tamen aber/und dennoch nicht 11
nihil (Nom./Akk.) nichts 13
nimius, -a, -um zu groß, zu viel, übermäßig 44
nisi (Subj.) wenn nicht, außer 13
nobis, nobiscum ↗ *nos* 12
nocere schaden 19
nomen, nominis n Name, Benennung, Begriff 29

pirata, -ae m Seeräuber, Pirat 20
pius, -a, -um fromm, gewissenhaft, pflichtgetreu 40
placare beruhigen, besänftigen; versöhnen 11
placere gefallen, Beifall finden 22
plures, plura, (Gen.:) plurium mehr 47
plurimi, -ae, -a die Meisten, sehr viele 47
plus, pluris mehr 47
poena, -ae Strafe, Buße 38
poenas dare (m. Gen.) bestraft werden *(für)* 44
poeta, -ae m Dichter 37
populus, -i Volk, Publikum 3
porta, -ae Tor *(einer Stadt oder eines Lagers)* 23
portare tragen, bringen 12
posse können 35
possidere besitzen 6
post (Präp. m. Akk.) nach *(zeitlich)*; hinter 23
post Christum natum (abgek.: p. Chr. n.) nach Christi Geburt 54
postea (Adv.) nachher, später 10
postquam (Subj. m. Ind. Perf.) nachdem 23
postremo (Adv.) zuletzt, schließlich 55
postridie (Adv.) am folgenden Tag 44
postulare fordern, verlangen 24
potens, (Gen.:) potentis mächtig, einflussreich, fähig 40
potest er/sie/es kann 6
potestas, -atis f Macht, Gewalt; Amtsgewalt; Möglichkeit 34
praeclarus, -a, -um glänzend, herrlich, berühmt 53
praeda, -ae Beute 18
praedicare rühmen, öffentlich bekannt machen 30
praemium, -i Belohnung, Auszeichnung 56
praesidium, -i Schutz; Posten, Besatzung 55
praestare (m. Dat.) voranstehen, übertreffen; *(m. Akk.)* leisten, erweisen 28
se praestare (m. Akk.) sich zeigen *(als)* 28
praeterea (Adv.) außerdem, überdies 56
praetor, -oris m Prätor 47
preces, precum f Bitten, Gebet 33
pretium, -i Preis, Wert 41
primus, -a, -um der Erste 29
prior, prius früher, eher 53
privare (m. Abl.) (einer Sache) berauben 60
pro (Präp. m. Abl.) für, an Stelle von; vor 11
probare prüfen; gutheißen, billigen 44
procul (Adv.) fern, weit weg 55
profecto (Adv.) in der Tat, auf alle Fälle 34
prope (Präp. m. Akk.) nahe bei; *(Adv.)* in der Nähe; fast, beinahe 55
properare eilen, sich beeilen 8
propinquus, -a, -um nahe, benachbart; verwandt 58
propter (Präp. m. Akk.) wegen 23
providere (m. Dat.) sorgen *(für)*; *(m. Akk.)* vorhersehen; (im voraus) besorgen 49
provincia, -ae Provinz *(unterworfenes Gebiet außerhalb Italiens)* 27
prudens, (Gen.:) prudentis klug, umsichtig, gescheit 40
publicus, -a, -um öffentlich, staatlich; *(Neutr. Sg.)* Öffentlichkeit 51
res publica, rei publicae f Staat, Gemeinwesen 51
puella, -ae Mädchen 6
puer, pueri Knabe, Junge 13
pugna, -ae Kampf 4
pugnare kämpfen 3
pulcher, pulchra, pulchrum schön, hübsch 13
putare glauben, meinen; *(m. dopp. Akk.)* halten *(für)* 14

Q

qualis, -e wie beschaffen, von welcher Art 49
quam (bei Adj. und Adv.) wie 7
(beim Komparativ) als 45
quamquam (Subj.) obwohl, obgleich 17
quantus, -a, -um wie groß 49
quartus, -a, -um der Vierte 54
quattuor (indeklinabel) vier 53
-que (angehängt, verbindet zwei eng zusammengehörige Begriffe) und 24
qui? quae? quod? (Adj. Frage-Pron.) welcher?/welche?/welches? 38
qui, quae, quod (Relativ-Pron.) der/die/das; welcher/welche/welches 41
quidem (Konj., nachgestellt) zwar, wenigstens, freilich, gewiss 17
quietus, -a, -um ruhig, gelassen 15
quinque (indeklinabel) fünf 53
quintus, -a, -um der Fünfte 54
quis? wer? 14
quid? was? 14
quod (Subj.) weil; dass 6
quomodo (Adv.) auf welche Weise, wie 20
quoque (Konj., nachgestellt) auch 53
quot? (indeklinabel) wie viele? 26

R

rarus, -a, -um selten, vereinzelt 7
raro (Adv.) selten 33
reditus, -us m Rückkehr 56
regio, -onis f Gegend, Gebiet; Richtung 27
regnare König sein, herrschen 17
regnum, -i Königreich, Königsherrschaft 46
religio, -onis f religiöses Gefühl; Glaube; Aberglaube 49
reliquiae, -arum Überreste, Rest 57
res, rei f Sache, Gegenstand; Angelegenheit, Ereignis, Lage 51
res publica, rei publicae f Staat, Gemeinwesen 51
re vera in Wirklichkeit, tatsächlich 51
respondere antworten, erwidern 4
retinere zurückbehalten, behalten, festhalten, zügeln 27
rex, regis m König 35
ridere lachen 1
ripa, -ae Ufer 55
robur, roboris n *(körperl.)* Kraft; Elite 29
rogare fragen, bitten 4

S

sacrificium, -i Opfer 10
saeculum, -i Zeitalter, Jahrhundert 30
saepe (Adv.) oft 20
saltare tanzen, springen 15
salus, salutis f Wohl, Heil, Rettung 28
salutare grüßen, begrüßen 2
salve!/salvete! sei gegrüßt/seid gegrüßt 34
salvus, -a, -um wohlbehalten, unverletzt 58
sanus, -a, -um gesund, heil 49
sapiens, (Gen.:) sapientis weise, verständig 40
satis (Adv.) genug 60
saxum, -i Fels, Felsblock 39
scelus, sceleris n Verbrechen, Frevel 38
schola, -ae Schule 16
scientia, -ae Wissen, Kenntnis, Wissenschaft 34
se (Reflexiv-Pron. Akk. Sg./Pl.) sich 14
secum mit sich 32
se praestare (m. Akk.) sich zeigen *(als)* 28
secundus, -a, -um der Zweite, der Folgende, der Nächste; günstig 54
sed (Konj.) aber; *(nach Negationen)* sondern 2
sedere sitzen 1
sedes, sedis f Sitz, Wohnsitz 40
semper (Adv.) immer, stets 12
senatus, -us m Senat, Senatsversammlung 56
senex, senis m alter Mann, Greis 37
septem (indeklinabel) sieben 53
septimus, -a, -um der Siebte 54
sepulcrum, -i Grab, Grabmal 57
sermo, -onis m Gespräch, Sprache 45
servare retten, bewahren 18
servitium, -i Sklaverei, Knechtschaft 21
servitus, servitutis f Sklaverei, Knechtschaft 28
servus, -i Sklave, Diener 10
serva, -ae Sklavin, Dienerin 19
severus, -a, -um streng, ernst 19
sex (indeklinabel) sechs 53
sextus, -a, -um der Sechste 54
si (Subj.) wenn *(bedingend)*, falls 16
sibi (Reflexiv-Pron. Dat. Sg./Pl.) sich 32
sic (Adv. bei Verben) so, auf diese Weise 20
signum, -i Zeichen, Merkmal; Feldzeichen 44
silva, -ae Wald 51
similis, -e ähnlich, gleichartig 46
simplex, simplicis einfach, schlicht 57
simulacrum, -i Götterbild, Abbild 35
sine (Präp. m. Abl.) ohne 25
sine dubio ohne Zweifel 59
singuli, -ae, -a je einer, einzeln 60
sitis, sitis f Durst 36
situs, -a, -um gelegen, befindlich 55
solere gewohnt sein, pflegen 46
sollicitare heftig erregen, beunruhigen, aufwiegeln 49
solum, -i Boden, Erdboden 57
solus, -a, -um allein, bloß 46
solum (Adv., nachgestellt) nur 2
non solum ..., sed etiam nicht nur ..., sondern auch 2
sors, sortis f Los, Schicksal 31
spectare anschauen, betrachten 4
sperare hoffen, erhoffen 43
spes, spei f Hoffnung, Erwartung 51
spem habere in (m. Abl.) Hoffnung setzen *(auf jmd./etw.)* 51
spoliare (m. Abl.) berauben *(einer Sache)*, plündern 24
sponte (mea, tua, sua) aus eigenem Antrieb, freiwillig 52
stare stehen 3
statim (Adv.) auf der Stelle, sofort 12
stella, -ae Stern, Sternbild 48
studere (mit Dat.) sich bemühen *(um)*, streben *(nach)* 9
studiosus, -a, -um eifrig, bemüht 50
studium, -i Eifer, Bemühung; *(wissenschaftl.)* Betätigung 26

stultus, -a, -um dumm, töricht 6
suadere raten, zureden 42
suavis, -e süß, lieblich, angenehm 52
sub (Präp. m. Akk. auf die Frage ‚wohin?') unter 30
(Präp. m. Abl. auf die Frage ‚wo?') unter 30
subito (Adv.) plötzlich 3
sum, sumus, sunt ↗ *esse*
summus, -a, -um der Höchste, der Oberste, der Bedeutendste 9
superare besiegen, überwinden 11
superbia, -ae Hochmut, Stolz, Übermut 14
supplex, (Gen.:) supplicis demütig bittend, flehentlich 50
supplicium, -i demütiges Flehen; Todesstrafe, Hinrichtung 44
supremus, -a, -um der Oberste, der Höchste; der Letzte 51
sustinere aushalten, ertragen 14
suus, -a, -um sein/ihr/sein 21

T

tacere schweigen 3
tam (Adv., bei Adj. und Adv.) so, in solchem Grade 7
tamen (Konj.) dennoch, trotzdem 11
tandem (Adv.) endlich 1
tantum (Adv., nachgestellt) nur, bloß 14
tantus, -a, -um so groß, so bedeutend 26
tardus, -a, -um langsam, träge 50
te dich 12
tecum mit dir 12
tectum, -i Dach, Haus 26
temperare mäßigen; *(m. Dat.) (jemand)* schonen 43
tempestas, -atis f Sturm, Unwetter; Wetter 45
templum, -i Tempel, Heiligtum 5
temptare einen Versuch machen, angreifen 4
tempus, temporis n Zeit, Zeitpunkt 29
tenere halten, festhalten, gefangen halten 4
memoriā tenere im Gedächtnis behalten 28
terra, -ae Land, Erde 8
terrere (jmd.) erschrecken 16
terribilis, -e schrecklich, Furcht erregend 39
tertius, -a, -um der Dritte 54
theatrum, -i Theater, Schauplatz 6
tibi dir 12
timere (sich) fürchten 7
timidus, -a, -um furchtsam, schüchtern 11
tot (indeklinabel) so viele 53
totus, -a, -um ganz 48
trans (Präp. m. Akk.) über ... hinüber, jenseits 46
transportare hinüberschaffen, hinüberbringen 20
trepidare sich ängstigen, ängstlich hin und her laufen, zittern 44
tres, tria drei 53
tristis, -e traurig, schmerzlich 48
triumphus, -i Triumph, Triumphzug 27
tu du 12
tuba, -ae Tuba, Trompete 3
tum (Adv.) da, dann, darauf, damals 9
tumultus, -us m Aufruhr, Unruhe; Getöse 56
turba, -ae Menschenmenge, Getümmel 4
turpis, -e hässlich, schändlich, unanständig 39
turris, turris f Turm 36
tuus, -a, -um dein 15
tyrannus, -i Alleinherrscher, Tyrann 17

U

ubi (Adv.) wo 1
ubique (Adv.) überall 52
unus, -a, -um ein, einer, ein Einziger 9
urbs, urbis f *(große)* Stadt *(insbesondere Rom)* 31
usque ad bis zu 54
usus, -us m Gebrauch, Umgang; Nutzen 59
ut (Adv.) wie, wie z. B. 13
ut (Subj. m. Konj.) dass, so dass; damit 42
utinam wenn doch, hoffentlich 42
utinam ne wenn doch nicht, hoffentlich nicht 42
utrum ... an (Partikel der Wahlfrage) (ob) ... oder 49
uxor, -oris f Ehefrau, Gattin 32

V

vacare (m. Abl.) frei sein *(von)*, nicht haben 11
valde (Adv.) sehr 9
valere gesund sein; vermögen, Einfluss haben; gelten 9
multum valere großen Einfluss haben 9
vanus, -a, -um nichtig, eitel, leer 49
varius, -a, -um verschieden, verschiedenartig, bunt; wandlungsfähig 21
vastare verwüsten, verheeren 26

vates, vatis m/f Seher/Seherin, Prophet/Prophetin 40
vehemens, (Gen.:) vehementis heftig, leidenschaftlich, energisch 45
vel oder 20
vel . . . vel entweder . . . oder 20
ver, veris n Frühling 31
verbum, -i Wort, Ausdruck 21
vero ↗ immo vero 14
verus, -a, -um wahr, wirklich, echt; aufrichtig 11
vester, vestra, vestrum euer 15
vexare quälen; verheeren 21
via, -ae Weg, Straße 10
victor, -oris m Sieger 24
victoria, -ae Sieg 27
victus, -us m Lebensunterhalt, Lebensweise 59
vicus, -i Dorf, Gehöft; Stadtviertel 55
videre sehen, erblicken 5
villa, -ae Landhaus, Landgut 13
vinculum, -i Fessel, Band; *(Pl.)* Gefängnis 20
vindicare beanspruchen; befreien; bestrafen 38
vinum, -i Wein 11
violare verletzen, kränken 15
vir, viri Mann, Ehemann 13
virgo, virginis f Mädchen, (junge) Frau 36
virtus, virtutis f Mannhaftigkeit, Tapferkeit, Tüchtigkeit; Tugend 28
vis (Akk. vim, Abl. vi) f Gewalt, Kraft; Menge 36
vires, virium f Kräfte, Streitkräfte 36
vita, -ae Leben 13
vitare meiden; entgehen 15
vitium, -i Fehler, schlechte Eigenschaft, Laster 22
vituperare tadeln 11
vix (Adv.) kaum, mit Mühe 46
vocare rufen, nennen 3
vos (Nom./Akk.) ihr/euch 12
vobis euch *(Dat./Abl.)* 12
vobiscum mit euch 12
vox, vocis f Stimme, Laut; Wort 38
vulnerare verwunden, verletzen 4
vulnus, vulneris n Wunde, Verwundung 60
vultus, -us m Gesichtsausdruck, Miene 56

DEUTSCH-LATEINISCHES WÖRTERVERZEICHNIS

Aufgeführt sind nur die deutschen Bedeutungen, die in den deutsch-lateinischen Übersetzungen vorkommen.

A

aber *sed (vorangestellt), autem (nachgestellt)*
abwehren *arcere*
Acker *ager, agri*
Afrika *Africa, -ae*
all *omnis, -e*
– alle *cuncti, -ae, -a*
– vor allem *imprimis*
als *(Subj.) cum (mit Ind. bzw. Konj.); (beim Vergleich) quam*
alt *antiquus, -a, -um*
Altar *ara, -ae*
Amtsgewalt *potestas, -atis* f
anfüllen *implere*
angreifen *temptare*
Ansehen *auctoritas, -atis* f
Ansturm *impetus, -us* m
antworten *respondere*
anwenden *adhibere*
arbeiten *laborare*
Art *genus, generis* n
Asien *Asia, -ae*
Athen *Athenae, -arum*
die Athener *Athenienses, -ium*
auch *etiam*
– auch nicht *neque*
auf *in (mit Abl.)*
Auge *oculus, -i*
aus *e/ex (mit Abl.)*
aushalten *sustinere*
Ausschau halten *exspectare*

B

bald *mox*
Barbar *barbarus, -i*
bauen *aedificare*
Bauwerk *aedificium, -i*
sich beeilen *properare*
befehlen *imperare*
befreien *(von) liberare (mit Abl.)*
Begleiter *comes, comitis* m
behaupten *obtinere*
beherrschen *imperare*
bei *ad (mit Akk.); apud (mit Akk.; vor allem bei Personen)*
bekannt *notus, -a, -um*
sich bemühen *(um) studere (mit Dat.)*
berauben *(einer Sache) spoliare (mit Abl.)*
Beredsamkeit *eloquentia, -ae*
bereiten *parare*
berühmt *clarus, -a, -um; praeclarus, -a, -um*
besänftigen *placare*
Bescheidenheit *modestia, -ae*
beschenken *donare*
besetzen *occupare*
besiegen *superare*
besitzen *possidere*
besonders *imprimis*
– – schlecht *pessimus, -a, -um*
besorgen *curare*
besser *melior, melius*
bester *optimus, -a, -um*
betrachten *spectare*
betreten *intrare*
bevorstehen *imminere; impendere*
bewahren *servare*
bewegen *movere*
bis zu *usque ad (mit Akk.)*
bitten *rogare; orare*
böse *malus, -a, -um*
bringen *portare*
Bruder *frater, fratris* m
Bürgerschaft *civitas, -atis* f

D

da *tum*
daher *itaque*
damals *tum*
dankbar *gratus, -a, -um*
dann } *tum*
darauf(hin) } *tum*
dass *quod (mit Ind.); ut (mit Konj.)*
dass nicht/damit nicht *ne (mit Konj.)*
dein *tuus, -a, -um*
Denkmal *monumentum, -i*

denn *nam (vorangestellt); enim (nachgestellt)*
dennoch *tamen*
der/welcher *(Relativ-Pron.) qui, quae, quod*
der eine/andere (von zweien) *alter, altera, alterum*
deshalb *itaque*
Deutschland *Germania, -ae*
dich *te*
Dichter *poeta, -ae* m
dieser *is, ea, id; hic, haec, hoc*
– dieser da *iste, ista, istud*
diskutieren *disputare*
dort *ibi*
Dritter *tertius, -a, -um*
drohen *imminere; impendere*
du *tu*

E

(Ehe)frau *uxor, uxoris* f
eilen *properare*
einige *nonnulli, -ae, -a*
einladen *invitare*
einst *aliquando*
eintreten *intrare*
endlich *tandem*
er, sie, es *is, ea, id*
erbauen *aedificare*
erfreuen *delectare*
erhoffen *sperare*
erlaubt sein *licere*
ermahnen *admonere*
erobern *expugnare*
erschrecken *(jmd.) terrere*
Erster *primus, -a, -um*
erwarten *exspectare*
erwerben *comparare*
erzählen *narrare*
etwa? *num?*
euch *(Dat.) vobis; (Akk.) vos*
euer *vester, vestra, vestrum*
Europa *Europa, -ae*

F

Feind *adversarius, -i; hostis, -is* m
Feld *ager, agri* m
Feldherr *imperator, -oris* m
Festung *oppidum, -i*
Feuer *ignis, ignis* m
Fleiß *industria, -ae*
Flotte *classis, classis* f
Fluss *flumen, fluminis* n
am folgenden Tag *postridie*
Forum *forum, -i*
fragen *rogare*
Frau *femina, -ae; mulier, -eris* f;
– Ehefrau *uxor, -oris* f
frei *liber, libera, liberum*
– – sein *(von) vacare (mit Abl.)*
Freiheit *libertas, -atis* f
es macht Freude *iuvat*
sich freuen *gaudere*
Freund *amicus, -i*
Freundin *amica, -ae*
Frieden *pax, pacis* f
froh *laetus, -a, -um*
fröhlich *laetus, -a, -um*
fünf *quinque (indekl.)*
Fünfter *quintus, -a, -um*
Furcht *metus, -us* m
furchtsam *timidus, -a, -um*
(sich) fürchten *timere*

G

ganz *totus, -a, -um; omnis, -e*
Gattin *uxor, -oris* f
Gebäude *aedificium, -i*
geben *dare*
gebieten *imperare*
gebildet *doctus, -a, -um*
Gefahr *periculum, -i*
gefährlich *periculosus, -a, -um*
Gefährte *comes, comitis* m
Gegend *regio, -onis* f
im Gegenteil *immo vero*
Gegner *adversarius, -i*
gehören *esse (mit Dat. des Bes.)*
Gehör schenken *aures dare*
gehorchen *parere*
Geld *pecunia, -ae*
Gelegenheit *occasio, -onis* f
gerecht *iustus, -a, -um*
die Germanen *Germani, -orum*
gerne *libenter*
Geschenk *donum, -i*
Geschichte *fabula, -ae*
Gespräch *sermo, sermonis* m
gestorben *mortuus, -a, -um*
Gewalt *vis (Akk.: vim; Abl.: vi)*
Glanz *lumen, luminis* n
gleich *aequus, -a, -um*
– der Gleiche *idem, eadem, idem*
– – wie *idem atque*
Glück *fortuna, -ae*
glücklich *beatus, -a, -um*
Göttin *dea, -ae*
Gott *deus, -i*
Grausamkeit *crudelitas, -atis* f
die Griechen *Graeci, -orum*

Griechenland *Graecia, -ae*
griechisch *Graecus, -a, -um*
groß *magnus, -a, -um*
– so groß *tantus, -a, -um*
– größer *maior, maius*
– Größter *maximus, -a, -um*
grüßen *salutare*
gut *bonus, -a, -um*
– *(Adv.) bene*

H

Habsucht *avaritia, -ae*
halten (festhalten/gefangen halten) *tenere*
– *(für) putare (mit Akk.)*
Ausschau halten *exspectare*
Hand *manus, -us* f
Haus *villa, -ae; tectum, -i; domus, -us* f
– von zu Hause *domo*
– zu Hause *domi*
Heer *exercitus, -us* m
heftig *vehemens, vehementis*
Heimat *patria, -ae*
helfen *adiuvare*
herbeirufen *vocare*
Herr *dominus, -i*
Herrschaft *imperium, -i*
Herrscher *imperator, -oris* m
heute *hodie*
hier *hic*
hinter *post (mit Akk.)*
hinüberschaffen *transportare*
Hochmut *superbia, -ae*
höchster *summus, -a, -um*
Hoffnung *spes, spei* f
Hunger *fames, famis* f

I

ich *ego*
ihr *(Poss.-Pr.) suus, -a, -um; eius/eorum/earum*
– ihr *(Pers.-Pr.) vos*
immer *semper*
in *in (Frage ‚wo?': mit Abl.;*
Frage ‚wohin?': mit Akk.)
Infanterist *pedes, peditis* m
sich irren *errare*
Irrfahrt *error, -oris* m
er/sie/es ist *est*

J

Jahr *annus, -i*
Jahrhundert *saeculum, -i*
jener *ille, illa, illud*
jetzt *nunc*
junger Mann/Mensch *iuvenis, -is;*
adulescens, -entis m

K

Kaiser *imperator, -oris* m
Kampf *pugna, -ae*
kämpfen *pugnare*
Kaufmann *mercator, -oris* m
(gut/genau) kennen *non ignorare*
Kinder *liberi, liberorum* m
klein *parvus, -a, -um*
klug *prudens, prudentis*
Knabe *puer, pueri*
König *rex, regis* m
können *posse;* er/sie/es kann *potest*
Konsul *consul, consulis* m
Körper *corpus, corporis* n
Kraft *vis (Akk.: vim; Abl.: vi); robur,*
roboris n
kränken *violare*
Krieg *bellum, -i*
Kriegsglück *fortuna belli*
sich kümmern *(um) curare (mit Akk.)*

L

lachen *ridere*
Land *terra, -ae*
Landhaus, Landgut *villa, -ae*
lange *(Adv.) diu*
Laster *vitium, -i*
Legion *legio, -onis* f
lieben *amare*
Lied *carmen, carminis* n
List *dolus, -i*
loben *laudare*

M

Macht *imperium, -i*
mächtig *potens, potentis*
mahnen *monere*
manche *nonnulli, -ae, -a*
manchmal *interdum*
Mann *vir, viri* m
junger Mann/Mensch *iuvenis, iuvenis* m;
adulescens, -entis m
Marktplatz *forum, -i*
Meer *mare, maris* n
mehr (vermögen) *plus (valere)*
mein *meus, -a, -um*
am meisten *plurimum*
Mensch *homo, hominis* m
menschlich *humanus, -a, -um*
mich *me*
mild *clemens, clementis*
mir *mihi*

mit *cum (mit Abl.)*
– mit euch *vobiscum*
– mit mir *mecum*
Mitleid *misericordia, -ae*
(nur) mit Mühe *aegre*
müssen *debere*

N

nach *(örtl.) in (mit Akk.);*
(zeitl.) post (mit Akk.)
nachdem *postquam (Subj. mit Ind. Perf.)*
nachher *postea*
Nacht *nox, noctis* f
Name *nomen, nominis* n
nämlich *nam (vorangestellt);*
enim (nachgestellt)
nennen *vocare; appellare; nominare*
neu *novus, -a, -um*
nicht *non*
– kennen *ignorare*
– mehr *non iam*
– *(fragend:) nonne?*
– nur *non solum*
nichts *nihil*
niemals *numquam*
noch nicht *nondum*
nun *nunc*
nur *solum; tantum (nachgestellt)*
– nur mit Mühe *aegre*

O

obwohl *quamquam*
oder *aut; vel*
– oder vielmehr *vel etiam*
oft *saepe*
ohne *sine (m. Abl.)*
Opfer *sacrificium, -i*

P

die Perser *Persae, -arum*
Philosoph *philosophus, -i*
Prätor *praetor, -oris* m
Preis *pretium, -i*
Provinz *provincia, -ae*
Publikum *populus, -i*
die Punier *Poeni, -orum*

R

rächen *vindicare*
Recht *ius, iuris* n
reich *opulentus, -a, -um*
Reichtum/Reichtümer *divitiae, -arum* f
Reiter *eques, equitis* m
retten *servare*
Rom *Roma, -ae*
die Römer *Romani, -orum*
römisch *Romanus, -a, -um*
Rückkehr *reditus, -us* m
rufen *vocare*
ruhig *quietus, -a, -um*

S

sagt(e) er *inquit*
schaden *nocere*
Schande *contumelia, -ae*
schändlich *turpis, turpe*
scharf *acer, acris, acre*
Schiff *navis, navis* f
schlecht *malus, -a, -um; (Sup.) pessimus, -a, -um*
schlimm *malus, -a, -um*
– *(Komp.) peior, peius*
Schmuck *decus, decoris* n
schnell *(Adv.) celeriter*
schon *iam*
schön *pulcher, pulchra, pulchrum*
schrecklich *terribilis, terribile*
schreien *clamare*
Schriftsteller *auctor, -oris* m
schweigen *tacere*
schwer *gravis, -e*
– zu schwer *glavior, -ius*
sechs *sex (indekl.)*
segeln *navigare*
sehen *videre*
sehr *valde*
sein *suus, -a, -um*
selbst *ipse, ipsa, ipsum*
selten *rarus, -a, -um*
– (nicht) selten *(Adv.) (haud) raro*
Senatoren *patres, -um* m
sich *(Dat.) sibi; (Akk.) se*
sicher *certus, -a, -um*
sicher(lich) *(Adv.) certe*
Sieg *victoria, -ae*
sieh da! *ecce!*
Sitte *mos, moris* m
sitzen *sedere*
Sklave *servus, -i*
Sklaverei *servitium, -i; servitus, -utis* f
so *sic (bei Verben); tam (bei Adj. und Adv.)*
– so groß *tantus, -a, -um*
sofort *statim*
sogar *etiam*
Sohn *filius, -i*

solange *dum (Subj. mit Ind.)*
Soldat *miles, militis* m
sonderbar *mirus, -a, -um*
sondern *sed*
Sorge *cura, -ae*
Sorgfalt *diligentia, -ae*
sowohl ... als/wie auch *et ... et*
Spiel *ludus, -i*
sprach er *inquit*
Staat *civitas, -atis* f; *res publica, rei publicae* f
Stadt *oppidum, -i; urbs, urbis* f
Stamm *gens, gentis* f
Standhaftigkeit *constantia, -ae*
stark *firmus, -a, -um*
sterben: er ist gestorben *mortuus est*
stets *semper*
Stimme *vox, vocis* f
Strafe *poena, -ae*
streben *(nach) studere (mit Dat.)*
streng *severus, -a, -um*
(Theater-)Stück *fabula, -ae*

T

tadeln *vituperare*
Tag *dies, diei* m
am folgenden Tag *postridie*
tapfer *fortis, -e*
Tapferkeit *virtus, virtutis* f
Tat *facinus, facinoris* n
Tempel *templum, -i*
Theater *theatrum, -i*
Theaterstück *fabula, -ae*
Tier *animal, -alis* n;
– (wildes T.) *bestia, -ae*
Tod *mors, mortis* f
Tor *porta, -ae*
töten *necare*
traurig *maestus, -a, -um; tristis, -e*
treiben *agitare*
treu *fidus, -a, -um*
Truppen *copiae, -arum*
Tüchtigkeit *virtus, -utis* f
Tyrann *tyrannus, -i*

U

über *de (mit Abl.); trans (mit Akk.)*
überaus > *Superlativ*
übersiedeln *migrare*
übertreffen *superare*
überwinden *superare*
übrige *ceteri, -ae, -a*
und *et; atque*
und nicht *neque*
ungeheuer *ingens, ingentis*
unglücklich *miser, misera, miserum*
uns *(Dat.) nobis; (Akk.) nos*
unser *noster, nostra, nostrum*
unsterblich *immortalis, -e*
unterrichten *docere*
es ist ein großer Unterschied *multum interest*
unterstützen *adiuvare*

V

Vater *pater, patris* m
Vaterland *patria, -ae*
Verbrechen *scelus, sceleris* n
Verderben *pernicies, -ei* f
verderblich *perniciosus, -a, -um*
vergebens *frustra*
verjagen *fugare*
verlachen *irridere*
verlangen *postulare*
verletzen *violare*
vermögen *valere*
verspotten *irridere*
Vertrauen *fides, fidei* f
verurteilen *damnare*
verwegen *audax, audacis*
verwunden *vulnerare*
verwüsten *vastare*
verzweifeln *desperare*
viel *multus; (Adv.) multum*
vielleicht *fortasse*
vielmehr *etiam*
vierter *quartus, -a, -um*
Villa *villa, -ae*
Vogel *avis, avis* f
Volk *populus, -i*
von *(bei passiv. Handl.) ab (mit Abl.);*
– (= über) *de (mit Abl.)*
– von ... an *ab (mit Abl.)*
– von ... aus *ex (mit Abl.)*
– von zu Hause *domo*
vor *ante (mit Akk.)*
– vor allem *imprimis*
vorbereiten *parare*
Vorfahren *maiores, -orum* m
vorher *antea*
Vorzeichen *omen, ominis* n

W

Wächter *custos, custodis* m
wahr *verus, -a, -um*
während *dum (Subj. mit Ind. Präs.)*

warnen *admonere, ne*
warten *exspectare*
warum *cur*
was? *quid?*
weder ... noch *neque ... neque*
Weg *via, -ae*
wegen *propter (mit Akk.)*
weil *quod*
Wein *vinum, -i*
Weise *modus, -i*
auf diese Weise *sic*
weise *sapiens, sapientis*
welch(er) *(Interrogativ- und Relativpron.) qui, quae, quod*
wem? *cui?*
wenn *(bedingend) si; (zeitl.) cum*
– wenn doch! *utinam!*
– wenn nicht *nisi*
wer? *quis?*
Werk *opus, operis* n
wie *quomodo; (vergleichend) ut*
– wie groß *quantus, -a, -um*
– wie viele *quot (indekl.)*
wieder(um) *iterum*
wildes Tier *bestia, -ae*
willkommen *gratus, -a, -um*
winzig *minimus, -a, -um*
wir *nos*
wirklich *verus, -a, -um; (Adv.) vere*
Wissenschaft(en) *litterae, -arum*
wo *ubi*
wohnen *habitare*
Wohnsitz *sedes, sedis* f
Wort *verbum, -i*

Z

zeigen *monstrare*
– sich zeigen *apparere*
Zeit *tempus, temporis* n
zerfleischen *lacerare*
zerstören *delere*
zögern *dubitare*
Zorn *ira, -ae*
Zucht *disciplina, -ae*
zu(m) *ad (mit Akk.)*
– zu Hause *domi*
zu schwer *gravior, -ius*
zufrieden *contentus, -a, -um*
Zug *agmen, agminis* n
zügeln *coercere*
zusammen mit *cum (mit Abl.)*
zuverlässig *fidus, -a, -um*
zwei *duo, duae, duo*
zwischen *inter (mit Akk.)*

CIRCUS HADRIANI
MAUSOLEUM HADRIANI
MAUSOLEUM AUGUSTI
VIA FLAMINIA
COLUMNA M. AURELII
COLUMNA TRAIANI
PORTICUS VIPSANIA
THERMAE NERONIANAE
STADIUM DOMITIANI
SAEPTA IULIA ET DIRIBITORIUM
VIA TRIUMPHALIS
NAVALIA
PANTHEON
CIRCUS FLAMINIUS
CURIA POMPEI
CAPITOLIUM
FORUM
THEATRUM BALBI
THEATRUM MARCELLI
M. Capitolinus
Mons Palatinus
VIA AURELIA
TIBERIS (TIBER)
CIRCUS MAXIMUS
EMPORIUM
THERMAE DECIANAE
Mons Aventinus
VIA OSTIENSIS
PORTA OSTIENSIS